MARKETING AL REVÉS

Los métodos que encontrará a lo largo de estas páginas darán un vuelco a la filosofía global de su negocio, ya sea que sus actividades se relacionen con las ventas, con el servicio al cliente o con los servicios financieros. Dará un giro a las estrategias tradicionales de marketing remplazándolas por las técnicas que le brinda el marketing al revés, esto reportará enormes beneficios a su compañía.

MARKETING AL REVÉS

Cómo convertir a sus anteriores clientes en sus mejores clientes

GEORGE R. WALTHER

Traducción
OCTAVIO POSADA SALAZAR

MARÍA VICTORIA MEJÍA DUQUE
London Institute of Linguistics
Polytechnic of Central London

McGraw-Hill
Santafé de Bogotá • Buenos Aires • Caracas • Guatemala • Lisboa • Madrid
México • Nueva York • Panamá • San Juan • Santiago de Chile • São Paulo
Auckland • Hamburgo • Londres • Milán • Montreal • Nueva Delhi • París
San Francisco • San Luis • Sidney • Singapur • Tokio • Toronto

Prohibida la reproducción total o parcial de esta obra por cualquier medio, sin autorización escrita del editor.

Derechos reservados. Copyright © 1995,
por McGraw-Hill Interamericana, S. A.
Avenida de las Américas No. 46-41,
Santafé de Bogotá, D. C., Colombia

Traducido de la primera edición en inglés de
Upside-Down Marketing. Turning Your Ex-Customers into Your Best Customers
Copyright © MCMXCIV, por McGraw-Hill, Inc.
ISBN: 0-07-068047-7

Revisión técnica:
Alberto Narváez Rozo
Mercadotecnista
Ex decano de la Facultad de Mercadeo
de la Universidad de Bogotá Jorge Tadeo Lozano

Hernando Abdú Salame
Director de Mercadotecnia y Ventas, Inpahu
Profesor universitario

Editora: Luz M. Rodríguez A.

1234567890   9012346785

ISBN: 958-600-444-9

Impreso en Colombia   Printed in Colombia

Se imprimieron 7.700 ejemplares en el mes de febrero de 1996
Impreso por Panamericana Formas e Impresos S.A.

Dedicamos este libro a los maestros de todo el mundo. Son escasos el reconocimiento, la retribución y el aprecio que reciben nuestros educadores profesionales. Sacrifican el pago justo que merecen y, aun así, llevan sobre sus hombros la responsabilidad de impartir educación a nuestros hijos. Es una gran deuda la que nuestra sociedad y, en particular, los padres, tienen para con ellos.

Quiero animar a ustedes, mis lectores, a pensar en aquellos maestros que tuvieron una influencia profunda en su vida, y espero que emprendan su búsqueda para demostrarles su gratitud personal. Mientras trabajaba en el manuscrito, me comuniqué con Madalen Rentz, quien fuera mi maravillosa maestra de octavo grado en el año 1963, y tuve la oportunidad de hablarle del efecto positivo que sus enseñanzas han tenido en mi vida y cómo su inspiración fue la fuerza motriz que me guió para escoger mi profesión. Mi maestra merecía mi reconocimiento, el cual aceptó con agrado, en tanto que, para mí, fue maravilloso haber podido darle las gracias. Usted y sus maestros también merecen sentir lo mismo.

Contenido

Prólogo

En el mundo de los negocios, todos enfrentan los mismos tres desafíos decisivos, a saber:

Tarea 3: Ir en búsqueda de nuevos clientes y "cerrar ventas"

Tarea 2: Mantener contentos a los clientes actuales con el fin de que se conviertan en compradores habituales

Tarea 1: Lograr que los antiguos clientes regresen y hagan nuevas compras

☞ **¿Por qué este libro es tan al revés?**

¡Porque ha llegado la hora de dar un giro a la forma como usted piensa acerca de las prioridades del marketing! Enumeramos al revés las tareas retadoras, porque ése es el orden en que usted debe emprenderlas: de abajo hacia arriba. Por desgracia, la mayoría de las personas que manejan la gestión de marketing hacen exactamente lo contrario y, sin descanso, van en búsqueda de tantos negocios nuevos como les es posible, para luego comenzar a descuidar esos nuevos consumidores que tanto esfuerzo ha costado ganar, limitándose a brindar sólo el mínimo de servicios al cliente que implica mantener las quejas en un nivel manejable. Su última prioridad es lograr el regreso de los antiguos clientes. Después de todo, entenderse con clientes molestos o descontentos puede llegar a ser una tarea bastante desagradable y, además, la mayoría de gestores de la función de marketing están demasiado ocupados en la búsqueda de consumidores potenciales.

Marketing al revés enseña a los profesionales en ventas y marketing *por qué* y *cómo* dar un vuelco a sus prioridades con el fin de concentrar su atención en lograr un mayor volumen de ventas a sus actuales y a sus antiguos clientes.

Este enfoque va mucho más allá de abogar por un buen servicio al cliente. *Marketing al revés* pone de relieve una oportunidad de ventas que se ha pasado por alto completamente: recuperar y vender a antiguos clientes. El libro demuestra que existe algo aún más lucrativo que brindar un excelente servicio al cliente: reavivar relaciones de compra que han perdido su vigor. No es sólo un libro de ventas; es una guía paso a paso para brindar un óptimo servicio a los actuales clientes y para renovar relaciones con clientes que han dejado de comprar sus productos.

Marketing al revés "comienza en la meta". Se inicia con la tarea que, por lo general, figura en el último lugar de la lista: recuperar a los antiguos clientes, ya que es allí donde permanecen ocultas las mayores posibilidades de lucro. En realidad, los escenarios de relaciones que se caracterizan por clientes quejumbrosos y molestos, que rehusan pagar sus cuentas a tiempo, o dan a usted el tratamiento del silencio, representan las oportunidades más significativas de obtener provecho en marketing, *si* usted sabe cómo darles un vuelco a su favor. En estas páginas usted encontrará un sinnúmero de estudios de casos de organizaciones como *US WEST Cellular, AAA, Embassy Suites,* y *Ameritech Publishing*, todas las cuales están cosechando los beneficios que significa reavivar relaciones con clientes que habían dejado de comprar sus productos. Asimismo, aprenderá las estrategias y técnicas detalladas y paso a paso que le ayudarán a llenar de vida las relaciones ya terminadas. Usted *puede* convertir a sus antiguos clientes en sus mejores clientes.

Una vez hayamos investigado diversas formas de volver a captar las ganancias más ventajosas, pasaremos a la segunda tarea más lucrativa: afianzar, nutrir y cultivar relaciones con sus consumidores actuales, aquellos que darán una respuesta positiva y entusiasta cuando usted les brinde la clase adecuada de atención que esperan. Usted comprenderá por qué *CareerTrack Seminars, IBM, Airborne Express, Apple Computer* y *Lexus* obtienen beneficios de estrategias que mantienen tan contentos y satisfechos a sus clientes que los convierte en clientes habituales a largo plazo. Una vez más, los planes de acción paso a paso le enseñan la forma de obtener beneficios de oportunidades similares con *sus* clientes.

La última sección expone las mejores técnicas para atraer con mayor efectividad *nuevos* clientes mediante métodos de búsqueda y evaluación, avanzando con rapidez a la creación de un diálogo provechoso y logrando que las relaciones se inicien en la mejor forma posible. Usted conocerá la forma como *Weyerhaeuser, U. S. Bank* y *MCI*, utilizan técnicas efectivas que usted puede utilizar en su compañía. Desde un principio estará en capacidad de poner en práctica las técnicas de evaluación que le reportarán un mayor número de negocios sin que tenga que dedicar tanto tiempo a buscarlos, y que le ayudarán a poner en acción un enfoque "CPR" efectivo para establecer nuevas relaciones. Como indica el capítulo 9, *consultar, personalizar* y *recomendar* son los tres pasos esenciales para crear relaciones duraderas.

☞ ¿Quién debe leer este libro?

Usted debería leerlo, si le preocupan la fortaleza y la rentabilidad a largo plazo de su organización. Utilizo el término "organización" teniendo en cuenta que las ideas que aquí expongo no se limitan a situaciones de compañías y consumidores tradicionales; estos puntos de vista se aplican con igual eficacia a la creación de relaciones exitosas a largo plazo con miembros de asociaciones, o donantes a obras de caridad.

Si usted trabaja como gerente de marketing o de ventas, puede emplear los numerosos estudios de caso que encontrará a lo largo del libro como simientes que servirán de estímulo a su propio pensamiento creativo. Si emula y perfecciona los ejemplos que aparecen aquí, usted puede dirigir su organización a la búsqueda de mayores ganancias.

Si usted es un ejecutivo de ventas que tiene a su cargo la responsabilidad de nutrir relaciones de compra con clientes individuales, en el libro encontrará muchas sugerencias que le servirán para lograr mayor rentabilidad y ganancias con menor trabajo. De hecho, ésta es una de las características más sobresalientes del *marketing al revés*: en realidad es mucho más sencilla y más satisfactoria que la forma tradicional de vender.

Si usted trabaja en el área de servicio al cliente, ya sabe que su interacción con los clientes tiene un mayor efecto en la rentabilidad a largo plazo de su compañía que la de la persona que cerró la primera venta. Una de las mejores cosas que puede hacer es lograr que su equipo de ventas lea *Marketing al revés*. Cuando los representantes de ventas *cierran la venta*, les resulta fácil pensar que la tarea ha quedado concluida; sin embargo, si en cambio piensan en términos de "abrir la relación" y aceptan que la labor de producir ganancias apenas comienza, su trabajo será más sencillo y trabajarán como equipo.

Si su trabajo tiene que ver con servicios financieros, cuentas por cobrar, o cobros, usted merece todos mis reconocimientos. Son escasos los profesionales financieros que estarían dispuestos a leer un libro que lleva la palabra "marketing" en el título. En realidad, usted *vende* cada vez que se pone en contacto con un cliente y muchos de éstos con quienes habla se encuentran en una etapa en extremo decisiva y delicada de sus relaciones con su compañía. La relación se vuelve vulnerable cuando no cumplen con sus obligaciones financieras, y el tratamiento que reciban de usted cuando sus cuentas presenten mora será determinante para indisponerlos e incurrir en pérdidas, o reavivar relaciones y restablecer una situación de rentabilidad para su compañía.

En la década de los ochenta la palabra *sinergia* empezó a aparecer con frecuencia en el léxico de los negocios. Expresada en términos sencillos, *sinergia* se refiere a una acción conjunta, en una acción o una operación combinada. La sinergía tiene lugar cuando el todo es mayor que la suma de sus partes. El mayor efecto del marketing al revés se presenta cuando una organización aprovecha la *sinergia*. Es grandioso contar con un equipo de ventas que dedica mayor atención a mantener contentos a los clientes. Es fantástico disponer de un departamento de servicio al cliente, que concentra sus esfuerzos en evitar que los clientes insatisfechos retiren su respaldo a la compañía. Y, en definitiva, es un acierto que el personal de cuentas por cobrar y de cobros dedique su atención a conservar a los clientes molestos sentando bases sólidas para lograr su regreso. Sin embargo, una organización obtiene las mayores ganancias cuando *todos* los integrantes de los equipos de contacto con el cliente: ventas, servicio al cliente y cuentas por cobrar, comparten en *sinergia* la meta común de lograr que el mayor número posible de clientes permanezca con usted todo el tiempo que sea posible.

☞ Comenzaremos donde decaen los esfuerzos de los demás

Si lo que usted desea es prosperar y beneficiarse de relaciones fructíferas, lo primero que debe abordar son aquellas relaciones con clientes que no parecen ir bien. Allí es donde comienza *Marketing al revés*: en primer lugar, obtendremos las mayores utilidades recuperando relaciones en proceso de decadencia con clientes descontentos y molestos, que presentan mora en sus pagos, o cuyas cuentas se encuentran inactivas.

Ejemplos reales, con lecciones prácticas

A lo largo de *marketing al revés* encontrará ejemplos de compañías que ya han comenzado a obtener beneficios al poner en práctica las ideas que el libro presenta, ejemplos que harán las veces de estudios de caso sobre lo que puede suceder cuando usted emplea estas técnicas. En algunos casos me han solicitado mantener en el anonimato la identidad de algunas de las organizaciones a cuyos programas me refiero; aunque todos los casos son verdaderos y, en su mayor parte, cito nombres, fechas y estadísticas reales. Todos los ejemplos concluyen con una sección titulada "¿Qué puede aprender usted de este ejemplo?", en la cual encontrará las lecciones resumidas para facilitar su comprensión.

Acción es la meta

Todos los capítulos terminan con una sección titulada "Resumen de lo que usted puede hacer *ahora*", la cual enumera los pasos incluidos en el capítulo que usted acaba de leer. Una vez más, quiero facilitar al máximo su comprensión de las lecciones que contiene *Marketing al revés* buscando con ello que usted pueda ponerlas en práctica de manera inmediata.

☞ Cómo obtener el valor máximo de *Marketing al revés*

Comience dondequiera que le interese a usted

No es necesario comenzar en el capítulo 1; puede hacerlo donde usted desee. Hojee el libro y busque las secciones que más le interesen. Teniendo en cuenta que el libro pone de relieve la importancia de lograr oportunidades de obtener ganancias por orden de su ventaja relativa, usted notará que los capítulos muestran una tendencia continua a disminuir de tamaño a medida que las oportunidades van siendo menos ventajosas. Su posibilidad potencial más importante se origina en aquellos clientes que están furiosos con usted y han dejado de comprar; por esta razón, el capítulo 1, "Cómo cambiar los gritos por elogios", es el más extenso. El último capítulo es el más corto y se relaciona con la práctica más convencional y menos ventajosa del arte de vender a *nuevos* clientes.

Utilice los resúmenes de acción como método de análisis

Comience a actuar tan pronto como termine cada capítulo, y no continúe con el siguiente hasta tanto usted *haya hecho algo*. El resumen de acción de cada capítulo se descompone en muchos pasos pequeños que usted puede dar de inmediato.

Haga que su equipo obre en armonía

A medida que avanza en la lectura de *Marketing al revés*, piense todo el tiempo en las demás personas y departamentos con quienes debe cooperar para lograr la máxima ganancia. No puede hacerlo solo, si bien, en definitiva, usted *puede* adoptar medidas importantes que tendrán un gran efecto diferente.

Lo mejor que debe hacer ahora es comenzar. Lea la introducción, luego vaya al capítulo en que quiere empezar, y dispóngase a hacer algo sobre cómo obtener sus ganancias más ventajosas convirtiendo a sus antiguos clientes en sus mejores clientes.

George R. Walther

Agradecimientos

Quiero agradecer al gran número de profesionales en *marketing al revés* que me han brindado su generosa cooperación, compartiendo conmigo sus propios estudios de caso y permitiéndome citar sus logros a lo largo de estas páginas. Sólo algunos pidieron permanecer en el anonimato, aunque los detalles de sus experiencias constituyen una parte valiosa de este libro. Sus aportes servirán de estímulo a usted y a muchos otros lectores para cosechar los frutos para dar también un vuelco a sus estrategias.

Los clientes que han participado en mis conferencias y las personas que las han escuchado, también han brindado una ayuda significativa poniendo en práctica estas estrategias al revés y demostrando su eficacia. Su apoyo y entusiasmo me han servido de inspiración para transmitirle a usted este mensaje por escrito.

Agradezco también a mis colegas profesionales de la Asociación Nacional de Conferencistas de los Estados Unidos quienes me han estimulado y guiado a lo largo del proceso de elaboración y edición de este libro.

La editorial McGraw-Hill ha demostrado ser un excelente socio editor, y doy las gracias a mi editora, *Betsy Brown*, a mi editor, *Phil Ruppel*, y a *Jeff Herman*, mi entusiasta y colaborador agente.

Julie, mi esposa, y *Kelcie*, mi hija, me han nutrido con su amor y paciencia, ya que no es tarea sencilla vivir con alguien obsesionado con cumplir el plazo de entrega de un manuscrito, y aprecio el ambiente hogareño equilibrado y amable que me han brindado.

Por último, muchas gracias a *Carole Olson*, mi paciente, leal y trabajadora asistente personal.

Introducción:
Analogía de la banda
transportadora

A lo largo de *Marketing al revés* usaremos la analogía de la banda transportadora para referirnos a relaciones productivas con los consumidores.

Imagine una banda transportadora de 1 metro de ancho e infinitamente larga. Comienza justo frente a usted y se extiende hasta perderse en la distancia. En su mayoría, los profesionales del marketing se concentran en lograr que los clientes potenciales suban a la banda, para comprar algo, para comenzar una relación con el cliente. Buscan, instan, persuaden y, a menudo, presionan a los clientes potenciales a dar ese primer gran paso y efectuar una compra inicial. El cierre de una venta inicial se asemeja a lograr que un consumidor suba a la banda. El *costo de adquisición* del mercadotecnista representa la inversión total necesaria para convertir una pauta en un consumidor potencial, y éste a su vez, en un cliente. Por lo general, este costo supera con creces la rentabilidad que se obtiene con la primera transacción.

Sin embargo, una vez está en la banda, la mayoría de los nuevos clientes reciben relativamente escasa atención. ¿Por qué? Porque los mercaderistas y el personal de ventas están demasiado ocupados concentrando su atención en la difícil tarea de persuadir a *otros* clientes potenciales a que efectúen su primera compra. Conseguir nuevos clientes y lograr que suban a la banda transportadora se parece mucho a la cacería: es motivo de excitación cerrar la venta inicial y lograr que el cliente firme ese primer contrato. En comparación, constituye labor poco atractiva lograr que un cliente ya fijo haga nuevos pedidos. Sin embargo –y éste es un punto de vital importancia– esos pedidos rutinarios repetitivos son mucho más productivos que las transacciones iniciales, puesto que ya se ha efectuado el alto costo de adquisición. Los futuros pedidos que hacen los clientes actuales son cada vez más ventajosos desde el punto de vista de la productividad, puesto que los continuos altos costos iniciales de ventas no contrarrestan esos ingresos.

En algún momento todos los clientes abandonan la banda transportadora, y es aquí donde aguardan las mayores oportunidades –y también mayores ganancias. Muy pocas organizaciones prestan atención a la rotación de sus clientes, la "tasa de agitación", es decir, la tasa a la cual los clientes dejan inactivas sus cuentas. Son pocos los profesionales de ventas y de marketing que prestan atención adecuada a los antiguos clientes, aquellos que han dejado de comprar. Los clientes cuyos pagos presentan mora, o aquellos que envían cartas con furiosos reclamos, o aquellos que simple y calladamente disminuyen el ritmo de sus pedidos, son los clientes que han salido de la banda transportadora o están a punto de hacerlo. No obstante, *estos consumidores representan las mejores oportunidades de obtener utilidades*. Aun en el mejor de los casos, estas personas reciben escasa atención positiva y, en el peor, reciben demasiada atención negativa. Antes de ser considerados como oportunidades para obtener utilidades, estos clientes reciben el tratamiento de vividores, quejumbrosos y problemáticos.

Piénselo de esta forma: las mejores utilidades del negocio se originan en lograr que los clientes permanezcan en la banda transportadora y continúen generando ingresos a largo plazo. De modo que, ¿es más sensato andar a empellones buscando con afán nuevos clientes para que suban a la banda, o averiguar por qué los buenos clientes se han retirado, y concentrar la atención en lograr que regresen?

☞ **Las tres metas claves de cualquier organización**

Expresado en términos sencillos, toda organización enfrenta tres desafíos claves.

1.   Lograr que los clientes suban a la banda transportadora

Satisfacer este compromiso resulta una tarea difícil, costosa, por lo general poco lucrativa y, con frecuencia, infructuosa. Sin embargo, éste es un aspecto sobre el que pone énfasis la mayor parte de las organizaciones. El representante de ventas que consigue el gran nuevo cliente y logra que suba a la banda transportadora con un pedido inicial o con un contrato firmado, recibe todas las alabanzas, el viaje a Cancún y el abultado cheque de bonificación.

2.   Lograr que los clientes permanezcan en la banda transportadora

Si bien este reto se enfrenta con mayor facilidad, no es tan excitante. No existen grandes premios para el representante de servicio al cliente ni para el especialista interno en ventas que nutre con todo cuidado las relaciones de compra a largo plazo. Esta meta es mucho más productiva que lograr ventas iniciales, aunque son escasas las recompensas relacionadas con estimular pedidos vigentes.

3.   Lograr que los clientes regresen a la banda transportadora

Rara vez se reconoce como una meta de la compañía el manejo de clientes descontentos que han abandonado la banda transportadora o han sido obligados a hacerlo. Este aspecto no deja de ser extraño, si tenemos en cuenta que es lo más productivo que puede hacer cualquier organización. Si se pone en contacto con antiguos clientes y les presta atención, tiene una magnífica oportunidad de lograr futuros pedidos, de averiguar las deficiencias en el servicio o del producto que debe corregir, y de neutralizar publicidad negativa en el mercado. Pero, ¿quién lo hace? Nadie, casi siempre.

☞   El sentido común menos común

Tiene sentido averiguar qué hay de malo en la forma como usted atiende las necesidades de su cliente, de modo que pueda corregirlo. Es sumamente lógico que los negocios se concentren en generar sus pedidos más productivos –aquellos procedentes de clientes actuales. *Marketing al revés* tiene que ver con aplicar el buen y viejo sentido común, buscando maximizar el potencial de productividad de las relaciones de su organización con sus clientes. Si bien no se practica comúnmente, usted tiene la oportunidad de ser el líder de su industria si adopta estas ideas sencillas y las pone en práctica.

☞ ¿Tan sólo otra teoría?

¿Es esto algo más que sólo una teoría? ¿*Alguien* ha comenzado a dar un enfoque al revés al arte de vender? ¡Ya lo creo!, y está cosechando enormes recompensas. En épocas recientes, algunas organizaciones han adoptado el servicio al cliente como un centro de utilidades antes que como un centro de costos. Unas pocas han llegado a crear una consistente filosofía de ventas y sistema de entrega que actúa como agente en las prioridades ordenadas en forma correcta de las tres grandes tareas de las ventas y del marketing.

Por lo general, son las compañías de menor tamaño y menos rígidas las que sucumben al encanto del sentido común y adoptan las técnicas del *marketing al revés* mucho antes que los mamuts monolíticos. Mientras IBM experimenta, las entidades que tienen sentido empresarial emprendedor llegan hasta la última meta.

New Pig Corporation es una compañía creada con base en la innovación. Comercializa barreras absorbentes que semejan medias largas de nylon rellenas con excrementos de gato. Cuando el obrero de una fábrica derrama aceite o un químico nocivo, rápidamente rodea el derrame con uno de estos "cerdos" y más tarde lo recoge para deshacerse de él, en vez de regarlo con aserrín para después llamar a los barrenderos.

Si usted es ingeniero de mantenimiento y, por alguna razón, baja de la banda transportadora de *New Pig Company* y deja de pedir "cerdos", sucederán varias cosas. En el momento en que su cuenta se considere inactiva, recibirá por correo una franca y provocadora comunicación preguntándole: "¿Lo hicimos mal?" (Claro está, refiriéndose a la cola en forma de tirabuzón del cerdo), y solicitándole marcar de inmediato la línea telefónica 1-800 para explicar las razones que lo motivaron a suspender sus pedidos.

Asimismo, recibirá el catálogo *New Pig* con un desprendible anexo que se parece a la técnica utilizada por las revistas para enviar "el último ejemplar de su suscripción". Sin embargo, en este caso, el desprendible es una "tarjeta de re-cerdo" que solicita su retroalimentación franca sobre servicios, precios, calidad del producto, etc. *New Pig* se toma el trabajo de averiguar por qué usted ha dejado de comprar sus productos.

Y, por supuesto, también recibirá una llamada personal del representante de ventas asignado a su cuenta. Dos veces al año, *New Pig* lanza una campaña llamada el "*Día P*". El personal de ventas por teléfono y los agentes de servicios al cliente se visten con trajes de fatiga, mientras los muros de las oficinas aparecen adornados con pancartas que proclaman el tema unificado a lo largo y ancho de la compañía: *¡Recuperar a cualquier costo los clientes perdidos!* En el momento de comunicarse con un cliente inactivo, los representantes de ventas lo abordan con sinceridad: "Nos sentimos afligidos por haberlo perdido como cliente de nuestros productos. ¿Qué podemos hacer para recuperarlo?"

En opinión de *Nino Vella, presidente* y *CEO* de *New Pig*, nada de lo que haga la compañía es tan importante o tan lucrativo como prestar atención a los clientes en peligro de retirarse. Aun si no se tiene éxito en reactivar una cuenta inactiva, el contacto personal es una oportunidad para averiguar nuevas tendencias en el mercado. En una reciente campaña de "*Día P*", el equipo de gestión de producto se vio obligado a enfrentar el hecho de que los clientes citaran los precios como la principal razón que los motivara a dejar de comprar sus productos; esto llevó a que *New Pig* redujera los precios de todos sus productos para seguir siendo competitiva. La compañía estaba decidida a no pasar por alto la retroalimentación de sus clientes y correr el peligro de ser dejada atrás a medida que sus 140 nuevos competidores luchaban por llevarse los negocios vendiendo productos similares a precios más bajos.

Sin importar qué, los viejos consumidores de *New Pig* siempre hacen parte de la lista de correos de nuevos clientes potenciales. Y siempre responden en mayores porcentajes que los potenciales de todas las demás listas de compra. Los antiguos clientes de *New Pig* siempre son sus mejores clientes potenciales que van a comenzar a comprar (de nuevo).

No es mi intención dar a entender que ninguna de las grandes compañías ha comenzado a comprender el sentido común de dar un vuelco a sus prioridades. De hecho, este libro se sustenta en los ejemplos exitosos de organizaciones muy diversas que están experimentando con el *marketing al revés* llegando a darse cuenta de lo lucrativo que resulta. Aun *IBM* vislumbra la sensatez del marketing de la banda transportadora. Con base en una prueba, en 1990, la compañía creó un grupo de seguimiento del mercado, estableciendo un programa piloto como una unidad de telemarketing dedicada a hacer contacto con clientes de productos de *IBM* durante los últimos 10 años que se habían desvinculado de sus representantes de marketing convirtiéndose en clientes inactivos. En muchos casos se había presentado una alta rotación dentro de *IBM*, lo que llevó a que los clientes se sintieran ignorados y perdidos en el desorden resultante. El programa tenía un propósito proactivo: establecer contacto con estos clientes, averiguar lo que *IBM* debía hacer para restaurar su lealtad, e incrementar la satisfacción del cliente.

Después de un breve periodo de prueba con un grupo de 300 clientes, pronto *IBM* se convenció de que el programa era todo un éxito. Sus resultados motivaron a la compañía a ampliar su área de influencia a todo el territorio de los Estados Unidos y luego a sus filiales en el exterior. Los clientes con quienes se restableció el contacto demostraron su disposición a comprar nuevamente de inmediato, mientras sus niveles de satisfacción muestran un incremento anual del 10%. Aprecian ser suficientemente importantes para recibir una llamada de *IBM* y, en particular, aprecian contar con la continuidad del contacto con una sola persona, auncuando sea un vendedor por teléfono al que con toda probabilidad nunca verán en persona.

A menudo, las compañías de los Estados Unidos que operan en el exterior están más al tanto que las que funcionan dentro del territorio de la nación. Por ejemplo, *American Express* llama a todos los tarjetahabientes en Europa que cancelan sus tarjetas, para averiguar la razón de ello. Un centro de llamadas por teléfono en Alemania tiene la responsabilidad de contactar a 200 usuarios de la tarjeta que cancelan su afiliación. Además de obtener valiosa retroalimentación del mercado sobre comerciantes que usan *American Express* y sobre sus competidores, este centro logró reactivar el 16% de las tarjetas de tenedores que ya habían enviado por correo sus órdenes de cancelación. Teniendo en cuenta que los cargos promedios son de 8 años, ello significa ingresos muy lucrativos a largo plazo. Una vez más, los antiguos clientes de *American Express* son sus mejores consumidores potenciales.

US WEST Cellular es otra compañía que ha optado por el marketing de la banda transportadora con resultados muy lucrativos. Se trata de una de las muchas compañías nuevas que comercializan el servicio de telefonía celular, con un área de servicio que se concentra en 14 estados del oeste de los Estados Unidos. Los directivos de *US WEST* dedujeron que el paso más importante que podían dar era impedir que sus clientes cayeran de su banda transportadora, o la abandonaran. Para lograrlo, han examinado con mayor atención *por qué*, *cómo* y *cuándo* sus clientes han cancelado sus contratos de servicio de telefonía celular. Las respuestas a estos interrogantes se han convertido en la base de su estrategia del marketing de la banda transportadora:

¿Por qué? Los consumidores han cancelado el servicio telefónico porque les parecía demasiado costoso.

¿Cómo? Llamaron al departamento de servicio al cliente y sólo dijeron que querían cancelar su contrato.

¿Cuándo? A menudo lo hacían tan pronto como recibían su primera cuenta de cobro.

Antes que dedicarse de manera exclusiva a asegurar nuevos suscriptores, y como resultado del análisis anterior, *US WEST Cellular* ha reorganizado el proceso de marketing en su totalidad con el fin de garantizar que los nuevos clientes permanezcan fieles a la compañía. Un representante de US WEST intercepta electrónicamente la primera llamada que un nuevo cliente efectúa con su teléfono celular para decirle: "Bienvenido. Nos alegra tenerlo como un nuevo consumidor. ¿Qué preguntas desea que le conteste?" Luego, justo cuando la compañía envía la primera cuenta mensual, otro representante llama para explicar al cliente los diversos cargos de funcionamiento del teléfono celular con el ánimo de aminorar el "choque" que a menudo hace que los nuevos clientes cancelen el servicio. Debido a los diversos cargos de funcionamiento que se cobran a los nuevos clientes, casi siempre la primera cuenta es elevada, y el representante explica con gran cuidado que las futuras cuentas serán menores. Tres veces al año, un miembro del equipo proactivo de la compañía llama a los clientes para brindarles sugerencias útiles, responder a las inquietudes y recordarles que *US WEST Cellular* se siente orgullosa de contarlos entre sus clientes. Y cuando alguien solicita la cancelación del servicio, un miembro del equipo de lealtad de clientes selectos se encarga y hace todo lo posible para conservar al cliente.

En otras palabras, el mayor vuelco en el pensamiento estratégico en *US WEST Cellular* ha sido dar un giro completo a sus prioridades de ventas. Antes que emprender la dura labor de conseguir nuevos clientes a altos costos –sólo para dejar que luego se vayan y afecten la rentabilidad de la compañía– ésta ha volcado su atención en sus clientes actuales. Específicamente, ha tomado la decisión de hacer todo lo posible para lograr que sus clientes se sientan más satisfechos, para conservarlos durante más tiempo y para recuperarlos cuando su lealtad vacile.

¿Los resultados? En la actualidad, *US WEST Cellular* ocupa un lugar de liderazgo en la industria de la telefonía celular. Estas estrategias de marketing de la banda transportadora han reducido en un 50% la tasa de desgaste de los clientes de la compañía y, de manera ostensible, incrementado las utilidades. A lo largo y ancho de la compañía, cada uno de sus colaboradores es profundamente consciente de la tasa de desgaste actual, y es el rasero primario del éxito de *US WEST Cellular*. En esta compañía existe un propósito sincero muy diferente del de una organización corriente. En vez de preguntarse "¿Cuántos clientes nuevos conseguimos hoy?", todos prestan atención al interrogante "¿Cuántos clientes recuperamos y mantuvimos satisfechos hoy?"

☞ ¡Hágalo!

En el transcurso de los últimos 15 años he sido conferencista central o coordinador de seminarios en multitud de ocasiones, y he observado a directivos que ocupan cargos de importancia sorprenderse ante los hechos. Después de escuchar la analogía de la banda transportadora, piensan para sí, "¡Caramba!, esto tiene mucho sentido, y parece muy sencillo. Voy a hacer que mi equipo de trabajo tome esta dirección más lucrativa y haga que nuestros programas de marketing den un vuelco total". Sin embargo, regresan a su manera normal de hacer las cosas, se dejan atrapar en sus rutinas de todos los días y, por último, perpetúan sus propias estrategias tradicionales de marketing. No obstante, algunos actúan y siguen adelante. Son los que me envían cartas maravillosas sobre las utilidades fáciles que sus organizaciones han cosechado dando un giro a sus prioridades. Son aquellos cuyos ejemplos reales usted leerá a lo largo de este libro. También usted puede poner a funcionar estos principios –con gran facilidad– en su propia organización. Le garantizo que quedará sorprendido con los resultados. ¡Hágalo!

Devolver clientes a la banda transportadora

Cuando usted quiere incrementar el carácter lucrativo de sus relaciones con el cliente, debe comenzar con aquellos que se están cayendo –o que ya se cayeron– de la banda transportadora de sus relaciones. La mejor oportunidad que usted enfrenta es la búsqueda de la reconstrucción de sus relaciones con sus exclientes, aquellos cuya asociación con usted terminó dramáticamente después de un fuerte altercado, o que gradualmente se fue desvaneciendo para seguir con una serie de escaramuzas, o más probable aún, poco a poco, sin aspaviento dejaron esfumar la relación.

Sólo entrando en contacto con estos exclientes, puede averiguar, en primer lugar, qué los espantó.

Cuando lo averigüe, estará en condiciones de arreglar algunas deficiencias en el servicio o producto que puedan estar amenazando sus relaciones actuales.

Si aborda a sus exclientes, será capaz de neutralizar los costosos efectos negativos de la publicidad verbal en el mercado. Aun, si es imposible corregir el argumento que los hizo dejar de comprarle en el pasado, usted puede demostrarles sincera preocupación y deseo de restablecer con el tiempo su relación.

Los tres capítulos en esta primera sección se ocupan de clientes que están cayéndose (o van a salir) de la banda transportadora. Pueden estar llamándole para formular airados reclamos, enviándole cartas descorteses al presidente de la compañía, reteniendo pagos por cuenta de su inconformidad o, más probable aún, escurriéndose en silencio a la inactividad. En cada caso encontrará estrategias particulares para tratar con ellos, así como ejemplos adecuados tomados de organizaciones que ya han tenido éxito en devolver clientes a su banda transportadora.

Cambiar gritos por elogios

La mayoría de la gente detesta recibir cartas de reclamos o llamadas airadas. Los gerentes se amilanan cuando sus secretarias dicen: "Tengo al teléfono un cliente enojado, muy disgustado. ¿Quiere hablar con él, o prefiere que le pase a alguien más?" La mayoría de los responsables de servicio al cliente se paralizan en el momento en que presienten la inminencia de un insulto.

☞ **La sorprendente verdad sobre esos malhumorados descontentos**

Pero, ¿está usted listo para esto? El cliente más enojado, más disgustado, puede llegar a ser su cliente más importante, *si* maneja el reclamo apropiadamente. La salida depende en su totalidad de la manera como usted y su gente ven y responden a la *oportunidad* que representa un cliente inconforme. La investigación más autorizada comprueba que los clientes quejumbrosos y descontentos pueden llegar a ser sus más leales defensores, *si* su información es bienvenida, se actúa con base en ella y se trata como aporte valioso a la base de datos de marketing. En lugar de causarle una molestia, los clientes inconformes pueden convertirse en el camino más expedito para lograr utilidades en su balance.

El estudio de la Casa Blanca lo inició todo

En 1979, la Casa Blanca encomendó un estudio bajo los auspicios de la Oficina de Asuntos del Consumidor de los Estados Unidos. Una organización de investigaciones independiente, el Technical Assistance Research Programs (TARP), emprendió el estudio de cómo se comportaban los consumidores cuando tenían quejas sobre la forma en que se les manejaba en las transacciones comerciales. En pocas palabras, he aquí lo que encontró el estudio. Básicamente, existen dos tipos de personas en el mundo: las que se molestan y las que se desquitan. Las que se molestan causan alborotos, escriben cartas desagradables, llaman a la compañía que piensan los perjudicó y, en general, expresan en voz alta cómo se sienten. Este grupo representa, por mucho, un 5% de todos los consumidores. La gran mayoría de consumidores disgustados alcanza 95%, y no reclaman ante la gerencia que tiene autoridad para cambiar las cosas.

Piense en lo que sucede cuando usted sale a comer y no queda satisfecho por completo con la comida. Espontáneamente, habla con su acompañante: "Mi pescado estaba más bien seco, y ¿tomaste nota de lo marchita que estaba la lechuga de la ensalada? Este sitio, en realidad, no es tan bueno. El servicio me pareció más bien deficiente; además, diría que los precios son bastante exagerados". Justo en ese momento, el mesero se acerca y pregunta: "¿Está todo bien?" Casi siempre, la mayoría de la gente asiente con la cabeza y dice: "Sí, muy bien". Rara vez damos una respuesta completamente honesta. Quizá no queremos causar una molestia, mostrarnos enojados, quejumbrosos, o pretender una cena gratis. Es un poco penoso decirle al mesero lo que *realmente* pensamos de la comida.

Quizá, mientras usted lee este argumento, estará pensando para sí: "Un momento. ¡Yo *sí* me quejo!". Bien por usted. Eso es lo mejor que puede hacer. Sólo que la mayoría no lo hace. Lo más usual es que la gente no se queja; simplemente no regresa. Pero sin esta retroinformación, es probable que un restaurante de pobre desempeño no prospere.

Hay una floristería nueva en mi vecindario llamada Flawless Flowers (Flores sin defectos). Ese es un nombre inadecuado porque la floristería tiene, por lo menos, un notable defecto. En vez de emitir la fragancia de las flores, apesta a humo de tabaco. Yo no sé si es el propietario o uno de los empleados el que fuma en ella; pero el resultado es que la floristería no huele a lo que uno espera oler cuando va a comprar flores.

Por alguna razón, me siento incómodo de comentarle al propietario lo que siento. No debe importarme que él quiera fumar, ni quisiera sermonearle sobre su salud, y no me corresponde aconsejarlo sobre la forma de manejar su negocio. De tal modo que, más bien, no vuelvo. Hay cantidad de floristerías en donde flotan por el aire olores de flores en botón en lugar del olor de colillas quemadas. Me voy a otra parte. El resultado, sin embargo, es que el propietario se priva de una información que podría ayudarle a hacer más rentable su negocio. Por la falta de la opinión del cliente, estoy seguro de que al almacén se le disminuirá su potencial porque los no fumadores, a quienes les disgusta el olor, comprarán en otro lugar y nunca le dirán al propietario la razón por la cual se fueron.

☞ Realmente, ¿por qué debe usted *alentar* las quejas?

Es muy sencillo: los reclamos conducen a los beneficios. En este momento, usted tiene clientes menos que satisfechos con su producto y/o servicio o ambos. Tomemos esto como un hecho. Muchos de esos clientes descontentos tienen valiosa información que sería sumamente benéfica para su organización, si usted la conociera.

¿Y qué sucede si sus clientes *no* reclaman?

Si sólo una minoría expresa sus quejas, ¿qué hay de los que no lo hacen? Hasta un 95% no se quejará directamente a quien pueda hacer algo para mejorar la situación; más bien "se desquitarán". Y lo harán divulgándolo por el mundo. Les cuentan a otros –a menudo muchos otros– sus experiencias negativas con usted. La investigación adicional de TARP estableció los números 10 a 12 para el promedio de clientes insatisfechos, pero advirtieron que una minoría que dice lo que piensa, de cerca del 13%, se encargará de contarles a otros 20 o más sus experiencias negativas con su firma.

Esta publicidad negativa verbal puede resultarle muy costosa. Investigadores de mercado han demostrado consistentemente que de todas las clases de publicidad, la forma que más persuade son las anécdotas contadas por alguien que usted conoce. No importa cuántos anuncios comerciales y maravillosos folletos que vea promoviendo una marca automotriz, si su vecino tiene un automóvil y se ha quejado en su presencia sobre el pobre desempeño o los problemas mecánicos persistentes, lo más probable es que usted no acepte la oferta del promotor.

Tenga muy presente que esta publicidad negativa a menudo se sale de las manos cuando el cliente descontento distorsiona los hechos reales. La gente tiende a exagerar un poco cuando le cuenta a sus amigos cuán horrible fue lo que sucedió. La letanía de infortunios –verdaderos o no– se alarga y es más dramática con cada relato. Existe asimismo el impacto de la difusión por terceros, que también entra a figurar: "Ah, ¿estás contemplando la posibilidad de comprar un Zoomer nuevo? Bueno, mi vecino me contó cosas terribles sobre la mala suerte que ha tenido con su Zoomer. Espera a que te cuente lo que le pasó...".

¿Qué sucede si sus clientes *reclaman*?

Por fortuna, algunos de sus clientes insatisfechos le hablarán de su inconformidad, en vez de hacerlo a todo el mundo. Cuando esto sucede, usted se encuentra con una rica oportunidad para ganar.

Los mismos estudios exploratorios de TARP, así como la subsecuente investigación específica de la industria, examinaron el comportamiento frecuente de las compras y la lealtad de los clientes que reclamaban. Los resultados fueron sorprendentes. En muchas situaciones problemáticas, los clientes que se quejaban eran en realidad *más* leales –y si eran manejados correctamente, *mucho más leales–* que aquellos que estaban insatisfechos, pero que no se habían tomado la molestia de reclamar directamente. El sólo acto de reclamar *duplica* las probabilidades de que un cliente insatisfecho vuelva a comprarle en el futuro. Si usted hace algo más que escuchar y en realidad *arregla* el problema en que están interesados, las probabilidades de que le compren de nuevo *se aumentan en seis veces*. Si usted lo arregla rápida y profesionalmente y maneja su reclamo de la mejor manera, hay *nueve veces más probabilidades de que le compren de nuevo*.

Así que todo se reduce a esta simple lógica. Usted tiene clientes descontentos. La mayoría no le dejará saber por qué lo están; sencillamente se irán. Pero no se irán en silencio, hablarán. Y lo que les dirán a muchos de sus amigos y asociados perjudicará su negocio. Si esos mismos clientes descontentos se *quejan*, entonces usted ganará en el juego. Y si los maneja bien, estará *muy* adelante en este juego.

(¡Shhhh! No lo divulgue, pero hay un atrevido giro imprevisto en este estudio del comportamiento de las quejas. Si usted tiene la seguridad de que su sistema para reponerse de los reclamos hará sentir rápidamente muy satisfechos a los clientes desilusionados e infelices, *crear* descontento puede redundar en su propio beneficio. Si usted tiene un servicio de correo nocturno y siempre se desempeña en forma excelente, puede tener sentido arruinar ese desempeño *intencionalmente*, de vez en cuando, y luego hacer un esfuerzo destacado para arreglar las cosas. En vez de entregar el paquete a las 10 p. m., llame al despachador y al destinatario a las 9 p. m., explique que la entrega sólo podrá hacerse a las 10:15 p. m., discúlpese con insistencia y ofrezca renunciar al costo del envío. Su cliente pensará que usted es extraordinario, aún más que si hubiera hecho la entrega puntualmente otra vez, según lo acostumbrado. *Advertencia*: las probabilidades son que usted ya tenga algunos clientes descontentos, sin que tenga que salir a buscar otros. Esté seguro de que ha hecho un trabajo sobresaliente en el manejo de todos los errores *involuntarios* antes de lanzarse intencionalmente a crear otros.)

Entonces, ¿qué es lo más práctico que puede hacerse con los reclamos?

• Suponga que tiene muchos clientes descontentos que no le están contando los motivos de su insatisfacción. De hecho, si la cifra para su negocio se aproxima a los extremos del estudio de TARP, el 95% cuyas quejas no llegan a la gerencia está representado por el 5% que se comunican y hablan claro.

- Considere los pocos que reclaman como defensores que representan a los otros. El 5% que dice lo que piensa, o sea 1 de cada 20, representa a los otros 19 que prefirieron lanzarse al sabotaje y están por ahí hablando mal de usted en este momento. Cambie su manera de pensar sobre quienes se quejan. En lugar de decirse: "Aquí tengo otro de esos tipos raros y malgeniados, que tratan de buscar problemas", piense: "Aquí hay alguien que desea hablar fuerte a nombre de los otros 19 que piensan en forma semejante sobre alguna deficiencia de los productos o servicios de nuestra firma. Si escucho y actúo, puedo evitar que otros clientes alcancen la misma situación desagradable y es probable que pueda recuperar su lealtad".

- Haga circular esta idea en su organización. Circule este libro. Sostenga reuniones de información con los gerentes de departamento. Escriba artículos para los boletines informativos.

- Continúe leyendo. El principal propósito de este libro es mostrarle exactamente lo que debe hacer cuando le lleguen los reclamos, de modo que pueda beneficiarse de ellos.

Advertencia: No apunte al blanco equivocado

Cuando entrevistaba a John Goodman, el fundador de TARP, agregó una advertencia importante. No haga la deducción natural de que los reclamos son tan buenos que usted deba propiciar más y luego, ¡bajar la guardia cuando los consiga! Mientras la lealtad que exhiben los quejosos satisfechos es extraordinariamente alta, la lealtad de los quejosos que no están satisfechos es espantosa. Algunas organizaciones han llegado a la conclusión de que las quejas son oportunidades de beneficios valiosos, han transmitido esa actitud a sus clientes y los han animado a quejarse cuando están descontentos. Sus clientes han accedido gustosamente.

Esa puede ser una maravillosa estrategia, a menos que usted no tenga un sistema perfecto, probado, infalible, que la lleve a cabo con seguridad y en orden. La mayor parte de las compañías ya han tenido suficientes oportunidades de malograr relaciones resolviendo quejas torpemente. No apunte al blanco equivocado saliendo sin previsión al mercado a incitar reclamos, a menos que usted esté *seguro* de que su equipo los manejará con eficiencia.

☞ **Los tres objetivos fundamentales
en la solución de quejas**

Casi cualquier situación de quejas puede generar tres alternativas. Cualquiera de ellas hace que se justifique darles la bienvenida a las quejas, y establecer un excelente sistema para resolverlas. Cuando usted puede captar los tres resultados benéficos, el argumento para estimularlas es múltiple.

1. Recupere a su cliente

Como verá en los muchos ejemplos que siguen, realmente no es tan difícil recuperar la lealtad de los clientes insatisfechos. Si se considera el alto costo de remplazarlos por nuevos clientes, bien vale la pena hacer todo lo posible para montarlos de nuevo en la banda transportadora. Las estrategias y técnicas que siguen en este capítulo le mostrarán cómo hacerlo.

La mayor parte de las compañías que han investigado cuidadosamente el costo asociado con la resolución de las quejas, hallan que es una fracción del costo de encontrar un cliente nuevo. Los estimados van de una cuarta a una décima parte. Y eso sin tomar en consideración los costos destructivos de sufrir la publicidad negativa que resulta de las quejas sin resolver. Si cuesta de cuatro a diez veces más *atrapar* un nuevo cliente que *satisfacer* uno que ya existe, ¡decídase por el camino más fácil y menos costoso!

2. Averigüe qué salió mal

Aun si usted no tiene éxito en recuperar la fidelidad de un cliente, al menos puede averiguar, en primer lugar, la deficiencia del servicio o producto que causó la inconformidad. Con seguridad, hay algunas quejas que son totalmente infundadas, y un muy pequeño porcentaje de sus clientes querrá salir a aprovecharse de usted, pero no muchos. La mayoría de los clientes que están descontentos con su servicio o producto, tienen buenas razones para estarlo. Han encontrado una protuberancia sobre la banda transportadora de las relaciones con su cliente. Pueden decirle en dónde está la aspereza y por qué está áspero *si* usted le da buena acogida a su reclamo.

Usted debe *desear conocer* y comunicar efectivamente ese deseo sincero, para lucrarse de las experiencias de clientes insatisfechos. Si usted pregunta en la forma adecuada, ellos le contarán lo que salió mal, aun si no desean –al menos por el momento– volverle a comprar. Eso le da la oportunidad de ocuparse y arreglar las cosas para que otros clientes, con quienes ha trabajado tan duro para lograr montarlos en la banda transportadora, no se caigan cuando pasen por la misma protuberancia.

3. Neutralice la publicidad negativa

Aun si usted no lo logra volver a montar en la banda transportadora y aun si no pudo averiguar qué resultó mal, todavía puede beneficiarse del buen manejo de los reclamos. Asegurándose de que los clientes pueden localizarlo fácilmente, que puedan contarle lo que les preocupa, que obtengan una disculpa sincera e inmediata, y se percaten de su deseo de mejorar las cosas, usted podrá apaciguar a la mayoría de los clientes insatisfechos y suavizar su hostilidad. Por lo menos, podrá crear exclientes que digan:

> Hacíamos negocios con ellos; pero tuvimos una mala experiencia en alguna ocasión. Sin embargo, no puedo negar que trataron de solucionar el problema e hicieron lo posible para que no volviera a presentarse. Aunque probablemente no volvamos a comprarles, parecen ser una buena compañía.

No obstante, es muy probable que el cliente regrese en el futuro, en particular si usted emplea las estrategias de estar en contacto, que se encuentran en la 2ª Parte: "Mantener los clientes sobre la banda".

Un empresario llamado Phillip Thackoorie, quien asistió a uno de mis seminarios sobre *Marketing al revés,* en Oxnard, California, se acercó después del programa para solicitarme un consejo. Su empresa se llama Auto Locator y explora en las subastas de vehículos y en las ventas al por mayor, con el fin de localizar automóviles específicos para sus clientes. Se especializa en BMW, Jaguar, Lexus, Mercedes, Porsche y otros vehículos costosos. Me contó que acababa de vender un BMW a un cliente y que la batería había explotado un par de días después de haberse formalizado la venta. No era culpa de Phillip, pero en todo caso el cliente estaba muy molesto porque arreglarla le había costado 300 dólares. Yo le dije:

> Phillip, la clase de gente con la que trata, vive muy unida y con frecuencia hablan entre sí. Creo que hace una buena inversión si paga esos 300 dólares, aunque no haya tenido la culpa.

Un mes después, llamé a Phillip para averiguarle si ya había puesto en práctica el marketing al revés, y me dijo:

> Sí, le di a mi cliente un cheque por los 300 dólares. Él se conmocionó, me dio una amplia sonrisa y luego comenzó a contarle a todo mundo que yo resolvía los problemas rápidamente y sin dolor. Ya me ha recomendado con varios clientes pudientes, y esos 300 dólares se han pagado con creces. De hecho, poco después de haberle dado el cheque, me pidió que le ayudara a ofrecer otro automóvil que deseaba vender, y de inmediato me gané otros 2,000 dólares. Tengo otras ventas pendientes ahora, que vinieron directamente de aquel cliente cuya batería explotó. Tenga en cuenta que mi promedio de ventas está entre 30,000 y 40,000 dólares, ¡Así que los 300 dólares devueltos se están recuperando bastante bien! Esto es todo lo que debe ser el mercadeo, y el marketing al revés está funcionando a las mil maravillas. Los grandes concesionarios no saben lo que se están perdiendo.

☞ Trate a los quejumbrosos como valiosos investigadores

Una de las mejores maneras de cambiar sus quejas de la ruina probable a la gratificación es considerar a sus clientes descontentos como investigadores de mercado. Es como si usted los hubiera empleado para descubrir e informar sobre las áreas en las cuales usted necesita mejorar. Admitiendo que no siempre están en lo cierto y que algunos están pobremente capacitados para el trabajo, pocos verán las cosas como usted las ve. Pero ellos las verán como las ven los *clientes*, y eso, al fin y al cabo, es el único punto de vista verdaderamente importante.

Si usted contratara una firma de investigación muy costosa y respetable para tratar de prever cuáles serían las preocupaciones de sus clientes y le pagara muchos miles de dólares para que le dijera cómo necesita mejorar, usted trataría sus recomendaciones con toda seriedad. Seguramente, usted no haría caso omiso de ellas ni desecharía los resultados como el producto de un mal estado de ánimo o de hostilidad.

Pero el de "investigador" es realmente el papel que desempeña un cliente insatisfecho con usted. Los clientes son los únicos calificados para decirle cómo se ven las cosas desde su propio punto de vista. Ninguna firma de investigación de mercado podrá hacer tan buen trabajo como el de ver las cosas con esos ojos.

Ejemplo. Los beneficios que obtuvo Westin por un "huésped investigador" descontento.

Matthew Hart, el gerente de operaciones de la casa principal del centro vacacional Westin en Kaanapali Beach, Maui, recuerda un incidente que se inició muy mal, y terminó siendo una operación muy rentable. Una ejecutiva principal de una de las compañías de la revista *Fortune 500* y su esposo escogieron ese centro para sus vacaciones e, iniciando en el primer día de veraneo, comenzó a advertir y a hacer una lista de deficiencias en el servicio.

Llamaron a la recepción para quejarse y al momento los comunicaron con el gerente de operaciones. En hotelería, el gerente de operaciones no es quien soluciona los reclamos de mediana importancia; es el CEO de esa propiedad particular. En lugar de trasladar la queja a un subalterno, o condescender a escucharla él mismo, Mr. Hart ofreció reunirse personalmente con los huéspedes para estudiar sus quejas. Le presentaron una lista larga y pormenorizada. La mayor parte de sus quejas eran válidas. Dándose cuenta de que no había una única acción que pudiera emprender para solucionar todos los problemas, Hart prometió ponerse a trabajar en su solución y les dijo:

Sus opiniones son válidas e importantes, y quiero que disfruten su permanencia aquí. Si tengo que reunirme con ustedes todas las tardes para escucharles cómo van las cosas, pues eso haré.

Y lo hizo. Todas las tardes a las 5 p. m., la pareja lo interrogaba sobre sus observaciones del servicio en ese día. Matthew Hart obtuvo brillantes ideas sobre cómo mejorar los servicios en el centro vacacional y muchos de los cambios sugeridos por las quejas de la pareja están vigentes hoy. Más importante aún, la pareja inconforme reconoció que la gerencia de la Westin era muy receptiva y había apreciado sus opiniones. Desde entonces, ellos han vuelto todos los años al mismo Westin para sus vacaciones y han mandado muchos amigos, recomendando al Westin Maui como el más refinado centro vacacional del mundo, y administrado por el mejor equipo en esta especialidad. La misma huésped ha ejercido también cierta influencia sobre su compañía para que programara numerosas reuniones y viajes de incentivo al hotel que con tanto rigor había criticado al comienzo.

¿Qué puede aprender usted de este ejemplo? El primer contacto con los huéspedes descontentos fue lo que definió el tono para la larga duración de la relación descrita aquí. Su reacción inicial con cualquier cliente insatisfecho determina si la experiencia dará información valiosa o deteriorará hasta una desagradable confrontación.

En lugar de rechazar a sus clientes insatisfechos, Matthew Hart acogió sus quejas y se ganó su valiosa fidelidad por largo tiempo, mientras, además, aprendía cómo mejorar el servicio de Westin. Usted puede hacer exactamente lo mismo efectuando un giro fundamental en su actitud y en la de su equipo. Es mejor considerar un cliente molesto como un investigador de mercado que le está dando un informe sobre algunas deficiencias del servicio, que es necesario corregir.

☞ Estrategias sencillas que convierten a los quejumbrosos en compañeros

La mejor manera de enseñar es, a menudo, por medio del ejemplo. En las diversas confrontaciones que se dan a continuación, observe cómo la gente de negocios como usted ha utilizado sus instintos y sentido común para cambiar situaciones verdaderamente difíciles. (Más adelante en este capítulo, verá cómo desempeñarse mejor usando un plan paso a paso que puede compartir con sus colegas, que simplemente confiándose en sus buenos instintos.)

Ejemplo. MedSurg aprende a enfrentar el problema más pronto.

Algunas veces usted puede perder un cliente de 100,000 dólares por un error de medio centavo. Basta preguntarle a Anita Haddad de Industrias MedSurg. El olvido de una esponjita del pedido de implementos quirúrgicos casi le hace perder una cuenta de 100,000 dólares. Pero es una historia con final feliz, con algunas sencillas pero valiosas lecciones que usted puede poner en práctica.

¿Qué puede ser tan importante sobre una esponjita de medio centavo? Bueno, si usted está en la mesa de cirugía de un hospital, acabando de pasar una apendicectomía y han terminado de coserlo, los cirujanos van a preocuparse mucho si la enfermera de la sala de cirugía cuenta las esponjitas que se usaron en la operación y se encuentra con que falta una. ¿En dónde puede estar? Cierto. ¡Dentro de usted! El equipo de cirujanos va a abrirlo de nuevo para encontrar esa esponjita perdida, en lugar de arriesgarse a una infección que pondría su vida en peligro, sin mencionar la demanda multimillonaria contra el hospital por negligencia. Los equipos médicos se disgustan mucho cuando el conteo de esponjitas no es absolutamente exacto.

Las Industrias MedSurg ensamblan y venden bandejas quirúrgicas diseñadas al gusto de los clientes y organizadas para hacer más eficientes los procedimientos de una sala de cirugía. Cuando usted llega a la sala de cirugía para esa apendicectomía, la enfermera de la sala quirúrgica toma una bandeja para apendicectomía que contiene todo lo necesario para tal procedimiento. Cada una ha sido cuidadosamente esterilizada, arreglada y sellada. Si la bandeja debe contener 10 esponjitas pero en la realidad hay sólo 9, MedSurg va a tener serios problemas. Esto ocurre sólo en muy raras ocasiones, gracias a la implacable dedicación de MedSurg al control de calidad. Sin embargo, muy de vez en cuando, alguien puede cometer un error.

En la industria del cuidado de la salud, el modelo de la calidad de comportamiento que los clientes esperan es nada inferior a la perfección. MedSurg falló en la perfección, en una de las cuentas más importantes de Anita Haddad, incluyendo 9 esponjitas en lugar de 10 en una entre los millares de bandejas quirúrgicas que suminista. Aunque el error fue cometido inadvertidamente por el fabricante de las esponjas, MedSurg era responsable ante su cliente por 10 esponjas. No se le causó desastre al paciente; las enfermeras de la sala de cirugía habían estado alerta y vigilantes. Advirtieron el error, pero no quedaron muy contentas con él, y se lo hicieron saber a Anita.

Como cualquier profesional de ventas, Anita detestaba saber que su cliente estaba enojado. De hecho, al comienzo trató de ignorar el problema y sólo esperó a que éste no trascendiera. Además, tenía otras prioridades profesionales y personales que lidiar. Su casa en el sur de Florida había sido totalmente arrasada por el huracán Andrew unas semanas atrás y su vida profesional había comenzado a debilitarse. Anita estaba llena de razones para ignorar el problema de la esponjita de medio centavo que faltó en el hospital.

Pero el problema no se fue tan tranquilamente. Los clientes de Anita se sintieron ignorados y eso empeoró las cosas.

El enojo tiende a inflarse y a extenderse si no se le atiende con prontitud. Tal vez usted lo haya notado en sus relaciones personales también. ¿Qué sucede cuando usted y su esposa o amigo tienen un ligero desacuerdo? Ambos huyen del tema esperanzados en que los dos lo olvidarán. ¿Funciona? Casi nunca. Por lo general, descuidarlos hace que los pequeños problemas se enconen.

La enfermera de la sala de cirugía del hospital se irritó. Como ella y su equipo percibieron que Anita no les había prestado atención directa en el caso de la esponja faltante, el presidente de MedSurg, Michael Sahady, recibió una llamada telefónica notificándolo de que el hospital cancelaba el contrato de cuatro tipos diferentes de juegos de bandejas quirúrgicas especiales de gran volumen.

Eso llamó su atención.

Y Michael Sahady también obtuvo la atención de Anita Haddad. Cuando él la llamó para preguntarle qué estaba pasando con la valiosa cuenta de su cliente, de inmediato ella tomó una crucial decisión: enfrentar el problema. Aunque tenía muchas excusas plausibles, confesó y admitió la verdad: había estado pasando por alto el problema, esperando que sencillamente se olvidara.

Al final, la admisión abierta y cándida de Anita fue lo que salvó su cuenta y su empleo. También fue lo que llevó a un final feliz.

El presidente de MedSurg tomó un avión, se dirigió al hospital de Miami, se reunió con Anita y fueron a visitar al personal de la sala de cirugía. Esa irritante molestia había desembocado en furia, y la jefe de enfermeras salió gritando a ambos, a Michael y a Anita. La enfermera se había sentido ignorada y maltratada. Sentía que los asuntos del hospital no eran importantes para MedSurg.

Unidos, el presidente y la representante de ventas admitieron sus errores y se excusaron. Más gritos. Otra admisión de culpa y otras excusas. Más gritos. (Cuando su furia se ha enconado por algunas semanas, puede tomar un largo rato calmarla.) Por último, Michael Sahady declaró firmemente las intenciones de MedSurg:

> Nosotros hemos cometido un error, lo admitimos, y nos excusamos. No tenemos disculpa. Usted debió haber tenido la atención inmediata de Anita, así como la mía. Pero no lo hicimos, y eso no lo podemos cambiar. Lo que nosotros *podemos* hacer, y tenemos la intención de hacerlo, es proporcionarle exactamente lo que usted quiere y merece. Vine en avión para admitir nuestros errores, excusarnos y volvernos a encarrilar con usted. Por favor dígame exactamente lo que podemos hacer para reiniciar nuestra relación.

Bueno, no fue tan fácil, pues el hospital ya había sacado el negocio a licitación entre otras cinco compañías de bandejas quirúrgicas especiales, todas competidoras de MedSurg. Después de haber calmado al personal de la sala de cirugía del hospital, Michael y Anita se enteraron de que siempre habían estado muy contentos con la atención que MedSurg les había brindado y, sobre todo, la certeza de la calidad había sido extraordinaria. Sólo la esponjita de menos y la falta de atención subsecuente de MedSurg al asunto habían sido el problema.

Las verdaderas necesidades del personal del hospital se redujeron a algo muy sencillo: querían ser tratados con franqueza y sentirse importantes. Sintieron que MedSurg los había ignorado y supusieron que había sido porque el negocio no era suficientemente importante para la compañía.

Michael Sahady le ordenó inmediatamente a su departamento de embalaje que personalizara estos productos para el cliente imprimiendo el nombre del hospital en la envoltura exterior de sus bandejas quirúrgicas especiales en los pedidos futuros. Anita Haddad se comprometió a visitar o llamar al hospital semanalmente. El vicepresidente de MedSurg también voló para hacer una visita personal (incluyendo otra disculpa y otro ofrecimiento de hacer bien las cosas.)

¿El final feliz? MedSurg se encarriló de nuevo con el hospital. De hecho, están mejor ahora de lo que estuvieron antes. No sólo recuperaron el contrato para los cuatro tipos de bandejas especiales que ya estaban suministrando, sino que también tuvieron la oportunidad de licitar para otros siete, doblando potencialmente el valor de la cuenta.

¿Qué puede aprender usted de este ejemplo? Cuando las cosas van mal y su cliente recibe un mal servicio, lo mejor que puede hacerse es admitir de inmediato el error y actuar sin demora para solucionar el problema.

1. *Enfrente siempre el problema con rapidez y sin reservas.* Si Anita se hubiera enfrentado inmediatamente con la ira de su cliente, la situación no se hubiera agravado. Quizá su presidente y vicepresidente no hubieran tenido que hacer visitas personales para aplacar al disgustado cliente.

2. *Casi nunca es demasiado tarde para admitir un error.* Cuanto más pronto, mejor. Pero si usted sabe que un cliente ha sido irritado por cierto tiempo, llame *ya*, antes de que la situación se ponga peor.

3. *La gente (incluyendo clientes y jefes) lo respetará por ser franco.* Ellos no quieren oír un montón de excusas; quieren la verdad sin tapujos, sin importar cuán terrible pueda ser.

Sólo después de conocer la falta, Anita Haddad se dio cuenta de lo mucho que la valoraba y apreciaba su jefe. Pero ella no hubiese podido salvar el negocio de MedSurg, o su empleo, sin decir la verdad.

Ejemplo. Ameritech Publishing se vuelve personal.

Si usted pagó para sacar un anuncio en las páginas amarillas de la guía telefónica y después descubrió que el editor había cometido un gran error al publicar el número equivocado en su anuncio, entonces, ¿se molestaría mucho o no? Jacob DeVries, presidente de F&F Tire Service en Janesville, Wisconsin, realmente lo estuvo cuando le sucedió. Luego, cuando cerró uno de sus otros almacenes de llantas destacado en un directorio de páginas amarillas diferente, Jacob le solicitó a la Wisconsin Bell una concesión, puesto que él había comprado el aviso con la esperanza de que sus dos almacenes anunciados pagaran por él y no uno solo.

La respuesta del editor de las páginas amarillas de la guía telefónica fue enviarle al señor DeVries una copia de su contrato original con la sección *Términos y condiciones* destacada, para probarle que la compañía no estaba obligada a hacer ninguna concesión.

El señor DeVries tenía una buena relación con su representante local de ventas, y le escribió una carta para explicar cómo estaba de descontento con la actuación de la oficina principal. Su carta para el representante de ventas decía:

Sí, ellos tienen la razón de acuerdo con el contrato, así que ganarán esa batalla. De tal manera que he decidido no renovar ninguno de mis anuncios de las páginas amarillas con Wisconsin Bell en el futuro. Gasto más de 60,000 dólares anuales en publicidad sólo en las páginas amarillas. Yo les solicitaba que reconsideraran 7,000 dólares de su parte. Ahora voy a llevarle esos 60,000 dólares a alguien que trabaje conmigo bajo circunstancias especiales y desacostumbradas. Entiendo que usted sólo es el representante de ventas y esto no es culpa suya, pero estoy tan descontento con Wisconsin Bell que deseo que tengan mucha competencia que los obligue a valorar mi negocio más de lo que ellos, obviamente, lo hacen ahora.

Jacob DeVries cumplió su palabra. Año tras año botó el correo que recibía de la compañía de publicidad en las páginas amarillas, no les pasaba al teléfono y en general ignoró sus intentos de recuperarlo como su anunciante. Después de cinco años de este tratamiento silencioso, la Wisconsin Bell había perdido por lo menos 300,000 dólares en publicidad.

Para esta época, la Wisconsin Bell se había convertido en Ameritech Publishing, y tenía mucha competencia. También había visto la luz sobre el valor de mantener satisfechos a los clientes. Ameritech también había empleado a Greg Kraemer como ejecutivo de cuenta de publicidad en las páginas amarillas, a cargo del territorio que incluía a la F&F Tire Service.

Mientras se preparaba para examinar su nuevo territorio, Greg revisaba la historia de la cuenta de F&F y pensó que la falta de publicidad en las páginas amarillas tenía que estar perjudicando su negocio de llantas. Fiel a su palabra, el señor DeVries estaba castigando al editor por su insensibilidad cinco años antes, pero al mismo tiempo su negocio también había estado perjudicándose. Greg decidió que iba a encontrar la forma de cambiar esta situación. Así que llamó y dejó un mensaje para el señor DeVries. Como no recibió respuesta, llamó de nuevo, después, envió una carta muy bien mecanografiada. Luego llamó nuevamente, una y otra vez. Por último, se dio cuenta de que las técnicas de comunicación convencionales de negocios no iban a funcionar. (Aunque Greg no lo sabía, Jacob DeVries ni siquiera había abierto las cartas. Todavía estaba tan enojado que ponía cualquier sobre con la dirección de remitente de Ameritech, directamente en la canasta de la basura, al igual que todo papel con mensaje telefónico de Ameritech.)

De tal manera que Greg sacó su pluma y un bloque de papel de carta y comenzó a escribir. Al día siguiente, Jacob DeVries recibió un sobre sin membrete que contenía la carta personal de Greg, cuidadosamente escrita a mano. En esta oportunidad pasó. La carta iniciaba de inmediato con su presentación y mencionaba el nombre del anterior representante de ventas, con quien el señor DeVries había llevado una buena relación. Greg continuó explicando que él conocía la desafortunada historia de la experiencia publicitaria de F&F Tire en las páginas amarillas. Greg había llevado a cabo su tarea. Incluyó estadísticas de la compañía de llantas Michelin sobre la eficiencia de otros negociantes anunciantes de las páginas amarillas, produjo un modelo de aviso publicitario y preparó una propuesta para ayudar a la F&F a que estructurara un programa efectivo de publicidad en dichas páginas.

Greg reforzó esta carta personal con una llamada telefónica. Por primera vez en cinco años, el señor DeVries accedió a hablar con alguien de Ameritech, aunque todavía estaba molesto sobre su tratamiento cinco años antes. Así que Greg lo dejó que se "aireara" y escuchó pacientemente. Sabía que no podía adentrarse en territorio positivo, hasta que el cliente liberara sus reprimidos sentimientos negativos. Como recuerda Greg:

> En realidad me regañó. El representante anterior me había dicho que debería prepararme para encontrar cierto resentimiento, de manera que estaba algo preparado. Yo *quería* que se desahogara. Una vez superado el pasado, estuve listo para avanzar y mostrarle cuántas cosas habían cambiado en Ameritech.

Y funcionó. Para el final de la conversación, el propietario de F&F Tire había comprado 13,402.80 dólares en publicidad e iba en camino de una relación positiva, lo que podría llevarlo a la reanudación del programa de publicidad previo, que lo incluía todo en varios directorios.

No se crea que solo Greg Kraemer y Ameritech se salieron con la suya. Jacob DeVries puede haber sido el más beneficiado de todos. Debido al torpe manejo del editor a la razonable solicitud, cinco años antes, el enojo resultante y el deseo de desquitarse hicieron que F&F Tire Service desperdiciara cientos de miles de dólares de ventas por no haber tenido publicidad en ninguno de los directorios.

¿Qué puede aprender usted de este ejemplo? Hay abundancia de cosas que pueden aprenderse de la forma como Greg Kraemer manejó al disgustado propietario del almacén de llantas. La primera y más importante de todas fue que Greg fijó su atención en cómo podría favorecer al cliente y se concentró en ayudarlo para el futuro. Él conocía la historia, pero no insistió en ella. Se dio cuenta de que Jacob todavía estaba disgustado y aun lo animó a que desahogara su mal humor para que pudieran dejar el pasado atrás y avanzaran hacia el futuro.

La mayoría de los representantes de ventas que heredan una cuenta con problema tienen la tendencia a evitar cualquier contacto desagradable. ¿Por qué meterse a manejar una carga de disgustos y arriesgarse a que los regañen por un error que alguien cometió años antes? Sin embargo, Greg decidió hacerle frente al problema, así él no lo hubiera creado.

La *manera* como él se aproximó al cliente es importante. Analizó lo que *no* estaba *funcionando* y cambió de táctica. Greg está convencido de que su carta manuscrita hizo el milagro de abrir la puerta que estuvo cerrada con llave durante cinco años. Decidió volverlo personal y esa carta llevaba consigo un mensaje subliminal no escrito: "Éste no es un formato de carta generada por computador, enviada por otro burócrata de una compañía. Me interesa personalmente. Me he tomado la molestia de escribirla a mano. Me quiero entrevistar con usted persona a persona".

Recuerde que cuando su cliente está enojado –sin importar quién haya tenido la culpa–, está perdiendo porque no está cosechando los beneficios de su producto o servicio. Un representante de ventas que toma su trabajo seria y personalmente, hará lo que hay que hacer para llegarle a ese cliente y asegurarse de que los sentimientos negativos que rodean acontecimientos pasados, no obstaculicen beneficios presentes y futuros. Si para ello hay que sentarse a escribir una carta a mano, hay que hacerlo. Recuerde que las emociones tienen que venir primero, pero no se enrede en ellas. Siga adelante. Concéntrese en cómo puede surtir a su cliente de beneficios en el futuro.

Ejemplo. Results, Ltd. se centra en la meta a largo plazo.

Tom Hopkins es uno de los más conocidos y aclamados instructores de ventas del mundo, y sus programas son convenientemente valorados a tarifas máximas si usted logra entrar. Cuando su representante de ventas dice: "Es probable que este programa se agote totalmente", no es sólo una táctica de alta presión para vender más entradas. No tienen para qué hacerlo, porque los eventos de Tom Hopkins casi siempre se venden por completo. La primera dificultad cuando está programando su seminario radica en la capacidad del salón principal de algún hotel, por los millares de personas que quieren oír su mensaje. Cuando los vendedores profesionales están molestos con los seminarios de Tom, no es por su desempeño, es porque no lograron verlo desempeñarse.

Entrevisté a Rob Salisbury, director interno del equipo de ventas de Results en Sales and Marketing, Ltd., con base en Scottsdale, Arizona. Results, Ltd. es una entre sólo dos compañías de promoción de seminarios de ventas autorizadas para representar a Tom Hopkins en los Estados Unidos. Rob supervisa la administración que dirige el territorio occidental de los Estados Unidos, así como las provincias occidentales del Canadá. Rob ha estado promocionando a Tom Hopkins de tiempo completo desde 1984, así que es veterano de muchos seminarios. Hablando con Tob, dije: "Tom Hopkins puede ser venerado en la profesión como un erudito presentador de técnicas de ventas extremadamente efectivas; pero, ¿No hay algunos clientes descontentos con los programas de Tom?"

Sin dudarlo, Rob recordó una situación que describió como "sumamente fea". En octubre de 1989, Tom Hopkins programó dos seminarios de todo un día en el área de Los Angeles, primero en el LAX Airport Hilton y una semana después en el Universal City Hilton. Rob y sus colegas de Results, Ltd. estaban vendiendo inscripciones para ambos programas y las boletas autorizaban a los compradores a asistir al evento que más les conviniera. El día del programa que correspondía al LAX Airport Hilton, aparecieron 1,350 ansiosos vendedores profesionales.

Pero, sólo había 1,100 puestos.

Estando en su oficina de Scottsdale el día del seminario, sin sospechar lo sucedido, a eso de las 11 a. m. Rob recibió una llamada de Jan Thurmon, directora de ventas de distrito para Sears Mortgage en Los Angeles. Con 72 oficinas en todo el país, Sears Mortgage era para Rob un cliente nuevo importante, y Jan había comprado 18 boletas para sus altos ejecutivos de créditos. Habían llegado un poco tarde para el sonado seminario de Tom Hopkins y no fueron admitidos por los jefes de bomberos, argumentando que el salón ya había sido copado en toda su capacidad.

Rob contestó la llamada de Jan y comenzó con su chispeante entusiasmo, ¡Hola, Jan! Qué gusto oírte. Tu equipo debe estar deleitándose con el programa de Tom, ¡mientras estamos hablando!"

Claramente enojada, ella respondió:

No, todo mi personal fue devuelto a casa. Ustedes vendieron sobrecupo para el evento y mucha gente se quedó por fuera. Los bomberos los devolvieron. Fue una verdadera pesadilla. Tuve que dejar que mis altos ejecutivos tomaran el día libre. Estaban entusiasmados de ver a Tom Hopkins de cuerpo presente, y ahora no sólo están desilusionados, sino que gastaron la mañana viajando a un seminario al que no pudieron asistir.

Recordando esa conversación, Rob dice: "Digamos que su voz era tan helada como para congelarme las orejas".

Éste era el primer informe que Rob había oído sobre el lío, así que fue tomado por sorpresa. Como buen vendedor profesional, de pensamiento rápido, Rob se repuso velozmente:

Tienes razón, Jan. Nos equivocamos y es un error de nuestra parte. ¡Cómo lo siento! Déjame hacer arreglos para que tu gente asista al evento la próxima semana en Universal City sin costo alguno para ti. Siento mucho que te hayamos desilusionado.

Pero Jan no estaba dispuesta a dejarse apaciguar.

No, Rob, yo no quiero boletas gratis. Quiero que me devuelvas mi dinero. Cada dólar. Y ten por seguro que nunca más volveré a recomendar los seminarios de Tom Hopkins después de ver que venden sobrecupo para sus eventos e incomodan a sus clientes.

Estaba *muy* enojada, y no había nada que Rob pudiera hacer para calmarla. Sin dudarlo, se comprometió a devolverle los 2,250 dólares que había pagado por las boletas. Al día siguiente, por Federal Express, recibió el cheque junto con su nota de disculpa. Y también recibió 18 pases nuevos de invitación para el programa de la Tom Hopkins Universal City, a pesar de que ella había dicho que no los quería.

Al día siguiente, Rob llamó para disculparse nuevamente y para estar seguro de que Jan había recibido su reembolso y las boletas, pero para entonces estaba aún más enojada. Había tenido noticias de cada uno de los ejecutivos de créditos, y todos se le habían quejado de cómo, después de haber modificado sus programas, haber viajado todo ese trayecto y haber sufrido todo el lío del estacionamiento, no habían podido asistir al programa y debían reconstruir todo su día desperdiciado.

Una vez más le dijo a Rob que no tenía buena opinión de Tom Hopkins ni de Results, Ltd. y que no usaría las 18 boletas para el seminario de Universal City. Rob hizo lo que pudo para terminar la conversación cordialmente, pero ella no estaba ni próxima a dejarse contentar.

Después del seminario de Universal City, un auditaje de rutina de las boletas mostró que dos de los 18 pases de invitación gratuitos de Sears Mortgage habían sido usados, así que Rob llamó a esas dos personas y se enteró de que los dos ejecutivos de crédito habían asistido porque ambos vivían en ese sector. Ambos le dijeron que el seminario había sido fantástico. Tom había hecho un gran trabajo adicional, y desde el escenario se excusó con todos aquellos a quienes se había causado molestia en el programa del LAX. (Los ejecutivos de crédito de Sears Mortgage no fueron los únicos devueltos del evento de LAX.) ¿Ablandaron en algo a Jan sus informes entusiasmados? Nada, según se enteró Rob cuando la llamó para hacer el seguimiento.

Rob telefoneó de nuevo a comienzos de enero de 1990, para informar a Jan sobre el evento de Tom Hopkins que iba a llevarse a cabo en el Anaheim Hilton de Orange County, cerca de Disneylandia. Ella contestó no tener interés en él, ni para ella ni para su equipo. Sin embargo (la fisura que Rob necesitaba), ella tenía un ejecutivo nuevo en Orange County y quería ver si estaría interesado en ir al programa de Tom. Seis de los ejecutivos terminaron asistiendo al evento de Orange County y les fascinó.

Unos pocos meses después, el programa de Tom Hopkins se programó una vez más para Los Angeles, y Rob aún no había olvidado el incidente con Jan y los ejecutivos de crédito de Sears Mortgage. Automáticamente le envió a Jan *otros* 18 pases de invitación gratuitos y le telefoneó para hacérselo saber. Ella se sorprendió de oírlo y, finalmente, todo un año después del incidente de LAX Hilton, sonaba un poco más cálida y más receptiva al seguimiento de cortesía y sinceridad que trataba de corregir el perjuicio anterior. Le preguntó si ella había aumentado su personal, y como le contestara que recientemente había empleado seis nuevos ejecutivos, también *les* envió los pases de invitación gratuitos, para el siguiente evento de Los Angeles.

¿Estaba Rob regalando el negocio? No, estaba invirtiendo en una relación a largo plazo. En los negocios —y en la vida— no hay nada tan valioso como una reputación sin tacha. Sin embargo, no importa cuán implacablemente se persiga la perfección, a veces las cosas se dañan.

Ahí es cuando usted debe tocar todas las puertas para recuperarse, tal como había hecho Rob. Había reembolsado los 2,250 dólares originales, había regalado 18 pases de invitación, y ahora estaba regalando 24 más y, en esta ocasión, puestos de primera fila. ¿Se estaba sobrepasando? No. La reputación suya y la de Tom estaban en peligro. Rob estaba haciendo lo adecuado –lo correcto– puesto que la gente de Jan había sido tan mal tratada. Y, además, estaba haciendo lo apropiado, puesto que ella estaba en posición de desacreditar los programas de Tom Hopkins entre sus colegas de las 72 oficinas de Sears Mortgage en los Estados Unidos.

La historia de Rob Salisbury tiene un final feliz. Después de hacer todo lo posible para satisfacer a Jan, la gente de Sears Mortgage se ha convertido en clientes excelentes de la organización Hopkins. Compran videos, envían ejecutivos de créditos a seminarios en todo el país y además han escrito cartas de referencia persuasivas para ayudar a convencer a otras organizaciones a que envíen su gente a los famosos seminarios de Tom Hopkins.

Para Rob y Results, Ltd. esos 42 pases de invitación y esos 2,250 dólares han producido ya más de 60,000 dólares de ingresos.

¿Qué puede aprender usted de este ejemplo? La moraleja de esta historia es sencilla. Cuando usted le queda mal a un cliente, tiene la oportunidad de hacer lo imposible para enderezar las cosas, aun si no puede deshacerse de la desafortunada situación original. Si pide excusas profusamente, si envía un reembolso, si envía gratis boletas de invitación a manera de reposición, o los tres, piense en el costo como una inversión que usted hace en la relación y en su reputación. Puesto que una reputación favorable de largo tiempo es de infinito valor, cualquier inversión que usted deba hacer para mantenerla es poca cosa cuando se consideran las oportunidades futuras que pueden perderse y lo que pueden costarle si no se arreglan las cosas.

Ejemplo. Ingram pone en práctica las "tres P".

Beth Alvin, representante ambulatorio de ventas de Ingram, la compañía distribuidora de libros más grande de Norteamérica, es partidaria del mercadeo al revés. De hecho, cuando yo la entrevisté me contó que no había logrado una sola cuenta nueva en los últimos ocho meses. Se concentra por completo en fortalecer las relaciones existentes con los clientes y en renovar aquellas que comienzan a esfumarse.

Beth me comentó la historia de su experiencia con una librería pequeña en Idaho como un buen ejemplo de cómo usar la perseverancia, la personalidad y el profesionalismo para recuperar clientes que se han descarriado del redil. El propietario de esta librería en particular había designado uno de los centros de distribución cercanos de Ingram como uno de sus principales sitios de embarque, porque significaba que pagaría menos costo de fletes para sus pedidos. Cumpliendo con un tamaño mínimo de pedido, en algunos casos no pagaría nada.

Poco después de indicarles su bodega preferida, el computador de Ingram determinó que su cuenta era una de las que deberían cambiarse a otra bodega como principal punto de distribución. Aunque se le había enviado una carta al propietario de la librería, explicándole este cambio, aparentemente había estado muy ocupado para leerla, así que fue tomado por sorpresa cuando llegó el momento del cambio. Había ordenado electrónicamente un pedido por 100 libros, para tener derecho a un transporte gratuito y se asombró cuando se enteró de que había sido despachado desde Denver, en vez de la bodega que él había escogido. Recibió el golpe bajo de una considerable cuenta de transporte cuando no estaba esperando ninguna. Quedó tan disgustado con la cuenta de la remesa y la sensación de que había sido zarandeado por las políticas de transporte de Ingram, que tuvo una acalorada conversación con un representante de servicios al cliente y habló directamente con Beth, su representante de ventas. Estaba tan enojado que le colgó el teléfono después de amenazarla con que nunca más haría negocios con Ingram. Había muchos otros distribuidores de libros, incluyendo Book People, Baker & Taylor y Pacific Pipeline, que podían satisfacer muy bien sus necesidades y tenía la intención de cumplir la promesa de suspender todos sus negocios con Ingram.

Imperturbable, Beth tomó como su misión personal el recuperarlo. Su primer paso fue escribir y enviar una nota manuscrita para disculparse. Evitó poner de presente que él había omitido leer el aviso oficial de Ingram. Su meta era no hacerle ver que había sido culpa de él. Se proponía aceptar la responsabilidad, y lo hizo en forma personal. No fue sólo: "Aquí en Ingram nosotros aceptamos la responsabilidad". Sino que Beth ofreció su compromiso personal de hacer todo lo posible por satisfacerlo.

Beth identifica el hecho de haber escrito la nota a mano como un elemento importante de este ejemplo. En estos días se escribe tanta correspondencia comercial en computador, que la nota manuscrita se destaca y logra la atención. Después de haber escrito la nota, Beth llamó personalmente por teléfono y tuvo el cuidado de llamar exactamente a la hora que dijo que llamaría. Ella identifica también esta puntualidad profesional como un paso importante para lograr la confianza de su cliente.

Al final, este excliente se convirtió en un fuerte aliado de Ingram. De hecho, el propietario de la librería compró un sistema de referencia completo llamado *Ingram Books in Print Plus en CD-ROM*, lo cual quiere decir que él recibe un disco semanal con el listado de todos los títulos que aún están en proceso de impresión, más la información exacta sobre las existencias de Ingram. Ahora, en lugar de dividir su negocio entre varios distribuidores y seguir furioso con Ingram, ha consolidado su negocio con éste como su principal proveedor. Durante el primer año después de que Beth iniciara la tarea de recuperar su confianza, sus pedidos a Ingram crecieron en un 28%.

¿Qué puede aprender usted de este ejemplo? Beth Alvin de Ingram se benefició de las "tres P" para recuperar los clientes perdidos:

1. *Ser persistente.* No deje que un cliente que le tira el teléfono lo desanime. Decida que recuperarlo será su misión personal.

2. *Ser profesional.* Recuperar la confianza es un proceso largo y lento. Su cliente pone mucho cuidado a pequeños indicios de su confiabilidad. Si usted dice que lo llamará a las 10:30 a. m., telefonee a las 10:30 a. m.

3. *Ser personal.* La mayoría de los clientes percibe un rechazo cuando sienten como si estuvieran tratando con una enorme y fría burocracia que no les ofrece atención personal. Deje que sus clientes se enteren, como lo hizo Beth, de que usted acepta la responsabilidad y que continuará personalmente hasta el final. En su estrategia de enviar una misiva personal manuscrita en lugar de una carta genérica computarizada, puede estribar la gran diferencia.

Ejemplo. Cómo Embassy Suites enfrenta el problema.

Acababa de registrarme en mi limpio y espacioso alojamiento en el Embassy Suites de Piscataway, New Jersey, en donde iba a pasar la noche, antes de dictar un seminario de servicio para el personal del Johnson & Johnson Hospital Services. Resultó que mi encuentro con un sólo ejemplo de mal servicio esa noche me proporcionó una de las mejores lecciones de servicio al cliente que he tenido. También me mostró qué estupenda organización es Embassy Suites.

Resolví dar un paseo después de haberme organizado en la habitación, y decidí comer tan pronto regresara. Para darle suficiente tiempo a la gente del servicio a la habitación, llamé para hacer el pedido a las 6 p. m. y solicité que me llevaran la comida a las 7:30 p. m., para que coincidiera con el comienzo de una película que yo quería ver en la TV de mi habitación. Un miembro del personal del hotel, a quien llamaré Steven, tomó mi sencillo pedido de un sandwich de pollo, sopa de mariscos y una Pepsi dietética. Después de disfrutar mi corto paseo, regresé a la habitación y a las 7:25 p. m. llamé al servicio a la habitación. Yo quería que Steven supiera que ya había regresado y recordarle que estaba listo para comer. Él parecía estar al tanto de todo y me agradeció la llamada.

A eso de las 7:35 p. m., empezó la película y aunque la comida estaba demorada sólo cinco minutos, mi estómago comenzó a gruñir y yo, a irritarme. Me daba cuenta de que cinco minutos de atraso no era mucho, pero, al fin y al cabo, había pedido la comida con una hora y media de adelanto para darle a Steven tiempo suficiente; aún más, había hecho una llamada para recordarle. ¿No podía hacer una programación mejor? Sentí que me estaba volviendo "paternal" y silenciosamente lo regañé por estar tan mal organizado.

A las 7:45 p. m., Steven llamó. "Perdón, ¿qué me dijo que quería tomar con la comida?" Aunque suavemente le repetí "Pepsi dietética", realmente, me dieron ganas de gritarle:

> ¡Imbécil! Le hice mi pedido hace casi dos horas. Si usted no estaba seguro de lo que yo quería, ¿por qué no me preguntó cuando lo llamé de nuevo a las 7:25? ¿O va a decirme que usted ni siquiera ha comenzado a alistar mi comida?

A las 7:55 p. m., el inocente camarero tocó a la puerta y propiamente no le di la bienvenida cuando entró, con la bandeja en la mano. Aunque la demora no había sido culpa suya, lo traté con mucha frialdad, como si personalmente fuera el responsable por la pobre planeación en la cocina. Ahora, yo estaba molesto y hambriento, y mi percepción había cambiado. Yo buscaba detalles negativos para reforzar y justificar mi opinión negativa del funcionamiento del servicio a la habitación del hotel. En efecto, encontré mucho de lo que buscaba. Noté que los puños de la camisa del camarero estaban deshilachados y sucios y los pantalones arrugados y con manchas. No me miró a los ojos ni dio excusa alguna por la tardanza.

Mientras se escabullía del cuarto, levanté la cubierta de mi sandwich de pollo y encontré una masa tibia de lechuga reblandecida y empapada al lado del pan húmedo. Una vez más, me llené de razones que justificaron mi pésima opinión sobre el servicio del hotel. Y para empeorar las cosas no venía cuchara para la sopa en la bandeja. ¡Nuevas pruebas! Probé la insípida y aguada sopa de pescado con la cuchara pequeña y de nuevo condené el pésimo servicio a la habitación. Ahora, mi opinión se había ampliado. No sólo me sentía pesimista sobre mi comida, sino que también me sentía en la misma forma sobre todo el hotel, y por extensión, hacia toda la cadena de los Embassy Suites.

Después de refunfuñar conmigo mismo por media hora, decidí llamar al gerente de turno. La operadora me conectó con él rápidamente, y un miembro del personal llamado Jack se me presentó, y comenzó por preguntar "¿En qué puedo ayudarle?"

Yo no buscaba una comida gratis, y ya ni siquiera estaba disgustado. Sólo quería expresar mi descontento. No quería parecer un huésped gruñón, desagradable, difícil de complacer, así que inicié por explicarle calmadamente: "Jack, en realidad no estoy disgustado, ni en busca de una comida gratis o algo parecido. Sólo deseo contarle una situación de servicio que usted debe corregir". Con las notas que había tomado en la libreta que tenía a mano, al lado de la cama, le relaté punto por punto, lo que había pasado, esperando oír alguna excusa tonta para contrarrestar mi descontento.

En lugar de esto las primeras palabras de Jack fueron:

> Estoy de acuerdo con usted Señor Walther, tiene toda la razón. Yo entiendo por qué está usted desilusionado. Usted se merece una mejor experiencia, y yo le ofrezco excusas por haberle quedado mal. Esa no es la forma como deben ser las cosas cuando se solicita servicio a la habitación en los Embassy Suites.

¿Qué? ¿Nada de excusas tontas? En seguida, me contó las acciones que iba a emprender:

> A primera hora de la mañana, me reuniré con el director de alimentos y bebidas, averiguaré quién fue el responsable de las demoras y la mala comida, y tomaré medidas para corregir la situación.

Y luego, su golpe de gracia:

Aunque usted no está pidiendo una comida gratis, yo le acreditaré su comida, y me gustaría sugerirle que solicite servicio a la habitación, mañana en la noche –como invitado mío, naturalmente– para que usted vea cómo debería haber sido.

Hmmm. Me estaba quedando muy difícil continuar sintiéndome molesto. Después de que le agradecí a Jack su ofrecimiento, él terminó con: "Me disculpo una vez más, y le agradezco por haberme hecho conocer esta situación".

Esto fue un ejemplo de libro de texto sobre cómo manejar las quejas de un cliente. Primero, escuchó con gran atención. Luego, se identificó y estuvo de acuerdo conmigo, disipando por completo cualquier sentimiento de confrontación que yo tuviera. Asumió la responsabilidad personal para disculparse. Me contó qué acciones iba a adelantar. Y luego, me dejó sorprendido al ofrecerme más restitución de la que yo deseaba o realmente merecía. Y por último, puso punto final al episodio agradeciéndome por haberme quejado.

Me impresionó tanto el manejo que le dio a mi reclamo, que le solicité a Jack que nos encontráramos en el vestíbulo del hotel para entrevistarlo sobre el *Marketing al revés.* Durante la conversación, supe que su respuesta a mi situación no había sido sólo el resultado de su instinto personal. Se había graduado en el programa obligatorio de formación de empleados de la Embassy Suites, llamado "The Embassy Suites Way". Me mostró la carpeta y varios módulos de video correspondientes y me llamó la atención sobre la sección titulada "Oportunidades extraordinarias de servicio". Es muy significativo que el programa no se llame "Cómo lidiar con clientes-problema" o "Lineamientos para lidiar clientes enojados". Principiando por el título, queda en claro que el personal de los Embassy Suites (todos toman el curso, desde los criados y empleadas hasta los gerentes generales) se han formado para considerar las quejas de los clientes como "maravillosas oportunidades para servir." (¡Steven, el joven que estropeó mi comida, debería comenzar a repasar!).

Como explicaba Jack, "Cualquiera puede proporcionar un cuarto limpio. Nuestra meta con "The Embassy Suites Way" es proporcionar 100% de satisfacción a los clientes. Podemos mejorar continuamente nuestro negocio manteniendo la fidelidad de los clientes que se genera cuando convertimos un cliente insatisfecho en uno satisfecho". Jack Deschene no es nuevo en el negocio de hoteles. Su currículo en hotelería incluye siete años en este negocio, que comenzó como auditor nocturno. (Ésta es la persona que cuida la empresa en la noche, revisando los papeles del día, preparando las cuentas de los clientes que salen por la mañana temprano, y que lidia las situaciones inesperadas que se presentan durante la noche).

Me contó sobre algunas de sus muy poco comunes "Oportunidades extraordinarias de servicio". Por ejemplo, la del huésped inquieto que se registró tarde en la noche y se veía muy nervioso. Jack le preguntó qué le sucedía y el viajero le explicó que había olvidado su corbata, que tenía una reunión temprano en la mañana y no tenía tiempo de comprar una, antes de esa reunión tan importante. Jack se aflojó su propia corbata, se la dio al cliente y aprovechó una extraordinaria oportunidad.

También hubo una noche el caso de una señora excepcionalmente pesada, que se registró, se fue a su cuarto, y llamó a Jack media hora después para quejarse, muy indignada, de que la base de la cerámica del sanitario estaba rota. Aunque él personalmente había inspeccionado y aprobado la suite ese día temprano y supuso que el peso de la señora debía ser el responsable por el daño, Jack, excusándose graciosamente, la acompañó a otra habitación y así aseguró la continuidad de la fidelidad de su cliente.

Jack me prestó el manual de formación "Oportunidades extraordinarias de servicio" de Embassy Suites y, mientras le daba un vistazo en mi cuarto esa noche, vi que la actitud de Jack y la de otros empleados de Embassy Suites es el resultado de un compromiso de todos para manejar las quejas de modo positivo. El excelente manual incluye un cuadro que divide los clientes en cuatro categorías. "Clientes", son los que se mantienen satisfechos y calladamente tienden a regresar. "Elogiosos", también están satisfechos y hacen que los otros se enteren. "Caminadores", son huéspedes insatisfechos que evitan causar una conmoción, pero en silencio se cambian para otra parte y no regresan. "Habladores", son los que representan el grupo de mayor oportunidad. Cuando están descontentos, se lo dicen al personal de turno, a sus amigos, y a los pasajeros que encuentran en el avión, a su departamento de viajes de la compañía, a los colegas de negocios y a quienquiera que puedan encontrar.

Cuando usted se encuentra a un "Hablador", enseña el manual, lo mejor es "enfrentar el problema" según el OIAR*.

O: *Óigalos*. Escuche al huésped. Deje que se desahogue.

---

* *N. de T.* HEAT en inglés corresponde a *Hear*, *Empathize*, *Act* y *Take responsibility*.

I: *Identifíquese*. Comprenda que el huésped se siente mal y desea atención. Como yo, después de mi desafortunada experiencia con el servicio a la habitación, los "Habladores" son huéspedes insatisfechos que, por lo general, tienen buenas razones para sentirse defraudados. Cuando usted se enfrenta con el problema, es importante que no se limite sólo a escuchar y ofrecer una retroalimentación confiable y con la cual se esté identificado. "Entiendo por qué se siente disgustado, y no lo culpo. Usted tiene toda la razón".

A: *Actúe*. Es aquí donde muchas organizaciones se quedan cortas. Los Embassy Suites han autorizado a su gente de primera línea para hacer lo que sea necesario para resolver las situaciones rápida y favorablemente. No hubo comité, gerente regional o director de normas involucrado cuando Jack me invitó a otra comida con servicio a la habitación. Él actuó por sí mismo, de inmediato.

R: *Responsabilícese*. Aunque Jack no había jugado ningún papel personal en preparar o servir mi demorada y desagradable comida, actuó como si *hubiera* sido el encargado. Reconoció su responsabilidad personal y se disculpó. Podría haber dicho muy fácilmente: "Yo no trabajo en la cocina; pero permítame ver si puedo encontrar quién está de turno y se lo envío". Sin embargo, Jack asumió la responsabilidad por sí mismo, como si la reputación de los Embassy Suites estuviera descansando sobre sus hombros. (Sí lo estaba).

Y, entre otras cosas, la noche siguiente mi comida estuvo excelente. Me la enviaron oportunamente, sabrosa y presentada con gusto. Jack se aseguró de que el personal del servicio a la habitación se enterara de que la noche anterior me habían servido una decepcionante comida y les advirtió que debían estar muy seguros de que no me decepcionarían una segunda vez.

Mi experiencia en el Embassy Suites puede parecer un incidente pequeño, aislado, sin importancia. Pero en realidad fue muy importante, porque le dio a la cadena de hoteles una oportunidad de mostrar su compromiso con un extraordinario servicio, y me enseñó numerosas lecciones. (Además me convirtió de "hablador" en "elogioso").

¿Qué puede aprender usted de este ejemplo? Usted puede usar sus propias y rutinarias ocasiones cotidianas dc servicio, como la mía en el Embassy Suites, como estupendas oportunidades para formarse su propia opinión. Observe cómo se siente cuando usted es el cliente y las cosas salen mal. Saque conclusiones de esas experiencias personales y conciba una estrategia de respuesta que pueda llevarse para usar en su propia organización.

Observe cuál es la forma más efectiva de abordarlo para complacerlo cuando *usted*, como cliente, se haya decepcionado del servicio de otra empresa. Es muy probable que usted pueda dar los mismos pasos para satisfacer a sus propios clientes si éstos encuentran deficiencias cuando acudan a su organización en busca de buen servicio.

En su vida diaria como cliente, considere la deficiencia en los servicios como la oportunidad para darse cuenta de cómo se siente cuando un vendedor le queda mal, y después cómo manejan los reclamos sus representantes. Si usted está decepcionado con un servicio demorado a la habitación, con un descortés dependiente de ventas al detal, o un mal manejo de los planes de viaje, usted podrá observar lo siguiente:

• Una vez que usted se haya decepcionado de algún aspecto de los servicios de una compañía, sus evaluaciones negativas tienden a multiplicarse. Una vez la comida ha llegado tarde, se tiene la tendencia a notar que el camarero está ligeramente desaliñado, que la comida está un poco fría, y la sopa sin sabor; que los ascensores son lentos, y que el vestíbulo está sucio. Y así todo lo demás.

• Antes de hablar alto, con toda seguridad usted elaborará mentalmente una justificación detallada de su pésima opinión. Querrá estar en lo cierto, por lo que prepara su propio caso teniendo una justificación segura. Mientras lo hace, su decepción se consolida de tal modo que su interlocutor encuentra que disuadirlo es cada vez más difícil.

• Probablemente, usted también tenga deseos de perdonar si la persona a quien le hace el reclamo maneja la situación de manera tranquila y enfrentando el problema.

¿Cómo debe responder usted cuando un cliente se queja? Es difícil improvisar sobre la sencilla fórmula de los cuatro pasos de los Embassy Suites:

Óigalos.
Identifíquese.
Actúe.
Responsabilícese.

☞ El plan de juego del manejo de quejas

Aunque algunas de las personas que tuvieron que solucionar los reclamos que acabamos de conocer siguieron sus instintos, y sólo hicieron lo que parecía necesario en ese momento, la línea de acción más confiable es trabajar bajo un plan cuidadosamente elaborado.

La preparación es vital

Como con casi todo empeño, la preparación más importante comienza con un proceso mental. Adoptar la actitud de que los reclamos son buenos, benéficos y rentables le ayudará a poner en marcha el resto de su preparación en la dirección adecuada. Es probable que esta línea de pensamiento no se le venga automáticamente a la cabeza, y por ello es tan importante practicar tales encuentros representando un papel y en sesiones de entrenamiento internas.

Ésta es una buena ocasión para hacer un repaso rápido del análisis transaccional, que he cubierto completamente en mi libro *Phone Power* (Berkley, 1986), y en muchos otros libros. El cliente disgustado que expresa su descontento con una carta antipática o una llamada airada, probablemente está representando alguno de los dos estados de comportamiento: el de *padre* o el de *hijo*.

Cuando está en su papel de *padre*, la gente tiende a juzgar a los demás con rudeza. ("Ustedes estúpidos idiotas, no parece que puedan hacer nada bien. Ustedes también ya han malogrado mis órdenes antes. ¿Qué diablos les pasa?")

En su papel de *hijo*, la gente desahoga sus emociones sin considerar el impacto que ello tendrá en quien escucha o lee, o cualquiera otra consecuencia, si a eso vamos. ("¡No puedo soportar más esto! ¡Ustedes *%$#*&*^$ me están volviendo loco! ¡Esto es suficiente, @#%&*$%^&! ¡Cojan su @%^&!%$& manual de normas y !$%&$$@^&".) Ambos comportamientos, tanto el de padre como el de hijo, pueden ser muy efectivos para romper la comunicación y cambiar la atención de los hechos a las emociones. Pero, de ninguna manera, son efectivos para solucionar problemas.

Es de importancia crítica conservar un papel de adulto cuando el quejumbroso vocifera y grita en el papel de padre o de hijo.

Sorprendentemente, el lenguaje corporal juega una parte muy importante
en ayudarlo a mantener un papel de *adulto*. Si su quejumbroso lo puede ver,
literalmente o no, el mensaje no verbal vendrá en su voz y en su actitud,
revelado por el vocabulario que escoja y el tono de su voz.

Mantenga una postura atenta, abierta, alerta. Si el quejumbroso está sentado
allí mismo en su oficina, no se escurra ni parezca aburrido. Tampoco debe
inclinarse hacia adelante en postura desafiante. (Tampoco lo haga si está en
el teléfono.) Y aun si usted está escribiendo una respuesta, la postura corporal que adopte puede influir sobre su estado de ánimo. Mantenga su espalda
recta, descruce brazos y piernas, y parezca interesado. Aun si su interlocutor
insatisfecho no está viendo su cuerpo, éste está influyendo sobre su proceso
mental y también su tono de voz.

La selección de vocabulario, por supuesto, también es crítica en el proceso
de comunicación. De todos modos, lea mi libro *Power Talking* (Berkley, 1991)
y asegúrese de evitar palabras que causan conflicto, sustituyéndolas por frases
que induzcan a la cooperación y el entendimiento. En lugar de decir "*No estoy de acuerdo*", que el interlocutor oirá como "¡Usted está equivocado!",
diga "Yo *entiendo*", y sinceramente procure comprender el punto de vista de
la otra persona.

En lugar de concentrar su atención sobre lo que usted *no puede* hacer,
indague por lo que *puede* hacer. En lugar de decir: "Me temo que *no* podamos
lograr la reposición hasta el fin de semana", diga: "Lo que *puedo* hacer es
conseguir la reposición para finales de la semana".

Concéntrese en lo que *quiere realizar*, en lugar de hablar de lo que *desea
evitar*. Puede crear una atmósfera positiva de cooperación diciendo: "Deseo
ayudar a enderezar esta situación para que podamos continuar haciéndole
mantenimiento a su equipo de oficina y proporcionarle las reparaciones que
usted espera y merece". Haciendo la propuesta contraria, destierra al quejumbroso: "Lamentaría mucho verlo cancelar su contrato de servicio con nosotros;
no queremos perder su negocio".

Y asegúrese de que su lenguaje le muestra al quejumbroso que usted mira el manejo de esta queja como algo que desea hacer, y no como una carga agobiante. "Me *gustaría* sacar su carpeta para poder tener detalles de los antecedentes completos, y luego con mucho *gusto* lo llamaré esta tarde", suena mucho más positivo que "Voy a *tener* que sacar su carpeta y luego *tendré* que llamarlo de nuevo esta tarde con los detalles".

Esté preparado para usar un lenguaje calmado, cooperativo, a su debido tiempo. Pero todavía no es el momento de hablar. Su paso siguiente es escuchar.

Escuche bien, activamente

Escuchar está lejos de ser un proceso pasivo. La mayoría de la gente piensa que están escuchando si no están hablando y la otra persona sí. ¡Falso! Escuchar es un proceso activo que requiere su total atención y concentración. Usted ya ha acomodado la postura de su cuerpo para que refleje su estado de ánimo abierto. Ahora necesita actuar sobre él y continuar hasta el final.

Escuchar efectivamente requiere que usted se deshaga de todas las demás distracciones. Si su quejumbroso está allí, con usted, cara a cara, tenga a mano un bloque de papel para tomar notas y encárguese de que quienes estén alrededor suyo no interrumpan. Haga lo mismo con el teléfono. Impida las distracciones. Olvídese de sus otras ocupaciones y no permita contacto visual con los colegas, cerrando la puerta de su oficina o déles la espalda. Concéntrese en su interlocutor decepcionado. Recuerde, éste es el tipo de reunión más rentable que usted puede tener. Aprovéchela en la mejor forma.

Aparte de escuchar con calma y de tomar notas, gran parte de los pasos activos importantes que pueden darse, consisten en animar al quejumbroso a que cuente más. Suponga que se le ha llamado para que responda a un reclamo escrito. En lugar de iniciar de inmediato con una justificación por lo ocurrido o esbozar su estrategia de juego para encontrar una solución, dígale a su corresponsal que le cuente más:

> He leído cuidadosamente su carta y tengo una buena opinión básica de
> lo sucedido. Usted ha destacado algunos puntos muy válidos e importan-

tes, y estoy bastante preocupado. No obstante, para comenzar, me gustaría conocer un poco más sobre lo sucedido de tal modo que pueda estar seguro y comprenda a cabalidad el problema para trabajar luego buscando la mejor solución. Por favor cuénteme más sobre lo que sucedió.

Sea que usted esté hablando por teléfono, o cara a cara, se aplican los mismos principios: Deje que el quejumbroso saque del pecho todo lo que tenga. Se produce una especie de liberación catártica cuando se le solicita a la otra persona que cuente más. Si usted no lo hace, puede estar seguro de que las emociones encerradas, desilusión, resentimiento y aun ira, todavía estarán allí, debajo de la superficie. Sáquelas al aire libre; libere la tensión.

Comience por crear armonía

Existe una inclinación natural en el quejumbroso a pensar que usted y su compañía son el enemigo. Con el objeto de justificar y reforzar este sentimiento, ha dividido esmeradamente la situación entre "yo" y "ellos".

En este argumento "yo" luce el sombrero blanco, ha comenzado con dinero ganado con dificultad, es el "pobre cliente", y, en el otro extremo, siempre se siente zarandeado por esas compañías grandes, insensibles, fastidiosas, hambrientas de dinero. O en una situación de empresa a empresa, "yo" puede sentir que consistentemente los proveedores arruinan todo, causando demoras, escasez, dolores de cabeza y otro montón de problemas.

Con frecuencia, usted y la compañía que representa son considerados como los oponentes. Así que una vez disipada la ira del cliente descontento, un paso importante es romper esas barreras imaginarias que este cliente disgustado cree que los divide.

Identificarse para entender

El *Webster's Encyclopedic Unabridged Dictionary* define empatía como "la identificación intelectual que se tiene con la experimentación de sentimientos, pensamientos o actitudes de otro o del otro". Esto no quiere decir que la otra persona tenga la razón, o ni siquiera quiere decir: "Oh, lo siento tanto por usted". Es tomarse el tiempo para entender e identificarse con el quejumbroso. Los sentimientos vienen primero. La persona que reclama puede sentir que ha sido mal entendida, o agobiada, o vencida, o incomodada, o engañada, o tratada injustamente, o tomada por seguro, o quien sabe qué más. Usted tiene que averiguarlo antes de que pueda seguir adelante y se ocupe de los hechos.

Muchos directivos tienden a refutar mentalmente los cargos que les endilga el cliente descontento, en lugar de tratar de entenderlos. Uno no puede proceder eficazmente, con determinación, hasta que no haya entendido.

En una ocasión, mi esposa y yo asistimos a un excelente seminario sobre mejora matrimonial, basado en el trabajo de Harville Hendrix, Ph.D., autor de *Getting the Love You Want* (Harper Perennial, 1988). Uno de los principales ejercicios de comunicación se llamaba "El diálogo de la pareja", aunque bien hubiera podido llamarse "El diálogo del cliente" y presentarse como parte de un seminario de servicio al cliente. La idea consiste en que la comunicación verdadera, clara, entre parejas casadas (o socios de negocios o usted y un quejumbroso) es muy, muy difícil. Tendemos a enturbiar las cosas. En vez de escuchar, preparamos en silencio nuestra respuesta, mientras la otra persona está hablando.

El ejercicio se desarrolla así. Un socio –en este caso, el quejumbroso– habla. El otro no interrumpe ni responde absolutamente nada. Sólo escucha atentamente. Parece fácil, pero es la parte más difícil del ejercicio.

El paso siguiente es reflejar lo que la otra persona ha dicho. Quien ha escuchado, responde ahora: "Entiendo lo que usted siente", y vuelve a decir su opinión de lo que el interlocutor –socio o cliente– haya dicho. El resumen es el problema: "¿Entendí correctamente lo que usted dijo y sintió?"

Bueno, me doy cuenta de que esto parece muy fácil y básico. Pero ensáyelo. Me acuerdo que daba vuelta tras vuelta en el seminario. Mi esposa, Julia, dijo:

> No me gusta la forma como sacas la basura. Me parece que lo haces sólo a medias. Dejas algunas bolsas sin vaciar, y la más importante de todas, la de debajo del lavaplatos, generalmente está llena cuando llega el camión de la basura.

Mi reacción inmediata fue interrumpir: "¡Oye! ¿Cuál es el problema? Lo hago todo, ¿no?" El director del seminario me recordó mordazmente que mi papel era sólo escuchar. Y tratamos de nuevo. Mordiéndome la lengua, me lo tragué todo y procedí a repetir lo que pensé que había oído. "¿Entendí bien lo que usted dijo y sintió?" Bueno, no; no había logrado hacerlo exactamente bien. Así que lo hicimos de nuevo una y otra y otra vez. La conclusión que saqué del ejercicio es que es un milagro que mi esposa y yo hayamos podido comunicarnos de alguna forma. Estoy convencido de que, aun las gentes que comparten sus vidas entre sí, tienen una gran dificultad para comunicarse con precisión y entender los sentimientos de cada quien. Así que, ¿qué decir de desconocidos? Es muy improbable que usted pueda entender por completo a un quejumbroso, si usted escucha con indiferencia. Escuche atentamente, y verifique lo que entendió.

Como en el matrimonio, la gente de negocios tiene relaciones con sus clientes, y en ocasiones esas relaciones se ven afectadas por conflictos y malos entendidos. Cuando esto ocurre y las quejas se expresan, es indispensable que comprendamos los hechos tal como los cree el quejumbroso, así como lo que éste está sintiendo.

Cuando el cliente insatisfecho protesta a voz en cuello, resístase a la tendencia natural de sacar conclusiones, juzgar, refutar, y anticipar qué es lo que viene a continuación. Escuche con atención e identifíquese. La misma terminología que funciona tan bien en "El diálogo de la pareja" puede dar resultado con los clientes. Después de que usted lo haya escuchado hasta el final, repita lo que entendió y diga: "¿Entendí bien lo que usted dijo y sintió?"

En este punto del proceso de resolución, busque sólo entender e identificarse con su cliente. Su meta inicial es hacer que la otra persona diga: "Sí, eso es lo que dije y así es como me siento".

Construir puentes

Puesto que el quejumbroso probablemente comenzó a verlo como el tipo del sombrero negro, y usted ahora se ha tomado el tiempo para escuchar atenta y pacientemente, y ha alcanzado el punto en que usted se identifica con él o ella y entiende lo que piensa y siente, estamos listos para seguir adelante.

Necesitamos construir un puente entre el cliente y nosotros mismos. Los clientes se imaginan que buscamos metas diferentes, cuando la verdad es que deseamos las mismas cosas. Lo que es bueno para el quejoso radica en que la situación se resuelva a su favor, de tal modo que pueda sentirse contento de continuar la relación. Lo que es bueno para la compañía es tener un cliente satisfecho que vuelva a comprar, que la ayude a prestar mejores servicios y productos a otros clientes, y de viva voz difunda publicidad positiva en el mercado. Esas, realmente, son comunes.

Por tanto, diga:

> Señor Scoggin, usted tiene todo el derecho a esperar un servicio excelente. Entiendo cómo se siente, y lamento que no le hayamos podido cumplir. Persigo lo mismo que usted. Desea un servicio tan bueno que haga que quiera continuar con nosotros. Y nosotros deseamos conservarlo como un cliente satisfecho. Así que, como ambos deseamos lo mismo, trabajemos juntos y lleguemos a la solución que los dos buscamos.

Esté atento a las excusas. Como cliente, me he dado cuenta de que rara vez me presentan disculpas, y con frecuencia termino el proceso de reclamo deseando que alguien hubiera dicho: "Lo siento mucho". De hecho, muy a menudo, eso sería todo lo que necesitaría para sentirme mucho mejor cuando estoy formulando un reclamo. Parecería que los encargados de solucionar el reclamo, no son conscientes de la necesidad que tiene el quejoso de una disculpa, o tienen temor de que decir: "Lo siento mucho", pueda constituir un reconocimiento de culpabilidad. Recuerde que la meta es construir un puente para que podamos seguir adelante para restablecer la relación. Si la otra persona está esperando oír: "Lo siento", y cree que se le debe una disculpa, ¿por qué no dársela? Esa es la forma más fácil y directa de seguir adelante, lo cual, después de todo, constituye la meta final del proceso de resolución de una queja.

Busque ayuda para crear su plan

Preparar, escuchar y responder a la relación son pasos indispensables en el manejo de una queja, y llevan al punto crítico del asunto, que consiste en encontrar una solución justa y equitativa, que haga feliz al cliente y que lo suba a su banda transportadora. Si esto es una aventura en equipo, y usted quiere lo mismo que su quejoso, ¿por qué no actuar de esa manera? Acuérdese que en esto están *juntos*. Probablemente ya habrá pensado mucho en la situación, y también puede tener una muy buena idea de lo que lo (la) pondrá contento(a). En lugar de llegar a una solución aceptable por sí solo, pregúntele a su socio qué es lo que desea.

Señor Scoggin, mi deseo es complacerlo. Usted ya puede tener una buena solución en mente, así que por favor cuénteme qué es lo que usted desea que yo haga. ¿Cómo puedo recuperar su conformidad y arreglar nuestra relación?

Puedo oírlo ahora:

¡Qué! ¿Preguntarle al cliente lo que quiere? George, ¿estás loco? Todo el mundo va a pedir un reembolso, aunque la culpa del problema ni siquiera haya sido nuestra. ¿Quieres que la plana mayor de mi personal le pregunte a los clientes descontentos qué es lo que quieren, y después dárselo?

Sí, eso es lo que estoy sugiriendo. Hay tres cosas que quiero que tengan en mente:

1. *La relación de largo tiempo es lo que importa.* Hacer un reintegro para satisfacer un cliente es una inversión en esa relación. Si eso es lo que se necesita para tener al cliente contento y generar futuras compras, casi siempre es cierto que resulta bastante menos costoso que salir a buscar un cliente nuevo para persuadirlo de que se monte sobre su banda transportadora, para compensar el negocio que perderá por desterrar un cliente que ya tiene.

2. *Los empleados generalmente toman decisiones excelentes cuando usted les da el poder para que lo hagan.* Uno de los grandes descubrimientos gerenciales del decenio de 1980 fue que los niveles múltiples de dirección no mejoran los procesos de la toma de decisiones. En lugar de ello, demoran el proceso y terminan en peores decisiones. Darle poder a los empleados significa darles la autoridad para hacer lo que sea mejor, sin tener que

solicitar primero permiso de un supervisor. Los empleados que interactúan todo el día están en mejor posición para saber qué decisión producirá la mejor relación positiva con los clientes. Muchos de mis clientes que han experimentado con la autorización de empleados estuvieron temerosos de que su gente pudiera regalar el almacén. Lejos de eso, los empleados a quienes se les da la confianza y autoridad para tomar sus propias decisiones, atendiendo a la mejor forma de resolver las quejas de los clientes, tienden a conseguir resoluciones muy justas. (Usted puede estar hastiado de las historias de Nordstrom, pero vale la pena citar su *Manual del empleado*. Son 73 palabras en total, de las cuales las más importantes son: "Reglas de Nordstrom: Regla No. 1: Use su buen juicio en todas las situaciones. No habrá reglas adicionales").

3. Es muy costoso *no* darles a los clientes lo que ellos dicen que quieren. Sin atascarse en cálculos matemáticos extensos, sencillamente siga el ejemplo siguiente: supongamos que una clienta llama para decirle que el ítem de 100 dólares que ella recibió estaba defectuoso. Cuando usted le pregunta qué quiere hacer, ella contesta que simplemente quiere que usted se lo cambie. Hay dos cosas que usted puede hacer en este momento: o bien manda el sustituto inmediatamente, junto con sus disculpas, o usted decide investigar, para el evento de que el cliente esté tratando de tergiversar los hechos para aprovecharse de usted.

Digamos que por lo menos el 80% de los reclamos de sus clientes se justifican. Sin embargo, en la realidad hay un 20% de más. Estimemos muy liberalmente que uno de cada cinco clientes está tratando de defraudarlo. Entonces, ¿cuánto cuesta investigar? Para cuando el empleado que atiende la llamada haya concluido las averiguaciones del caso con otros departamentos, haya hecho unas pocas llamadas más, o escrito una o dos cartas, preparado un par de formas, e interrumpido su ritmo normal de trabajo (así como interrumpir a la gente de los otros departamentos con quienes tiene que hacer las verificaciones), con toda seguridad el costo administrativo va a ser muy alto. Vamos a calcularlo, muy conservadoramente, en 35 dólares aunque la cifra real puede estar entre 50 y 100 dólares.

Veamos lo que puede significar todo eso. Si de tales reclamos usted investiga los próximos 10, el costo mínimo de investigación será de 350 dólares

(Recuerde que realmente es más probable que se aproxime a los 1000 dólares). En efecto, usted puede pescar el 20% que está tratando de defraudarlo. ¡A un costo de 350 dólares, usted habrá salvado 200 dólares!

Pero aún no hemos terminado. A los ocho clientes cuyos reclamos fueron legítimos desde el comienzo, les han demorado la solución durante toda esta investigación, por lo que van a sentirse menos satisfechos que si usted hubiera enviado el remplazo de inmediato y les hubiera demostrado la confianza que usted desea tener con sus clientes. A la larga, es muy probable que la molestia resultante sea mucho más costosa para usted, que lo que fue el costo inicial de la investigación.

El balance es claro. Resulta demasiado costoso investigar los reclamos rutinarios de los clientes, que pudieran llegar a ser legítimos. La línea de acción económicamente más sensata es confiar en sus clientes, darle autoridad a sus empleados, e invertir en las relaciones con sus clientes. A menos que las circunstancias sean muy sospechosas o muy audaces, es mejor arreglar los reclamos de manera inmediata y amable.

Uno de mis clientes es una compañía mundial de computadores muy grande, que cuenta con una muy rentable división de mercadeo directo, la cual vende accesorios de computadores y suministros por medio de catálogo y de programas de telemercadeo. No quieren que yo diga el nombre de la compañía, pero yo quiero que ustedes se enteren de un descubrimiento que hicieron allá. La compañía realizó un análisis financiero como el que ustedes acaban de leer, y, efectivamente, concluyeron que cuando un cliente llama para quejarse de un envío dañado o defectuoso, la mejor línea de acción es remplazarlo de inmediato, sin ninguna investigación. Pero aquí está su giro imprevisto. Ya no quieren que sus clientes devuelvan los artículos dañados o defectuosos. El costo de tener a alguien en el área de recibo, que abra el paquete, descifre qué es, siga la pista de los detalles originales del pedido del cliente y devuelva la autorización, luego restaure y reempaque el artículo y/o reabastezca para su venta subsecuente, sería casi tan grande como el costo de investigar el reclamo. Si uno le compra a esta compañía un repuesto de 100 dólares para impresora láser, lo abre y descubre que la tinta se ha regado o que la hoja de instrucciones no llegó, o que el repuesto no le sirve a su impresora específica, de inmediato ellos le envían el remplazo sin ningún costo, y le piden que *no* devuelva la impresora dañada que usted ya recibió.

Naturalmente, ellos no dicen:

> Hemos realizado un análisis detallado y hemos descubierto que nos sale demasiado costoso procesar una devolución; así que economícenos dinero y bótela o regálela a una entidad de caridad, o haga lo que quiera con ella. Pero, por supuesto, le agradeceríamos que no nos recargue con el costo de recibirla.

Lo que *dicen* es:

> Lamento que el repuesto que nos pidió no esté en perfectas condiciones. Le envío de inmediato la reposición. Sé que su tiempo es muy valioso, así que no será necesario que usted se tome la molestia de empacar y devolvernos la pieza defectuosa. Su empresa es muy importante para nosotros, confiamos en usted, y valoramos nuestra relación con usted.

Convenga el acuerdo y confírmelo

En la mejor de las circunstancias, comunicarse claramente es arriesgado. Cuando un cliente quejoso está disgustado y las emociones han estado calentándose, es muy posible que el entendimiento mutuo esté bien por debajo del 100%. Éste es el momento de dar pasos adicionales, y asegurarse de que usted y su cliente quejumbroso han comprendido a cabalidad la solución acordada y qué es lo que va a pasar enseguida. Tómese su tiempo para volver a exponer exactamente lo que usted va a hacer, y procure la confirmación de que el cliente quedará satisfecho con el plan.

> Señor Scoggin, quiero estar seguro de que entendí claramente lo que va a pasar enseguida. Hemos convenido que le enviaré un repuesto nuevo para su impresora, modelo XYZ. Se enviará mañana por Federal Express sin costo para usted. No es necesario que devuelva el dañado. Y anticipamos que le seremos de utilidad con sus pedidos futuros. ¿Estamos de acuerdo?

Si de todos modos subsiste un malentendido, éste es el momento de aclararlo. Tenga presente la advertencia de John Goodman: Si recibe una queja y usted se equivoca en su manejo, queda peor que si nunca hubiera tratado de solucionarla. Su relación de largo tiempo está en juego, así que siga los pasos adicionales indispensables para tener seguridad de que la queja esté bien manejada.

Llévelo a cabo y envuélvalo en papel de regalo

Habiendo invertido tiempo, preocupación, y dinero para resolver la queja, ¿por qué no apalancar la inversión dando un paso adicional para asegurar un más alto nivel de satisfacción? Lo pienso como cuando se envuelve un paquete en papel de regalo y se adorna con un bonito lazo. La forma más efectiva y menos costosa de hacerlo es con una llamada telefónica. Después de completar su línea de acción convenida, tómese el tiempo para hacer una llamada de seguimiento. Esa sería la cubierta del ponqué que puede crear clientes muy fieles.

Vuelo mucho por United Airlines cuando viajo de un lado a otro por el mundo en razón de mis compromisos de conferencias. Mientras preparaba el manuscrito para *Marketing al revés*, tuve una comprobación de primera mano de cómo *puede* funcionar este paso adicional. De regreso de una conferencia en Nashville, mi equipaje fue transbordado por equivocación cuando cambié de avión en Chicago. Llegué a Seattle, mi ciudad de residencia, pero no así mis maletas. Hice cola en el mostrador de servicio de equipajes, le mostré al empleado los tiquetes de reclamo, y esperé mientras él marcaba los números en su computador. Efectivamente, las maletas ya habían sido localizadas en Chicago, y habían sido programadas para llegar en el vuelo de la mañana. Llegaron y un correo las entregó en mi casa, como habían prometido. Hasta el momento, todo bien.

Por desgracia, el lomo de la maleta de mis trajes estaba roto. No era un daño reparable y no podría volver a usar la maleta. Le escribí a la oficina central de la United en Chicago, describí lo que había pasado, les señalé que yo era fiel cliente de United, que viajaba mucho con ellos y les envié el recibo para que me remplazaran mi maleta. He llegado a la conclusión de que comprar las mejores maletas que uno pueda conseguir paga a la larga, así que fui y me compré una maleta marca Tumi, el mejor modelo de la línea de la que se había roto. El precio fue de 427 dólares.

Recibí de regreso una amable carta en la que me presentaban disculpas y me decían que llevara la maleta dañada al mostrador de equipajes de Seattle, para entablar mi reclamo ya que ellos tenían jurisdicción para resolver el asunto. A la semana siguiente así lo hice y el dependiente del aeropuerto escribió los detalles, tomó la maleta y me dijo que en uno o dos días me daría la respuesta. Volé para mi siguiente conferencia llevando la maleta de trajes que había comprado, y al día siguiente de regreso, me detuve en el mostrador de Seattle. El mismo dependiente estaba allí y me informó que ya habían enviado un cheque. En efecto, dos días después recibí un sobre con un cheque por 427 dólares y una corta carta que decía:

> Estimado cliente: adjunto a la presente encontrará un cheque de arreglo, como convenimos. Le ofrecemos disculpas por cualquier incomodidad que le hayamos causado, y esperamos verlo otra vez en los "amigables cielos" en el futuro inmediato.

¿En qué se equivocó United? En nada. Confiaron en mí, hicieron fácil el procedimiento, llevaron las cosas hasta el final con rapidez, y no se gastaron un montón de tiempo y de recursos tratando de determinar si yo estaba tratando de estafarlos.

¿Qué podría haber hecho United aún mejor? Bueno, varias cosas. Primero, la persona que me recibió el informe original podría haberme mirado a los ojos y debería haberse disculpado, en lugar de preparar el informe rutinariamente. También, si él me hubiera preguntado qué me hubiera dejado satisfecho, yo le habría podido contestar que hubiera quedado más que satisfecho si United hubiera pagado la mitad de la maleta de remplazo, puesto que yo ya había usado la ahora rota por cerca de dos años, y juzgaba que apenas le restarían menos de dos años de vida útil. Él también hubiera podido reconocer mi estatus de pasajero habitual "Ejecutivo principal", y dejarme saber lo importante que es mi negocio para United. Y, por último, United podía haber envuelto su arreglo con un lazo. La oficina de equipajes de Seattle o la oficina principal de Chicago podrían haber hecho una llamada rápida para estar seguros de que yo había recibido el cheque, disculparse de nuevo por el daño y la incomodidad causados, y verificar si yo había quedado satisfecho con el arreglo. Que no se me entienda mal, estoy feliz porque United pagó todo el precio de la maleta nueva. Pero ellos podrían haberme pagado la mitad y haberme dejado aún más contento, si hubieran dado esos pasos adicionales.

Si uno va a tomarse la molestia y el costo de manejar las quejas de sus clientes en forma positiva, debe apalancar la inversión para obtener el mayor beneficio posible, llevando todo hasta su conclusión y recubrir el ponqué con azúcar.

En realidad no es muy difícil convertir clientes disgustados, que vociferan contra su compañía, en clientes absolutamente leales que, en forma oral también, recomiendan sus excelentes productos y servicios. Muy pocas organizaciones buscan activamente las quejas de sus clientes o las consideran como información de entrada útil y ocasión de convertir un vociferador en un elogiador, o proveen a su personal –en todos los niveles– con el liderazgo, la inspiración, o la instrucción para captar esta oportunidad de obtener beneficios. *Usted sí puede hacerlo.*

☞ ¿Qué puede aprender usted de este capítulo?

- Sus clientes quejumbrosos más descontentos y desdichados pueden convertirse también en sus más fieles favorecedores si sus reclamos son bienvenidos, se actúa sobre ellos y se tratan como ingreso de información de *marketing* valiosa.

- Los clientes más insatisfechos no le contarán directamente su inconformidad a su compañía, a menos que usted reciba con beneplácito sus informaciones. En cambio, les contarán a otros clientes y a sus clientes potenciales. Esta publicidad negativa puede llegar a ser muy costosa, y con seguridad su compañía saldría mejor librada si les hace saber a sus clientes contrariados que su información es bienvenida.

- Cuando se trata con clientes quejumbrosos, la compañía debe perseguir tres objetivos: (1) ganarse otra vez al cliente; (2) averiguar qué resultó mal, puesto que cualquiera que sea el problema, probablemente aleje también otros clientes; y (3) neutralizar la publicidad negativa, aun si el cliente quejumbroso no vuelve a comprarle jamás.

- Cuando las cosas comienzan a salir mal en las relaciones con los clientes, cuanto más pronto encare el problema y le dé el tratamiento adecuado, mejores serían las posibilidades de restablecer una alianza positiva.

- Si usted ha realizado varios intentos fallidos para solucionar una queja, considere hacer un cambio radical en la forma de abordarlo. Si una correspondencia formal no ha funcionado, por ejemplo, envíe una nota manuscrita.

- Piense en los costos involucrados en la solución de una queja, como inversión en una nueva relación con el cliente, como investigación de mercado, y como publicidad positiva. Considere una retribución de largo plazo para esas inversiones.

- Sea siempre persistente, profesional, y personal en la búsqueda de soluciones.

- Es muy útil entrenar a los miembros del personal en el uso de un proceso de resolución de fácil recordación, tal como "Enfrente el problema" ("Take the HEAT: Escuche la queja, Identifíquese, Actúe y Responsabilícese").

- Un reglamento efectivo para el juego del manejo de quejas incluye ocho pasos: preparar, escuchar atentamente, construir relación, buscar ayuda, asegurar y confirmar el acuerdo y llevarlo hasta su conclusión.

☞ **Resumen de lo que usted puede hacer _ahora_**

Este libro sólo será provechoso, y estas estrategias sólo probarán su rentabilidad, si usted actúa con decisión ahora. Esta sección proporciona un listado de pasos que usted puede seguir de inmediato. Se presentan en el mismo orden del contenido de este capítulo, así que será muy fácil consultar atrás para obtener detalles más completos.

- Solicítele a un amigo o colega que llame o escriba a su compañía y que entable un reclamo. No hay mejor forma de averiguar cómo son tratados *realmente* los quejosos. Si no se reconoce su voz, hágalo usted mismo. Formule además algunos reclamos no muy razonables. Sálgase de la norma, póngase brusco y abusivo. Dése cuenta cómo lo manejan, y cuán fácilmente su gente se pone nerviosa.

- Comience un programa de "el quejumbroso misterioso", y hágales publicidad a los resultados. Consiga que su CEO le preste interés personal a cambiar la forma como su compañía maneja a los clientes descontentos. Publique los resultados en el boletín interno de la compañía. Otorgue prestigio y premios a la gente que haga un trabajo destacado en la resolución de quejas.

- Elabore un borrador de un diagrama de flujo que muestre exactamente lo que sucede con las quejas bajo la presente organización. Busque cuellos de botella que les dificulten los reclamos a los clientes descontentos. Tenga cuidado con los obstáculos que retarden el proceso de resolución.

- Elabore su propio presupuesto de costos para reemplazar a los clientes perdidos por otros nuevos. Algunas compañías han establecido con seguridad que es de cuatro a diez veces más costoso ganarse un cliente nuevo que salvar uno actual. ¿Cuál es su cálculo?

- Averigüe qué sucede con las sugerencias que sus clientes ya han presentado. Si alguien llama para quejarse sobre artículos dañados por empaque deficiente, ¿existe un sistema que haga llegar la información a quien necesita saberla para que puedan mejorar el empaque?

- Concéntrese con precisión de láser sobre los momentos iniciales del contacto de los clientes con su compañía. Hemos visto una y otra vez que es la primera reacción lo que determina el tono y la eventual salida del proceso del manejo de quejas.

- Haga todo lo que pueda para acortar el tiempo necesario para resolver las quejas. Habilite a los empleados de vanguardia para que arreglen las cosas por sí mismos. Elimine los procedimientos que demoren la satisfacción de su cliente.

- Calcule el valor en el largo plazo de la relación con su cliente. Calcúlelo multiplicando el promedio del ingreso anual por cliente, y multiplíquelo por el promedio de la duración de la relación en años, y luego haga que sus financieros le calculen el valor presente neto del flujo de ingresos futuros esperados.

- Use el valor presente neto de la relación de largo plazo como su punto de referencia para determinar si vale la pena o no hacer lo imposible para salvar los clientes que se están cayendo de su banda transportadora.

- Sea flexible y personal con los procedimientos de resolución de su firma. Si un empleado piensa que sería mejor escribir una nota personal en lugar de enviar una carta-formato generada en computador, ¡sin dudarlo, anímelo a que lo haga!

- Busque aumentar el valor presente neto de su cliente incrementando los ingresos anuales promedio de sus relaciones presentes, y reduzca el agite o la tasa de cambio de clientes, para aumentar la duración de la relación promedio.

- Anime a los miembros de su equipo para que usen "las tres P" de la resolución de quejas: ser persistente, profesional y personal.

- Comience a advertir detalles de sus tropiezos con organizaciones ante las que usted se queja. Observe qué técnicas usan que lo impresionen positiva o negativamente.

- Inicie en el boletín de su compañía una columna dedicada a los empleados que son bien tratados cuando se quejan en otras compañías. Ofrézcales incentivos para que compartan sus ejemplos y aprendan lecciones de ellos. Invéntese un premio "la queja del mes" y haga que los empleados escriban sus artículos "vía correo interno", o establezca un buzón verbal para artículos orales.

- Prepare y distribuya un reglamento de juego de manejo de quejas que guíe a sus colegas y empleados, paso a paso, hacia salidas favorables, cuando quiera que encuentren clientes insatisfechos.

- Presupueste el costo de su propia investigación y averigüe si realmente es eficaz en relación con el costo el iniciar una investigación interna cada vez que un cliente reclame que su producto o servicio es deficiente. Recuerde estimar dentro del costo el que tendrá el alejamiento de los buenos clientes que con el tiempo serán reivindicados de todos modos por una investigación.

- Distribuya una lista de las frases prohibidas que alejan los clientes. Provéase de una copia de *Power Talking* y elimine las frases que dañan las relaciones como "Es política de la compañía", "Tendré que regresar donde usted", "No estoy de acuerdo", "No puedo", y otras.

- Comience por dar pequeños pasos adicionales, como telefonear después de la resolución de la queja, para envolver el paquete en papel de regalo y obtener el máximo apalancamiento de los beneficios que se obtienen con un buen proceso del manejo de quejas.

- Sobre todo, establecer y reforzar constantemente la conciencia de que las quejas son *buenas, rentables* y *bienvenidas* en su organización.

Pague o despídase

Por lo general, los departamentos de servicios financieros son los encargados de la tarea de coaccionar a los clientes que demoran sus pagos para que salden sus cuentas vencidas. A menudo sus tácticas son de corta vista y los cobradores persiguen la meta única de obtener el pago, aun si ello significa perder clientes y generar publicidad verbal negativa. La actitud predominante parece ser: "Pague, compañero, o hasta luego. Le cerramos su cuenta, le echamos nuestros abogados encima, y arruinamos su crédito". Tiene que cambiar esta forma de pensar si usted desea conservar las relaciones a largo plazo con sus clientes y maximizar beneficios. Aunque importante, obtener el pago debería ser sólo el *segundo* objetivo de cualquier estrategia de cuentas por cobrar. La primera debe ser mantener relaciones largas y rentables que incluyen el pago puntual de las cuentas.

☞ ¿Son incumplidos sus clientes?

La terminología predominante en los departamentos de cuentas por cobrar o cobranzas es muy despectiva: "incumplidos", "que se pierden", "ladrones", "casos duros", "tramposos". Es cierto, *existen* algunos clientes deshonestos por ahí que pueden no tener inconveniente en mentir cuando se les pregunta por qué no han pagado. (La que más me ha gustado es la de una persona de Michigan que insistía en que no podía pagar las cuotas del automóvil porque estaba *muerto*. Yo estaba escuchando la conversación y le oía insistir con indignación que no tenía sentido que lo siguieran llamando por teléfono puesto que él ya no pertenecía al mundo de los vivos. Hasta había firmado de forma personal una carta en la que testificaba su propia defunción).

La psicología de los apelativos

El problema con esos apelativos negativos es que en la práctica son perjudiciales. Muchas veces he oído al personal de cobranzas hablando entre ellos antes de hacer las llamadas: "Sí, tengo que llamar a algunos de estos incumplidos para cantarles la tabla. ¿Qué excéntricos tienes que llamar esta noche?" Y comenzaban a llamar por teléfono. Con un punto de vista como éste, es imposible hacer una aproximación a clientes valiosos que pueden tener preocupaciones legítimas, pueden haber pasado por alto la cuenta o pueden haber salido de la ciudad cuando les llegaron los recordatorios.

Prioridad 1: Elimine los apelativos negativos

El primer cambio que cualquier organización debe hacer, si va a forjar relaciones duraderas y rentables con los clientes que han venido incumpliendo sus pagos, es eliminar esos apelativos. Ellos envenenan el pensamiento de cualquier cobrador e interfieren con los esfuerzos colectivos de la organización para emplear *marketing al revés*, establecer un juicio bien informado o impulsar una política flexible en el área de las cuentas por cobrar.

¡Deshágase de esos apelativos! Desde los más altos niveles del manejo financiero hasta el cobrador más novato, todo lenguaje perjudicial que interfiera con un criterio de asociado debe ser abandonado de forma inmediata. La meta de cualquier organización debe ser procurar que las relaciones duren más tiempo, para formar asociaciones perdurables con los clientes. Cuando un cliente se atrasa en los pagos, es el momento de volver a encender y nutrir la relación, no de amenazarla.

Para los principiantes, ¿por qué no poner un letrero grande con el símbolo internacional del círculo rojo con una raya diagonal atravesada sobre la palabra *Incumplido* como una forma de llevarle el mensaje a su personal de cobranzas? Ésta sería una manera visual efectiva de comenzar a cambiarles su forma de pensar.

La coacción crea ex clientes antagónicos y vengativos

Por lo general, los clientes mantienen una muy pobre opinión del personal de cobranzas. Pueden haber visto periodistas de televisión que informan sobre las tácticas vulgares de alta presión que los cobradores emplean en algunas ocasiones, y muchos clientes han experimentado en carne propia tratos menos que éticos. Gente que recibe llamadas de los cobradores, con frecuencia está preocupada, y las llamadas amenazantes hacen su vida más insoportable. Cuanto más alta sea la presión que se usa, más alejados se sienten tales clientes y con frecuencia buscan su desquite hablando mal de las compañías a las que deben dinero.

Considere el caso de los pagos de cuotas atrasadas por compra de vehículos. Suponga que usted compra un Ford nuevo y lo financia a través de su distribuidor de Ford. Lo más probable es que la cuenta sea manejada por la subsidiaria financiera de Ford en Michigan. Si usted se atrasa en los pagos, van a enviarle una serie de recordatorios por correo que hacen énfasis, con creciente intensidad, en la necesidad de ponerse al día lo antes posible. También puede recibir llamadas telefónicas, algunas de las cuales son hechas automáticamente. Las organizaciones financieras han acogido la tecnología eficiente de las telecomunicaciones de que hoy se dispone, y muchos emplean marcadores proféticos que marcan, marcan, marcan y ponen un mensaje grabado una y otra vez, recordándole la necesidad de que de inmediato se ponga al día en sus cuotas.

Alguna vez una persona hablará con usted y tratará de llegar al fondo del problema. Para esa persona puede resultar muy difícil mantener una mente abierta y proyectar una actitud positiva de asociado si trabaja todo el día rodeada por gentes cínicas que creen haber oído todas las mentiras habidas y por haber. Es probable que el cobrador desarrolle una actitud extremadamente negativa y la transmita cuando habla con los clientes.

Pero, ¿y si no puede pagar? Aun si tiene un cobrador muy colaborador que está tratando de arreglar las cosas con usted, se dan circunstancias fuera de su control que pueden hacer imposible el que usted cumpla con su obligación en esta oportunidad. En el negocio de financiamiento de automóviles, lo último que puede pasar es que su vehículo sea recuperado. Así que una mañana, usted sale por la puerta principal para irse a trabajar y su automóvil ya no está. Usted sabía que la situación era seria y probablemente le habían advertido con claridad que esto podría pasar. Pero aun así, es un golpe duro.

Justo en ese momento, su vecina sale también para su trabajo y le dice: "Buenos días, Tim. Hola, ¿dónde está tu automóvil?"

Ahora, dígame, ¿qué va a decir usted?

La buena gente de Ford tuvo que recuperarlo porque en cuestión de finanzas he sido muy irresponsable con ellos. Les mentí algunas veces y me temo que he fallado en el cumplimiento de mis obligaciones. Hicieron lo que pudieron; era un automóvil maravilloso, así que no los culpo. Fui muy loco con ellos, así que no tuvieron alternativa. Está mal que le haya causado a la Ford tanto problema.

¡Claro que no! Usted va a decir:

Ah, por último les dije a esos estúpidos de la Ford que mandaran una grúa y se lo llevaran. Qué trozo de chatarra. No he tenido sino problemas con ese automóvil, y la gente de la Ford es peor que los automóviles que fabrican. Me quejé una y otra vez, pero nunca lograron que funcionara bien. Me alegro de que se lo llevaran. Nunca más volveré a comprar un Ford. No le recomendaría uno ni a mi peor enemigo. ¿Puedo irme al centro contigo?

Ahora, no es mi intención distinguir a la Ford y arrojarle una luz negativa. Al contrario, la Ford ha sido, en particular, consciente del valor para toda la vida de las relaciones positivas con los clientes. También he estado muy complacido de presentar muchas conferencias y sesiones de aprendizaje para el personal de esa compañía en todo el país, siempre fijando la atención en las técnicas de cobranzas positivas, con base en la idea del *marketing* al revés.

El problema con el tratamiento de mano dura para los cobros es que sólo funciona en muy raras ocasiones para lograr los pagos; pero, en cambio, es bastante bueno para crear ex clientes hostiles y vengativos que nunca más le comprarán a la compañía, aunque su situación financiera mejore.

☞ ¿Cuál es el valor de un cliente de toda la vida?

El punto de arranque para convertir "cantarles la tabla a los incumplidos", en una estrategia para el manejo de relaciones sensatas, consiste en promover un reconocimiento del concepto del valor para toda la vida.

Un ejemplo excelente surge de mi trabajo con la Ford Motor Credit. Cuando los analistas financieros de la compañía calcularon el valor de toda la vida de un cliente satisfecho, tuvieron en cuenta una fórmula compleja que incluía varios factores:

- Un cliente satisfecho probablemente compra muchos de automóviles en el curso de toda su vida, y demostrará su fidelidad a la marca si lo han tratado bien durante los diversos contactos con la compañía.

- Cada compra incluirá un componente de utilidad; muchos años después, los precios de los automóviles aumentarán en la misma forma que lo hará el componente de utilidades brutas de cada transacción.

- Mientras ese cliente satisfecho continúe comprando los productos Ford, también influirá en las decisiones de compra de los amigos, vecinos y quizás aún en la de una flotilla para los gerentes de una compañía.

Los cálculos financieros son más bien complejos, y el resultado neto es en realidad sorprendente. Se espera que el flujo de utilidad futura en dólares que se obtiene de un cliente satisfecho de Ford, sea un guarismo de valor presente neto. O sea, ¿qué cantidad de dinero tendría que consignar la Ford en el banco hoy, a tasas de interés corrientes, para generar ese mismo flujo de utilidades futuras? Su respuesta fue: ¡178,000 dólares! En otras palabras, un cliente satisfecho de Ford es en realidad un activo que le vale 178,000 dólares a la compañía *si* él o ella está suficientemente satisfecho con Ford para continuar comprando sus productos y recomendándoselos a otros.

Ford también se dio cuenta de que para clientes que financian sus automóviles por medio de la Ford Motor Credit, sus pagos mensuales y las llamadas telefónicas asociadas comprenden sus primeros contactos reales con la Ford. Un comprador típico de automóviles tiene su contacto inicial con el comerciante local que en realidad no es empleado de la compañía Ford. Una vez que se ha hecho la venta, el vendedor del concesionario pone pies en polvorosa para reasumir la ardua persecución de otros compradores de automóviles. (Muy pocos vendedores ponen todavía en práctica el marketing al revés.) El siguiente contacto del comprador es con la organización de servicios. Un propietario típico suspende los servicios de mantenimiento en un taller de comerciante autorizado, tan pronto se termina la garantía. Se va a un taller local o a una cadena de reparación de automóviles. Se pierde la conexión con Ford, *excepto por una cosa:* las continuas cuotas mensuales. Éstas constituyen el único contacto personal del cliente con la Ford. Aunque, Ford Motor Credit es realmente una compañía subsidiaria separada, el cliente lo percibe así. En lo concerniente a ese cliente, Ford es el representante que lo llama para hacerle el seguimiento a una cuota atrasada.

¿Cuánto vale su cliente en la actualidad?

Si usted es propietario de un almacén de comestibles, maneja un negocio de pañales, vende suscripciones de un periódico o representa un fabricante de bienes industriales, el proceso para el cálculo es el mismo, y los resultados serán sorprendentes. Cada relación de cliente tiene el potencial de valer una gran cantidad de dinero, si se maneja bien.

Es necesario emprender el proceso de calcular su propia cifra del valor de toda la vida de un cliente. ¿Cuánto negocio se puede esperar de un cliente satisfecho en el curso de un año? Si usted mantiene contento al cliente, ¿por cuánto tiempo puede usted acogerse a la relación? Recuerde también agregar el efecto multiplicador. Durante el curso de la relación, un cliente contento lo recomienda con otros y habla de forma positiva acerca de la experiencia de ser su cliente. Eso, en sí mismo, vale mucho. Al fin y al cabo, lo que se busca es una corriente de ingresos que fluya hacia usted, como resultado de la relación con su cliente.

Descontar el valor presente neto significa calcular cuánto dinero debería tener hoy depositado en el banco para que rinda el mismo flujo de efectivo. Es probable que el valor presente neto de *su* relación con el cliente sea bastante grande. ¿No vale la pena tratar ese activo intangible como si fuera en su banda transportadora un lingote de oro puro?

Ejemplo. Retail Chain da a los clientes el tratamiento del silencio.

Cuando usted lleva siete años en el departamento de cobranzas de una cadena importante de almacenes por departamentos, ya ha oído todas las excusas imaginables de los clientes que se han atrasado en los pagos de sus tarjetas de crédito. (¡No voy a pagar por el colchón porque yo lo dejé en el vestíbulo y sencillamente desapareció! Mi vecina estaba esperando el camión para cargarlo, pero ella tuvo que hacer un mandado y de un momento a otro el maldito colchón desapareció").

Sin embargo, a pesar de todas las historias, Lindamarie Duarte, la supervisora de cobranzas de la oficina principal de una cadena de almacenes de departamentos elegantes de Los Angeles, ha llegado a la conclusión de que muy pocos clientes son deshonestos, tramposos o mentirosos. La gran mayoría son gente honesta que con sinceridad desea conservar sus cuentas en buena posición. Algunos enfrentan desalentadoras dificultades financieras, y un alto porcentaje tiene mortificaciones de servicio al cliente.

Le pregunté a Lindamarie qué es lo que ella les enseña a decir a sus cobradores cuando quieren descubrir la verdadera razón por la cual una cuenta está atrasada. Ella me contestó:

No es lo que decimos, es lo que ellos *no* dicen. ¡La mejor manera posible de averiguar lo que está causando el atraso es aclarar por qué se está llamando y luego callarse!

Cuando usted lo piensa, entiende que este enfoque tiene mucho sentido. Si quiere saber lo que está pasando con sus clientes, tiene que darles la oportunidad de que le cuenten. Los cobradores de Lindamarie comienzan cada llamada diciendo: "Estoy llamando por el saldo atrasado de su cuenta" (pausa). Y luego esperan –y escuchan– la respuesta inicial. No sólo advierten los hechos, sino que también escuchan la sinceridad y el deseo de pagar del cliente.

Dígale a Lindamarie que le cuente algunas de sus experiencias y ella comenzará de inmediato en: "Hubo la pareja del candelabro de 8,000 dólares que no pagaba porque había resuelto que no le gustaba (después de dos años). Y hubo también la señora que ordenó la tintura especial en color lavanda de una chaqueta de piel de cordero que luego se rehusó a pagar, argumentando que después de recibido el trabajo se había dado cuenta que no le gustaba como le sentaba".

Todas las historias de Lindamarie tienen un tema común: eran planteadas como acontecimientos que podrían haber terminado fácilmente la relación del cliente con el almacén. Ella y su equipo *escuchaban* con paciencia. No quiero decir con esto que les permitían a los clientes atropellarlos; eran bastante expertos en el manejo de los clientes que mienten y no cumplen sus promesas. Sin embargo, la mayoría puede ayudarse de tal manera que puede poner su cuenta al día y en buenas condiciones para continuar usando su tarjeta de crédito. Después de todo, un cliente que maneja una tarjeta de crédito representa un valor muy significativo para toda la vida con base en el promedio de créditos anuales por cliente del almacén de departamentos, de cerca de 3,000 dólares, y esa es la cifra que Lindamarie recuerda cuando habla con un cliente atrasado en sus pagos. No es el monto individual del pago mensual de este cliente lo que realmente importa, es el pago de la relación.

Por ejemplo, un cliente de negocios no daba respuesta alguna a las repetidas cartas sobre sus saldos en mora. Cuando Lindamarie telefoneó, se encontró con que el número del teléfono de la empresa había sido desconectado. Las cartas apremiantes eran devueltas por el correo sin nueva dirección de envío. Parecía un cliente tramposo, ¿no? Lo cierto es que, y así lo confirmaron los registros del hospital más tarde, ¡el cliente había estado en cuidados intensivos del hospital por 45 días! Gracias al bondadoso, sensato manejo que Lindamarie le dio a esta situación –y su paciente atención– él hoy todavía se mantiene como cliente activo.

Otro cliente tuvo una serie de reveses personales en el curso del año y su cuenta de crédito en el almacén por departamentos se dañó. Él también sufrió. Primero el divorcio, luego el despido, después una enfermedad prolongada y así por el estilo. Sin embargo, al final, saneó su cuenta y le envió una carta de *agradecimiento* al cobrador. Tal como él lo expresó: "Usted escuchó y me hizo sentir como una persona y no como un problema". Mientras pasaba de un desastre a otro, era acosado por numerosos acreedores: llamadas de advertencia, notas de computador, amenazas de abogados, cartas groseras. No obstante, no les pagó a muchos de los otros acreedores. La razón por la que pagó la cuenta del almacén de departamentos fue la actitud del cobrador. Después de que finalmente puso todos sus pagos al día, el cliente le escribió al gerente diciéndole:

> Sin importar lo que sucedió, me aseguré de pagarle primero a ella. Fue muy profesional; tuvo una actitud amistosa y me escuchaba. Sentí que deseaba cumplir mis compromisos con ella.

¿Qué puede aprender usted de este ejemplo? Cuando se está frente a lo que podría considerarse como una mala cuenta, caracterizada por pagos demorados y saldos vencidos, absténgase de juzgar. En lugar de salir a mortificar al cliente, *escuche*. Oiga entre líneas y desarrolle un sentido intuitivo que pueda decirle si el deudor miente o es sincero y tiene la voluntad de pagar, pero encara una situación que le hace difícil las cosas. Llame con la intención de entender y ayudar. Motive al cliente para que *quiera* pagarle a usted. Si esta persona está en problemas con la cuenta, también debe estar atrasado con otros. Piense en la pila de cuentas sin pagar del cliente, y en el reducido fajo de billetes disponible para pagarlas. Esa persona tiene que decidir a quién le paga y a quién no. Usted quiere estar encima del arrume de las que van a pagarse, y la mejor forma de lograrlo es mantener un contacto personal positivo.

Replantee sus puntos de vista sobre activos valiosos

El único y más importante mensaje que debe llevársele al personal de cobranzas y cuentas por cobrar es que ellos no están tratando con "mala" gente o "culpables" de pagos morosos. Ellos se ocupan de activos tangibles, extremadamente valiosos. Es como si la persona a quien le están escribiendo o telefoneando fuera, en realidad, una piedra preciosa que se tambalea en el borde de la banda transportadora. Bien tratado, ese activo tan valioso permanecerá sobre la banda transportadora. Un tratamiento rudo *podría* lograr el pago de este mes, quizá del saldo total vencido, pero también lo tumbará de la banda.

☞ Lo que *realmente* dicen los clientes morosos

Imagínese a su cliente cuando abre su cuenta de cobro. Frente a él o ella hay dos montones de billetes. En un paquete van los pagos inmediatos. En el otro van las facturas cuyo pago tiene que posponer, o no va a pagar todavía. Si su cliente abre su cuenta y piensa: "Ésta tiene sentido, es lo que yo esperaba, me tienen bien valorado, me gusta tratar con ellos", su factura se colocará entre las que va a pagar.

Si su factura no se paga, puede significar que su cliente la toma por un momento y dice: "Esto no tiene sentido, no es lo que yo esperaba, esta gente no me está valorando bien, no me gusta tratar con ellos". Si a usted no le pagan, los clientes pueden enviarle un mensaje. Pueden estar diciendo: "Estoy confundido, y/o desilusionado, y/o no estoy recibiendo suficiente por lo que pagué". Su cliente puede necesitar reventa.

Ejemplo. AAA revende miembros que decayeron.

Si usted es como casi 34 millones de estadounidenses, usted es un miembro de la AAA. Y las probabilidades son de que uno de estos años a usted se le olvide enviar su cuota anual de renovación, o quizá resuelva renunciar a su calidad de socio. Si lo hace, va a recibir una llamada de Tom Maloney, ejecutivo de ventas de la AAA del Atlántico medio, o de uno de sus 2,000 colegas de las oficinas de la AAA en los Estados Unidos. El trabajo de Tom –y su meta personal– es volver a venderle las ventajas de su afiliación al club de automovilista para que la renueve.

Todas las tardes, después de su jornada normal de trabajo en las oficinas de la AAA en Newark, Delaware, Tom se dirige a su casa con un puñado de afiliaciones sin renovar. Comienza a llamar a las 6:20 p. m.

Mire usted, he encontrado que si llamo más temprano, están comiendo con su familia, o acaban de llegar de la oficina. Hasta dentro de tres meses lograré obtener sus nombres, lo cual significa que el miembro ya ha recibido varios recordatorios por correo. La mayor parte de la gente que llamo vive muy ocupada. Raras veces, alguien ha pasado realmente por alto el correo. Me encanta cuando esto pasa, pero es muy de vez en cuando. Casi todo el que llamo ha resuelto no renovar, por una u otra razón.

Para Tom resulta muy claro que la primera razón por la cual no renuevan su afiliación es porque no están utilizando en su totalidad las ventajas que ésta les ofrece. Vienen pagando sus derechos de afiliación año tras año, pero no han gozado de todos los beneficios. Tal como Tom lo ve, su trabajo es revender afiliaciones a los miembros y mostrarles cómo comenzar a utilizar por completo las ventajas y los beneficios por los que siempre han estado pagando.

La mayoría de los miembros piensan que AAA es sólo un servicio de emergencia de carretera. De hecho, siendo un beneficio de afiliación importante y valioso, un servicio de emergencia de carretera de 24 horas diarias, durante 365 días por año es una parte muy pequeña de lo que su afiliación representa. Usted obtiene anualmente los mapas actualizados, los planeadores de ruta Triptik exclusivos del AAA, cheques viajeros libres de pago de derechos, servicio de asesoría para la compra de automóvil nuevo, protección de tarjeta de crédito, servicios de recomendación de mecánicos, descuento en hoteles, libros para planear excursiones y viajes, y protección de garantías con caución, para no mencionar servicios de agencia de viajes y una completa línea de programas de seguros. No obstante, la mayoría de la gente sólo piensa en esa grúa con el emblema AAA que los va a desvarar en alguna oscura vía.

Llamada tras llamada, Tom comienza:

> Estaba revisando mis hojas de computador, y observé que todavía no hemos recibido su renovación. Me gustaría ayudarlo a conservar vigente su afiliación para el año próximo. Yo se la puedo renovar ahora, por teléfono, puesto que usted todavía está dentro del periodo de gracia, para que no tenga que pagar los diez dólares de derechos de afiliación. También será ventajoso para usted, porque podemos hacerlo efectivo a la fecha de hoy, aunque su afiliación venció hace tres meses, así que la disfrutará durante un año completo a partir del día de hoy.

"Bueno," estima Tom, "cerca de una cuarta parte de la gente que llamo me cuelga, en forma definitiva no desean renovar. Pero el otro 75% son mis retos. Es un juego que me gusta". Y Tom es muy efectivo en él.

La gente dice con frecuencia: "Bien, acabo de comprar un automóvil nuevo, y está en garantía, así que no creo que vaya a necesitar ninguna grúa". ¡Perfecto! Tom responde de inmediato con:

La grúa sólo es el último recurso. Estamos aquí para ayudarle con un cerrajero si se le quedan las llaves dentro, gasolina si se le acaba, o ayudarlo para que arranque, si se quedó sin batería por dejar las luces encendidas. Y usted siempre deseará tener mapas al día, precisos y actualizados en su automóvil nuevo. Todo eso lo cubre su afiliación.

Cuando le pregunté a Tom sus situaciones más difíciles, me dijo: "Algunas veces encuentro una señora entrada en años que ya no maneja, su marido ha fallecido y, además, no tiene automóvil". Eso me sonó como muy buenas razones para que ella dejara su afiliación. Pero no a Tom:

Mucha gente piensa que la afiliación va con el automóvil, pero no. Es la persona la que se afilia. Y eso significa que –especialmente cuando usted es mayor y ya no maneja– tiene todos los beneficios, sin considerar quién le está manejando o en qué automóvil va. Así que, suponga que su hijo o un amigo la lleva de compras. Usted puede usar su tarjeta si el automóvil de ellos se daña o se queda sin gasolina o se les quedan las llaves dentro. ¿Existe una mejor manera de ser amable con la gente que le está haciendo el favor de llevarla?

El desafío más importante consiste en ser creativo para encontrar la manera de hacer que los socios se beneficien mejor de los servicios del AAA:

En ocasiones, hablo con una agente de finca raíz que ha decidido cancelar su afiliación al AAA y le pregunto: "Mire, ¿no le ayudaría a su negocio el regalarle un paquetico de "Bienvenido a su nuevo vecindario", cada vez que le vende una casa a alguien? Usted puede escoger un juego de mapas de la localidad, el libro de excursiones que cubre esta área y aun, un juego de cupones de descuento de restaurantes locales del AAA". Los agentes de finca raíz generalmente no se dan cuenta de que una afiliación al AAA, en realidad les puede ayudar en su negocio.

En ocasiones, da con miembros que están disgustados cuando llama. No renovaron su afiliación por una buena razón: todavía están enojados por alguna experiencia negativa anterior. "¡Qué! ¿tiene usted cara para llamarme, después de que me dejaron esperando la grúa dos horas bajo la lluvia, el invierno pasado? Finalmente me rendí y llamé a un amigo para que me ayudara". Tom se disculpa de inmediato y deja claro que la AAA desea conocer casos en que los socios son defraudados. Con casi 34 millones de miembros y 17.9 millones de llamadas de servicio al año (¡49,000 por día!), no es de extrañar que la logística no sea siempre perfecta.

Cuando un miembro comienza a hablar sobre una experiencia negativa, Tom ofrece el número de su teléfono personal, y dice:

> Si algo así le llegara a pasar de nuevo, quiero que usted me llame directamente para poder encargarme. Si le quedamos mal, quiero enterarme para poder arreglar las cosas.

Algo que percibí después de mi entrevista con Tom es que él mismo está vendido a la AAA. De hecho, dijo: "Yo no dejaría a mi mamá sin su afiliación. Quiero que *todo el mundo* sea socio. Aun si nunca hacen un viaje, la mayor parte de los daños de automóvil suceden dentro de cinco y medio kilómetros de la casa".

Tom tiene mucho éxito en conservar las relaciones con los clientes por varias razones:

- Cree en lo que hace; su meta es venderles una vez más a exsocios, y es capaz de hacerlo bien porque él mismo está vendido a la AAA.

- Quiere enterarse de los problemas para poder proceder a solucionarlos. Su auténtica inquietud es encontrarlos.

- Entiende que los miembros tienen que beneficiarse de su afiliación antes de pensar en renovarla. Y Tom reconoce que su trabajo es ayudar de forma creativa a que los miembros aprovechen lo que la AAA ofrece.

¿Qué puede aprender usted de este ejemplo? Es probable que sus clientes estén recibiendo menos de lo que están pagando. No porque alguien les esté negando algo, sino porque ellos no se dan por enterados y no aprovechan las muchas cosas que les ofrecen. Aproveche todas las oportunidades posibles con el fin de educar y reeducar a sus clientes sobre lo que ya han pagado, para que con frecuencia reafirmen el valor de lo que están recibiendo. Una de las mejores ocasiones para hacerlo es cuando usted les está solicitando dinero. Que los clientes no paguen a tiempo o sencillamente no paguen, es una indicación fuerte de que ya no están convencidos de estar recibiendo los beneficios equivalentes al valor de su dinero.

Volver a vender ahora evita problemas de pago después

He tenido por años la tarjeta de crédito American Express, y tengo también su tarjeta Platinum. Es mucho más costosa que cualquier otra tarjeta de crédito, y un par de veces al año, en especial durante la época de renovaciones, me pregunto si en realidad necesito una tarjeta de 300 dólares anuales cuando hay cantidad de tarjetas buenas gratuitas. Parecería como si AMEX se hubiera anticipado a mis dudas y casi en la misma época del año, me envía un pequeño folleto listando todos los beneficios exclusivos disponibles sólo para mí como poseedor de tarjeta Platinum. Con cada factura me llega un boletín que siempre incluye un par de cartas de agradecimiento de tarjetahabientes que están tan complacidos con los servicios Platinum, que se toman el tiempo para escribirles. Parece como si siempre hubieran sido rescatados en helicóptero de algún lugar selecto de temporada de esquí en Suiza, después de llamar al servicio de emergencia de viajeros de Platinum. O desean una gargantilla especial que su esposa vio en una pequeña tienda en Laos, pero no pueden recordar su nombre, y el empleado le sigue la pista por cuenta de Platinum. La American Express está convenciéndome constantemente del valor de mi afiliación. (Creo que la voy a conservar por otro año).

Una de las mejores maneras de evitar los pagos morosos es estar seguros de que constantemente se esté convenciendo a los clientes del valor de los productos y servicios. En esa forma, cuando llegue el tiempo de pagar, no pondrán su factura en el montón de aquellos a quienes no están seguros de quererles pagar. *Reeducar es volver a vender.* Usted desea que sus clientes sepan lo que son capaces de obtener y probablemente ya están pagándolo.

¿Qué está haciendo para volver a venderles el servicio a sus clientes y recordarles que deben aprovechar lo que ya están pagando? El momento ideal es el momento del pago o mejor aún, *antes.*

☞ La magia del refuerzo positivo

¿Por qué será que siempre tenemos tiempo de poner atención a los clientes cuyo comportamiento no es aceptable, pero rara vez sacamos tiempo para recompensar a los clientes que se comportan bien?

La mayoría de los cobradores se toman mucho tiempo para negociar, engatusar y presionar a los clientes atrasados para que paguen su cuota mensual, y luego se mueven para atacar al próximo cliente. Al mes siguiente, el cliente incumplido está de nuevo en la lista, otra vez atrasado.

Póngase usted en esta situación. Usted se atrasa un par de meses en pagar la afiliación a la entidad de salud prepagada. Por último, un cobrador llama y negocia con usted un plan de pago. Usted se compromete a pagar 20 dólares esta semana y 20 dólares cada una de las siguientes tres semanas hasta quedar al día. Un par de días después de enviar el pago de esta semana, el mismo cobrador lo llama de nuevo. En actitud defensiva, usted se prepara mentalmente para protestar: "Hola, le envié el cheque el lunes. No me culpe si el correo está un poco demorado. Dejen ya de llamar y de fastidiarme". En cambio el cobrador dice:

> Señora Brown, la llamo para agradecerle. Usted me prometió enviar su cheque de 20 dólares el lunes pasado y lo recibí. Realmente aprecio que usted cumpliera su promesa y quiero que sepa que me doy cuenta de que puede ser duro cumplir con la palabra cuando se está bajo una presión financiera. Usted lo hizo y eso tiene una gran importancia para mí. Gracias.

Si usted recibió tal llamada, ¿no sería muy posible que enviará a tiempo el pago de la semana entrante?

Invierta en relaciones

Tómese su tiempo y asigne los recursos que necesita para hacer contacto con los clientes que tienen sus cuentas en orden. Cuando un cliente ha tenido algunos problemas de pagos y luego ha cumplido con sus acuerdos y puesto su cuenta al día otra vez, esté seguro de que él o ella saben que usted lo notó. Esto ayudará a evitar la tendencia del cliente a caer en un ciclo de pago lento en el cual se pone al día, luego se atrasa, luego se pone al día y luego otra vez se atrasa, requiriendo constante atención de parte suya.

La única estrategia efectiva para tratar con los clientes de pago lento consiste en darse cuenta y recompensar su comportamiento cuando comiencen a cambiar las cosas y a pagar a tiempo. Vale la pena invertir los recursos necesarios para hacer contacto con un cliente que cumple sus acuerdos. No es sólo lo justo y lo que debe hacerse, sino también es la línea de acción de recurso más eficiente. Hacer una llamada de "Gracias por cumplir su promesa" este mes, significa que el mes entrante probablemente usted no tenga que hacer una llamada de "Usted está atrasado y de nuevo rompió su promesa". Y, con seguridad, usted tampoco tendrá que hacer una el mes siguiente.

Si tiene en mente esa meta de relación positiva de largo plazo, verá que la estrategia de refuerzo positivo, no sólo ayuda a que sus clientes mejoren sus patrones de pago futuros, sino también a que construyan su fidelidad de largo plazo.

Hay un impacto adicional importante para tener en cuenta. Pero, ¿qué hay del efecto sobre los cobradores que hacen las llamadas de "agradeci-miento"? Con un centro de llamadas bien equipado y manejado eficientemente, un cobrador efectuará más de 100 llamadas a clientes por día. En momentos de mucho movimiento, un cobrador activo puede hablar con 20 clientes en una hora. Si cada una de esas llamadas se relaciona con un cliente que ha de-jado de cumplir un compromiso, está dando una excusa o está buscando rene-gociar una promesa de pago incumplida, usted puede imaginarse que será un trabajo depresivo y frustrante. Qué descanso si puede llamar a un cliente que cumplió su promesa y decirle: "¡Gracias! Sus empleados y clientes también se benefician del efecto de ondas cuando el cobrador se siente mejor y trata de igual manera a otros clientes y compañeros.

☞ "No pago" realmente significa "Póngame atención"

Con mucha frecuencia los clientes se rehúsan verbalmente a pagar lo que usted cree que ellos le deben. Una respuesta típica a tal manera de ganar tiempo es el recurso de la amenaza. Sin embargo, si se tratan con respeto y paciencia, muchos de esos clientes pueden convertirse en activos valiosos de largo plazo. Pero debe tenerse el tiempo para escuchar. Sus bravatas amena-zantes pueden ser el resultado de otras frustraciones, y si usted se mete en una confrontación porque sabe que está en lo cierto, puede terminar perdiendo, aun si logra que le paguen. Lo más importante es la relación de largo plazo.

Ejemplo. TCI Cable TV, ¡detenga esa grúa!

Por lo general, quienes tienen la responsablilidad de la cobranza de cuentas atrasadas tienen poca empatía por los clientes y no aprecian el valor de largo plazo de las relaciones con ellos. Se endurecen por tratar con clientes incumplidos y se olvidan de los pagos que resultan de fomentar las relaciones positivas con *buenos* clientes. Cuando un cliente demora los pagos o se atrasa, la primera reacción de un empleado de cuentas por cobrar puede ser "manden la grúa". (En el negocio de financiación de autos es "envíen el camión grúa". En su negocio puede ser "Póngalos en crédito suspendido" o "Sáqueles la tarjeta" o "Suspenda todos los despachos").

Es sorprendente de dónde puede provenir la educación requerida cuando usted está cuidando cuentas que valen 50,000 dólares mensuales. Mike Kelly, ahora con la gigantesca TCI West TV por cable, tuvo una de sus lecciones más reveladoras en un lote de estacionamiento frente a las oficinas del Group W Cable en Columbia, Missouri. Como gerente de planta de la operación de televisión por cable, Mike llegaba al trabajo un día cuando fue abordado verbalmente por una mujer bastante iracunda. Durante 20 minutos ella lloró, lo gritó y lo maldijo, sin dejar duda de que tenía una opinión negativa del Group W y de la industria de televisión en general. ¡Su TV estaba dañado y no iba a pagar su próxima cuenta mensual de cable! Finalmente, comenzó a quedarse sin vapor y le dijo a Mike: "Bueno, ¿no tiene *usted* nada que decir?"

Mike respondió con paciencia: "Sí, pero no quiero interrumpirla, por favor, continúe". Y ella continuó. Dijo que había sido enviada por su marido a la oficina de la compañía de cable pues estaba furioso porque no podía ver el partido de béisbol que había tenido la esperanza de ver, después de un fatigoso fin de semana con demasiados parientes que había tenido de huéspedes. Como la mayoría de los clientes de TV cable, en algunas ocasiones habían tenido una recepción de imagen deficiente como resultado de una rotura temporal de cable o por humedad formada en una de las cajas de unión del sistema de cable. Pero en esta oportunidad su marido estaba airado porque no había logrado que saliera ninguna imagen.

Cuando finalmente la mujer se calmó, Mike le ofreció llevarla a la casa e investigar personalmente el problema. Después de conocer (y oírle también sus motivos de queja) al disgustado marido, Mike encendió el TV. Nada. De inmediato se dio cuenta de que no le estaba entrando energía al aparato, independientemente de que el cable estuviera trabajando o no. A pesar de que Mike sospechaba que éste no era un problema de cable, continuó ayudando hasta hacer la pregunta crítica:

"¿Cuándo fue la última vez que funcionó la televisión, y qué ha cambiado desde entonces? Bueno, el aparato trabajó bien hasta que esos parientes nos visitaron; los muebles se dispusieron en otra forma y se convirtió el cuarto familiar de TV en cuarto de huéspedes para los abuelos visitantes. Tal vez, el TV había sido movido a su posición original y vuelto a enchufar cuando los huéspedes se fueron. Pero sin que nadie lo notara, había sido conectado en un enchufe de switch que no había sido accionado y estaba en posición de apagado. ¡Listo! Mike encendió el interruptor de pared y en el TV comenzó a brillar el juego de béisbol completo, con una imagen nítida y un sonido claro.

Los clientes de cable se avergonzaron por haber puesto a Mike en todo el problema sólo para corregir un error tonto, además, quedaron muy agradecidos. Ahora, usted podría pensar que Mike se sobrepasó e hizo demasiado, considerando las circunstancias. Allá, en el estacionamiento, Mike pudo darse cuenta, por la descripción que hizo la mujer de su situación, que ese no era un problema del cable. De todos modos, la cuenta sólo valía 15 dólares mensuales, y Mike tenía responsabilidades mucho más importantes como gerente de planta para la operación en toda la ciudad.

Aunque la pareja le envió a Mike una carta de disculpa y agradecimientos, meses después vino la gran retribución para la Group W. Cuando aumentaron la programación de 26 a 42 canales, tuvieron que pedir la aprobación de la *Public Utilities Commission Cable Council* local, para subir las tarifas básicas de los suscriptores de conformidad. Esto siempre implica una audiencia pública, incluyendo un alegato y participación de los clientes que rara vez dan su voto de apoyo. Cuando un servicio público busca un aumento de tarifas, por lo general hay una cola larga de voceros de ciudadanos que protestan de forma verbal acerca de cómo los tienen de sobrecargados y de cuán mal son servidos. Pero esta audiencia fue diferente. La mujer que Mike se encontró en el estacionamiento cuando gritaba y despotricaba fue la primera ciudadana que se aprestó a ofrecer sus comentarios.

Ella habló sincera y apasionadamente sobre lo maravilloso que era el servicio de cable de Group W. Hizo un recuento del incidente del estacionamiento y presentó su propia experiencia como un ejemplo de que la compañía estaba orientada al servicio. Nadie le había solicitado que asistiera y hablara. Se encontraba allí porque estaba agradecida por haber contado con la ayuda de Mike cuando la necesitó.

Su corto discurso fue tan persuasivo como para ayudar a convencer al consejo de TV por cable de que el Group W se merecía el incremento de tarifas, y la solicitud fue aprobada. Los ingresos para el Group W aumentaron a una cantidad que llegaba a cientos de miles de dólares anuales en esa sola comunidad. Tome 14,000 clientes, aumente su factura mensual en 1.50 dólares y muy pronto se puede hablar de 252,000 dólares por año.

Al parecer, el tratamiento de un solo cliente de TV cable es, relativamente, de poca importancia. ¿Pero qué, si la cuenta de ese cliente hubiera valido 50,000 dólares mensuales en lugar de 15 o 20 dólares? Desde la desregularización, la industria de TV ha entrado en el negocio de los teléfonos, y las compañías de TV cable compiten ahora directamente con las compañías locales de teléfonos que han languidecido durante décadas en los medios monopolísticos. Un sólo cliente comercial que usa su compañía de TV cable local para proveer un circuito DS3 para comunicaciones de teléfono y video, puede valer más de 250,000 dólares en ingresos al año. Aun un almacén de ventas al detal que tiene una música ambiental por vía de cable coaxial entubado, como el que llega a su casa, puede estar pagando 600 dólares por mes.

Mike explica que en su posición actual en TCI, la más grande compañía de TV cable, uno de sus retos principales es barrer con la mentalidad de "manden la grúa", puesto que en la mayor parte de las compañías endurecidos cobradores de cuentas tienden a ser impacientes y a actuar en forma brusca cuando los clientes dejan de pagar. En los departamentos de cobranzas de algunas compañías, el grito de batalla es "Cierren su cuenta" o "Retengan todos los despachos", "Retírenle la tarjeta" o "Hagan efectiva la hipoteca". En la industria de TV cable es frecuente: "Envíen el camión", lo que quiere decir: "Despachen el camión de servicio a desconectar el TV cable del cliente y retiren la caja de los convertidores". Pero, ¿qué pasa con ese almacén de ropa que tiene un sistema de música de 6,000 dólares instalado por la compañía de TV cable? Cuando un pago se atrasa, ¿debería la compañía arrancar el equipo y perder los 600 dólares de pago mensual? ¿Debería cortar el sistema telefónico comercial del cliente y perder 50,000 dólares mensuales? Claro que no.

¿Qué puede aprender usted de este ejemplo? Si usted maneja una cuenta de 15,000 dólares mensuales de TV cable o una de 50,000 dólares de comunicación comercial, tratando con el más pequeño de los clientes de la compañía o el más grande, lo que importa es el valor de largo plazo de la relación con el cliente. Cuando un cliente dice que no pagará su factura es demasiado fácil –y demasiado común– dejarse arrastrar a una confrontación. La tendencia normal a juzgar con rapidez y a actuar con rudeza cuando un cliente es lento o retardado para pagar puede ser muy costosa, porque se necesita de un gran gasto para remplazar ese torrente de ingresos con un cliente nuevo, que puede o no ser mejor. Vale la pena dar pasos adicionales para salvar una relación de larga duración, aunque ello signifique llevar a la casa a un suscriptor de cable, cuando usted está muy seguro de que el problema no es culpa de su compañía.

☞ Vale la pena emplear un enfoque positivo de socios

Pareciera que la mayor parte de las compañías tomaran a los clientes que están atrasados en sus pagos como adversarios más que como socios. Recuerde que éstas son las personas que pagan nuestro salario y pueden hacer rentable nuestra organización. De hecho, la contribución en las utilidades de los departamentos de cuentas por cobrar son más apalancadas que otras, incluso las de ventas. Una vez vendido el producto o prestado el servicio, los componentes del costo primario ya se han gastado. Usted se ha tomado la molestia de explorar, vender, cerrar ventas, cumplir y facturar. Ahora, el departamento de cuentas por cobrar puede, o bien perder todos esos gastos dejando que cancelen la cuenta, o bien asegurar su pago y reforzar la relación de tal modo que se lleven a cabo más transacciones futuras.

Ejemplo. El enfoque "amistoso pero firme" de US WEST Cellular.

Emplee un término como "mala cuenta" con Scott Tweedy, supervisor de cuentas mayores en US WEST Cellular, y él lo interrumpirá en la mitad de la frase.

Nosotros no tenemos "malas cuentas" aquí. Sólo tenemos algunos clientes que requieren una atención amistosa pero firme.

Las historias exitosas de su equipo se cuentan por legiones. Por ejemplo, un constructor de casas por pedido del cliente tenía 27 teléfonos celulares en varios vehículos, pero le vino una mala racha cuando el mercado de la construcción se paralizó en su área. La cuenta se encontraba en serios problemas y estaba a punto de ser cancelada y pasada a una agencia de cobranzas. En tales casos, el pago es generalmente de alrededor de 30 centavos por dólar, después de contabilizados los costos de la cobranza. Sin embargo, hoy la misma compañía tiene 42 teléfonos activos y no se ha atrasado en ningún pago por algo más de seis meses.

Scott identifica una clave para cobros exitosos como la creencia fundamental subyacente de que la mayoría de los clientes son sinceros y honestos. Muchos sólo están confundidos con relación a algo y otros tienen algún problema que no tiene conexión alguna con la factura que necesita atención. La segunda clave es el refuerzo constante de US WEST Cellular sobre esta actitud positiva. Los cobradores se sientan frente a sus teclados de computador durante todo el día, con las muñecas de las manos descansando en pequeñas almohadillas acolchadas. Cada almohadilla lleva cuatro mensajes impresos en la superficie, protegidos por seda:

1. Diga: "Llamo para confirmar".
2. Manifieste su empatía.
3. Averigüe los hechos.
4. Sea amistoso pero firme.

Los cobradores siempre inician su llamada con la frase: "Estoy llamando para confirmar si usted ya nos envió su pago de xx dólares correspondiente a la cuenta de su teléfono celular de este mes". Scott lo formula de esta manera:

> Si el lunes su amigo le pide prestados veinte dólares al almuerzo, y el viernes ni siquiera lo ha mencionado, usted empieza a sentirse mal. Es muy incómodo decir: "Hola, Toby, ¿qué hubo de mis 20 dólares?", así que usted lo pospone por algunos días. Entretanto, usted se siente molesto, y la memoria de su amigo se desvanece poco a poco. Se necesita un rompehielos para tocar el tema. Bueno, suponga que usted está sentado frente al computador todo el día, llamando a unas 150 personas que le deben dinero a su compañía. Usted *realmente* necesita un rompehielos. Pensamos que la frase "Llamo para confirmar" funciona bien porque no implica juicio ninguno, y comienza la cancelación con una nota positiva. De todos modos, deseamos comenzar por suponer que ellos están cumpliendo con sus obligaciones y que el pago está demorado sólo en el correo o demorado en el departamento de contabilidad.

El lema "manifieste su empatía" también es importante. Después de todo, la gente que le debe dinero es humana, y encara con frecuencia el mismo tipo de situaciones que usted. Si Scott llama a alguien que dice: "Bueno, no, no he mandado mi pago porque el automóvil se me dañó y la reparación ha resultado muy costosa. Estoy algo corto de dinero este mes", él *no* va a contestar: "Bueno, de malas, amigo. De todos modos, usted tiene que pagar su cuenta". Por medio del refuerzo constante, el hábito de la empatía casi que se convierte en una segunda naturaleza: "Bueno, entiendo su situación. También he tenido costosas reparaciones, y sé que eso puede echarle a perder su presupuesto muy rápidamente".

Por supuesto, el cobrador no va a dejar las cosas ahí. ("Sea amistoso *pero firme*"):

"¿Cuánto le hace falta? o ¿Ponemos esto en una tarjeta de crédito? o Hagamos un acuerdo sobre un programa de pago que le proteja su crédito con nosotros".

En otras palabras, el cobrador siempre se adelantará a mostrar que US WEST Cellular toma en serio las facturas atrasadas, pero desea trabajar con los clientes. Scott me dijo:

En nuestro papel de cobradores, con un compromiso de servicio al cliente, por lealtad y memoria, sabemos que la facturación del teléfono celular no es la cuenta más importante. Tenemos que "ponernos en cola" detrás de otros acreedores. Mientras estemos en esa cola, nuestro comportamiento tiene un gran impacto sobre la lealtad del cliente y, en mi opinión, es tan importante como la decisión de comprar nuestro servicio en el momento de la venta. ¿Tiene algún sentido tener un teléfono celular si usted no paga primero la casa, el automóvil y alimenta a su familia? ¡Obviamente no! Nuestro trabajo en este momento es volver a vender el valor de nuestro servicio y ayudar al cliente a encontrar la forma de pagar la factura.

Una vez le sugerimos a un cliente que pidiera un préstamo sobre su póliza de seguro de vida para pagar la cuenta. Así lo hizo y nosotros le mantuvimos el servicio. Siguió comunicándose, y al día siguiente recibió una llamada importante de un cliente, lo que le representó una comisión por valor de varios miles de dólares de una venta en finca raíz. El cliente nos llamó para agradecernos por ayudarle a encontrar esta solución, puesto que pudo devolverle el préstamo a la compañía de seguros y además obtuvo una referencia por la venta de la propiedad inmobiliaria que lo hizo sentir como un vendedor importante. Mencionó que todo nos lo debía. Entretanto, ¡su cuenta fue aumentando y su capacidad de pago ha mejorado de manera significativa!

"Averigüe los hechos", le recuerda al cobrador que haga un poco de investigación y averigüe qué hay detrás de la incapacidad de pagar con puntualidad. Es muy común entre los clientes retener la factura. Ellos quieren algo de atención y no pagar es una buena forma de lograrla.

Scott recuerda a un cliente que decía que él no iba a pagar la factura porque el servicio era pésimo. De inmediato, el representante se puso a averiguar los hechos por teléfono. El cliente explicó que había tal grado de congestión en las líneas telefónicas que era imposible comunicarse. Así que el representante resolvió averiguar en dónde estaba sucediendo ese fenómeno. Las compañías de teléfonos celulares mantienen mapas detallados que señalan las áreas con problema, de tal manera que puedan examinar el cubrimiento allí y considerar la instalación y ubicación de celdas adicionales. En el caso de este cliente, el área donde estaba presentándose el problema era un lugar en que los demás teléfonos funcionaban perfectamente. Al final, el cobrador supuso que la causa del problema estaba en el propio teléfono e hizo los arreglos para que el cliente lo llevara a un taller para una reparación sin costo para él. En efecto, resultó que la antena interna del teléfono estaba defectuosa. El cliente había estado tolerando un servicio de mala calidad, pero no por culpa de US WEST Cellular. Puesto que una de las metas fundamentales del cobrador era averiguar los hechos, el servicio al cliente se mejoró y ahora está recibiendo un servicio de calidad superior y pagando su cuenta con satisfacción todos los meses.

Una llamada de cobranza de US WEST Cellular no es nada parecida a la amenazante y torpemente apremiante llamada típica que hacen muchas otras compañías. Scott hace énfasis en la necesidad de comenzar y terminar cada llamada con una nota positiva. Cuando se termina la negociación y se ha alcanzado un acuerdo, cada cobrador debe hacer una pregunta más. "¿Qué más puedo hacer por usted hoy?" Es sorprendente ver con cuánta frecuencia el cliente tiene otra inquietud que no se ha expresado. Puede quedar una área de confusión: "Realmente, ahora que usted lo pregunta, no entiendo este cargo de seis dólares en la página dos de la cuenta. Ya lo había notado antes también. ¿Eso de qué es?" Una vez explicado, el cliente coopera y es más consecuente con los pagos futuros.

Todas las llamadas terminan con la misma despedida: "Muchas gracias. Nosotros respetamos su negocio". Todo cobrador sabe que sus medios de ganarse la vida dependen de mantener a los clientes satisfechos (¡y pagando!). Una vez más, el valor de toda la vida se mete en el juego. La US WEST Cellular no quiere revelar sus cualidades específicas, pero uno puede apostar a que son aún más altas que el promedio de la industria que es de 30 meses de duración, con un promedio de facturación de 70 dólares, o un valor por cliente de cerca de 2,100 dólares.

¿Qué puede aprender usted de este ejemplo? Hacer llamadas de cobranza es un trabajo duro, que puede ser emocionalmente agotador. Quienquiera que lo haga para ganarse la vida, necesita refuerzo constante para mantener

una actitud positiva. Los descansa-muñecas de las manos de US WEST Cellular son un excelente ejemplo de cómo se puede ser creativo para llevar a
casa un mensaje positivo una y otra vez. Hay muchas probabilidades de que
sus cobradores empleen terminales de computador o microcomputadores en
su trabajo. Contemple la posibilidad de tenerles recordatorios periódicos por
medio de destellos de luz en las pantallas para que tengan siempre presente
la meta de largo plazo, con la intención de mantener vivas y rentables las
relaciones con los clientes. Sugiera su propio rompehielos para iniciar la
llamada en una dirección positiva. Identifíquese con los clientes de tal modo
que pueda entender cuál es su situación real y los pueda ayudar con soluciones
creativas. Averigüe los hechos que hay detrás del incumplimiento en los pagos.
Sea amistoso pero firme.

☞ Asociarse a paso rápido con los clientes morosos y con los que no pagan

Tal como lo demuestran los ejemplos, la mejor manera de manejar cualquier
cliente que esté atrasado en sus pagos es considerarlo como un valioso activo,
cuyo patrocinio continuo es la meta que usted debe imponerse. Cada cobrador
que se ponga en contacto con un cliente, debe tratarlo con respeto y confianza
y debe concentrarse en descubrir los hechos necesarios con el fin de entender
el problema, para que la compañía pueda ayudarle a resolverlo y *conserve al
cliente.*

Actúe con prontitud

¡Muévase rápido! Los problemas se acumulan cuando la acción se demora.
Al menor indicio de que un pago está demorado, busque el contacto personal. Una llamada telefónica de confirmación es lo mejor, porque fácilmente
puede convertirse, si se requiere, en una llamada de investigación de los
hechos. La mayoría de la gente y la mayor parte de las compañías se meten
en dificultades financieras gradualmente. Ponerse en la cola tan pronto como
le sea posible. Significa algo más que establecer un importante precedente
legal. También comenzará a crear una relación personal basada en acuerdos
convenidos mutuamente. Más tarde, cuando las cosas puedan complicársele
al deudor, usted puede recibir especial atención de su parte. Usted no quiere

ser amontonado con todos los otros que eventualmente inician contactos cuando se han ignorado varios recordatorios enviados por correo.

El objetivo de su primer contacto

Además de obtener el pago, usted sale a cumplir una meta sutil en la primera llamada. Quiere que este cliente sepa que, aunque otras compañías pueden ser descuidadas en el seguimiento de las cuentas de los clientes, su compañía no. Asegúrese de que su cliente entienda que usted está involucrado personalmente y que advierte lo que sucede con su cuenta. En ese primer contacto, comience con la aproximación de "confirmación". Luego muévase hacia la investigación de los hechos, si aún no se ha enviado el pago. Sobre todo, haga que el cliente sepa que usted le concederá su más esmerada atención.

Todo esto se reduce a los compromisos de pago del cliente. Usted quiere que él siempre ponga la suya encima del montón para cancelar tan pronto como sea posible. El objetivo del primer contacto es lograr separar su cuenta de las demás para que le den una atención especial y pronta.

Y después, por supuesto, usted desea un compromiso de acción. Mientras se desarrolla la llamada, procure llegar a un acuerdo específico sobre lo que ambos harán en seguida. Después de negociar el acuerdo de pago, lleve al cliente a que le repita, en sus propias palabras, lo que él ha entendido que se convino en el acuerdo. Una vez más, usted quiere que este cliente sepa que los otros acreedores pueden ser descuidados con sus acuerdos, pero que usted va a estar muy consciente de asegurarlos y vigilarlos de cerca. Una vez logrado el acuerdo en el compromiso, termine la conversación con una nota positiva, como lo hacen en US WEST Cellular, para que el cliente sepa que usted aprecia su relación y quiere que continúe.

Es muy importante hacer el seguimiento al cliente y reforzar el acuerdo en las etapas iniciales del proceso de negociación. Escriba o envíe de inmediato por fax o por correo una copia. Si el cliente ha prometido enviar un cheque para el quince, llame el catorce para recordarle. Y luego, cuando reciba el cheque, llame para agradecer y reforzar el comportamiento. Si la relación tiende a complicarse y requiere otros medios de cobranza, usted necesita averiguarlo cuanto antes. Por otro lado, lo que usted desea en realidad es hacer contacto, negociar, recordar y reforzar al primer signo de dificultad, antes de que la relación se deteriore.

La forma como la compañía maneja los clientes atrasados en sus pagos, marca una diferencia importante en el resultado final. Si usted escoge una aproximación atenta, inspirada, respetuosa y amistosa pero firme, puede lograr su regreso a la banda transportadora y gozar los beneficios y utilidades de una relación de largo tiempo.

☞ ¿Qué puede aprender usted de este capítulo?

• Conseguir que los clientes paguen es el segundo objetivo más importante de una estrategia efectiva del departamento de cobranzas. Mantener una relación larga y rentable es la primera.

• Es fundamental eliminar los apelativos perjudiciales, como "malapagas" o "indolentes" porque perpetúan los prejuicios negativos entre los cobradores.

• Los acercamientos para lograr los pagos con cobranzas de mano dura rara vez tienen éxito, pero son bastante buenos para crear clientes hostiles y vengativos.

• Calcular el "valor de un cliente de toda la vida" por lo general arroja una cifra bastante grande que destaca el valor de mantener relaciones buenas y positivas con él.

• Escuchar entre líneas es una de las más meritorias habilidades que debe poseer un cobrador efectivo.

• Muchos clientes incumplidos, o que sencillamente no pagan, le están tratando de decir a su compañía que necesitan que se les vuelva a vender el valor de su producto o servicio.

• A los vendedores mismos debe vendérseles otra vez su producto o servicio antes de que ellos puedan hacer efectivamente lo mismo con los clientes atrasados.

- La mayor parte de las organizaciones descuidan la táctica de recaudo menos costosa y más rentable: el refuerzo positivo para los clientes que hacen honor a sus compromisos.

- Lo mejor para comenzar las llamadas de cobros es con una declaración de confirmación positiva, como: "Lo llamo para confirmar que usted nos ha enviado ya el pago correspondiente a este mes".

- La empatía personal tiene un gran valor en el camino hacia la creación de una relación entre cobrador y cliente.

- El papel inicial de un cobrador es ser un investigador para determinar las razones por las cuales los pagos no se han hecho de acuerdo con lo convenido. Es necesario entender los factores que contribuyeron a crear la situación antes de intentar darle solución.

- Es muy importante ser amigable, y no lo es menos el ser firme. Un acercamiento que tienda a equilibrar ambas consideraciones es el que mejor funciona.

- Para obtener resultados mejores emprenda con rapidez una acción positiva al primer indicio de que un cliente puede disminuir el paso en la puntualidad de sus pagos.

☞ Resumen de lo que usted puede hacer *ahora*

- Elimine los términos negativos del vocabulario del departamento de cuentas por cobrar, así como las palabras que impliquen un prejuicio, como "*mala-paga*", comenzando por el nivel gerencial más alto y hasta llegar a cada uno de los cobradores.

- Fije carteles que se destaquen visualmente, recordándole a su equipo que las palabras despectivas son inapropiadas.

- Como incentivo, considere impulsar un concurso que premie a los representantes mientras progresan en su esfuerzo por eliminar de su vocabulario los términos negativos.

- Calcule el valor de toda la vida de sus clientes y redúzcalo a una cifra de valor presente neto. Este valor es importante para solucionar reclamos, así como para determinar cuáles serán las estrategias de sus cobradores.

- Trate a los clientes de tal forma que *deseen* hacerle los pagos tan pronto como les sea posible. Desarrolle una actitud respetuosa y de cooperación, y deje que se le note.

- Promueva la idea de la banda transportadora entre sus cobradores para que vean la persona a la cual le escriben o llaman como a un activo tangible al borde de su banda transportadora. De la forma como manejen la situación, depende que el cliente se caiga o no.

- Asegúrese de que su personal de cobradores esté convencido de la bondad de su producto o servicio. Ellos no podrán volver a venderle si a su vez a *ellos* no se lo han vendido. Déles productos que usen en su casa; proporcióneles los mismos servicios que obtienen sus clientes.

- Ofrezca a sus vendedores capacitación creativa en ventas para que estén bien adiestrados para manejar objeciones y exíjales el pedido cuando sea necesario volver a venderles a los clientes.

- Establezca un programa para recuperar a sus clientes cada vez que usted tenga que enviarles una solicitud de pago. Recuérdeles los beneficios que están recibiendo cuando le pagan.

- Ponga en práctica una política de llamadas de refuerzo positivo, para que sus vendedores puedan tener el placer de llamar con aprecio y buenas noticias, al menos en algunas ocasiones.

- Revalúe el resultado final de entregar las cuentas a una agencia de cobranzas. ¿Vale realmente la pena? ¿Cómo le parecen los costos de las relaciones públicas? ¿Cuál es la mejor manera de volver a encender la relación y recuperar su inversión?

- Busque una manera de recordarles de manera permanente a los cobradores la actitud positiva que usted desea que proyecten. ¿No podría proporcionarles almohadillas protegidas con seda para apoyar las muñecas, como las que se usaban en la US WEST Cellular?

• Enséñeles a sus cobradores las aperturas rompehielos sugeridas para usar en las llamadas a sus clientes atrasados.

• Recomiéndeles a los representantes que pregunten a los clientes, antes de terminar la llamada, si necesitan ayuda adicional. Termine la llamada con una expresión de aprecio.

• Acelere la oportunidad del primer contacto. Elimine cualesquiera procedimientos que puedan demorar el contacto personal. Revise sus sistemas de supervisión para estar seguro de que van a advertirle sobre posibles dificultades al menor indicio.

El silencio puede estar matándolo

Es fácil detectar algunos clientes que se estén cayendo de su banda transportadora. Usted siente el impacto de sus quejas verbales o nota que han dejado de pagar sus facturas. Es más difícil detectar el comportamiento general de los clientes cuya fidelidad está desapareciendo. Sencillamente se van alejando en silencio. Pero su ausencia tiene un impacto: su partida lastima su rentabilidad.

El mayor número de clientes que suspende sus negocios con una compañía, lo hace sin mayor alboroto. No se rehúsan a pagar, ni le escriben cartas groseras al presidente, ni llaman y maldicen al representante de servicio del cliente. Sencillamente dejan de comprar.

Es una lástima que la mayor parte de las organizaciones de negocios no estén preparadas para notar cuándo sucede esto. Todas están tan ocupadas en la caza de nuevos clientes, lidiando con los que expresan verbalmente sus quejas, y los pagos demorados de los incumplidos, que los clientes que en silencio dejan de comprar, se deslizan sin problema por entre las grietas.

☞ Gran parte de las relaciones se deterioran por negligencia

A finales del decenio de 1980, un estudio reveló lo que parecía explicar por qué los clientes dejan de comprar. Enumeró las siguientes estadísticas:

- 1% muere
- 3% se muda a otro sector
- 5% establece relaciones con otros proveedores
- 9% por razones competitivas
- 14% no están satisfechas con el producto
- 68% *perciben actitudes indiferentes del vendedor*

Aunque he oído a muchos conferencistas referirse a estas cifras, todos dicen que acaban de "ver el estudio en alguna parte", pero ignoran la fuente real. No obstante, todos y cada uno de ellos han aceptado las cifras como legítimas. Yo, en algún momento, le seguí la pista al estudio original y encontré que la fuente era la Wisconsin Restaurant Association. No se trataba exactamente de una organización de investigación de importancia mundial o de validez estadística con estandarte dorado. Sin embargo, las cifras suenan bastante comunes para cualquier negocio. ¿Para qué andar con sutilezas con las estadísticas correctas? La conclusión importante nos parece válida: *La mayoría de los clientes abandonan nuestras bandas transportadoras porque no les demostramos lo importantes que son.*

Éste es un buen momento para señalar una de las conclusiones más importantes y consistentes que ha obtenido la industria del mercadeo en el último decenio: en la práctica, *no hay límite superior en la tolerancia del cliente para un aumento de atención.* Quienes despachan los listados de artículos de que se dispone para la venta, saben que cuanto más frecuentes sean los envíos, más pedidos les colocan. Estas personas son bastante científicas en el manejo de su negocio y con frecuencia están haciendo ensayos. Si usted recibe por correo información comercial de ciertas empresas, puede estar seguro de que no lo están colmando de correo porque les gusta imprimirla. La envían porque funciona. Ahora, es probable que *haya* un límite superior en algún punto. Usted no desea obtener *cada día* un catálogo de Lillian Vernon, pero la razón por la cual usted recibe tantos es que los investigadores están persiguiendo de forma constante las respuestas y saben que cuanto más envíen, más gente les comprará.

O, para decirlo en otra forma: *la mayoría de sus clientes probablemente responderá de manera positiva a niveles de atención crecientes por parte de la compañía.* Piense en la gente que *le* vende artículos. ¿Hay alguno que le dé demasiada atención? ¿No hay bastantes a quienes usted les compraría más, si estuvieran más atentos a sus necesidades?

☞ Si somos realmente socios, ¿por qué no nos escuchamos más?

No conozco la respuesta a esta pregunta. ¿Son los comerciantes perezosos, introvertidos, demasiado ocupados rastreando nuevos clientes, o sencillamente no están interesados en la posibilidad de estimular la octogésima compra repetida de un cliente? Podría ser todo lo anterior. Cualquiera que sea la razón, nosotros los comerciantes les damos a nuestros clientes muy poca atención. Ellos quizá no se dan cuenta de la falta de ésta. Probablemente no hay legiones de clientes por ahí diciendo: "¡Bueno, si ABC, Inc. no me llama o escribe con más frecuencia, la boicotearé!" Ellos sólo se alejarán en silencio, sienten poca lealtad, puesto que no los hemos animado de forma activa a sentir un vínculo de asociación fuerte con nosotros. Tienen ideas, sugerencias, referencias, necesidades insatisfechas y tal vez algunas quejas sobre el servicio que les gustaría contarnos si les preguntáramos y escucháramos. Pero parecemos sordos y desinteresados.

☞ Hacerse el sordo es una torpeza

Gran parte de la sordera que las compañías despliegan en sus relaciones con los clientes es accidental y no es intencional. Sin embargo, parece que unas pocas compañías quisieran rechazar de manera intencional la información del cliente. Esto es ambas cosas, sordera y torpeza, y esta actitud es muy costosa a largo plazo.

Ejemplo. La tripulación de un crucero se tapona los oídos.

Mientras escribía *Marketing al revés*, asistí a un seminario sobre el humor, auspiciado por la National Speakers Association, a bordo de un crucero muy conocido. Durante el viaje de fin de semana a las Bahamas, los pasajeros fueron presentados una y otra vez, como un ejemplo extremo de lo que sucede cuando usted no escucha a sus clientes. No se pretendía que la situación fuera graciosa, aunque terminó volviéndose risible.

Poco después de abordar el navío se oyó la voz del director del crucero a través de los parlantes, llamando a todos los pasajeros a hacerse presentes en el salón de baile para la conferencia de orientación. Aunque ésta había sido recomendada como una sesión educativa encaminada a ayudarnos a aprovechar al máximo nuestra experiencia de crucero, el tema se centró en las siguientes tres sugerencias: "Comprar nuestras baratijas", "No olvidarse de dar propinas generosas a la tripulación", y "Dénos una alta calificación en sus formularios de evaluación del crucero".

Durante el crucero, se recordó y se hizo énfasis a los pasajeros en el consejo. Me interesé en particular por las instrucciones sobre los formularios de evaluación. En su charla de "Bienvenido a bordo" para todos los pasajeros, el director del crucero dijo: "No permitan que ninguna experiencia negativa afecte la calificación que le den a la tripulación". Ahora, ¿tiene sentido todo esto? Los pasajeros se miraban inquisitivamente, preguntándose si habían oído bien. Sólo para aclarar cualquier posible confusión, el personal de la tripulación dejó un pequeño formulario de información en cada camarote desde el día siguiente hasta el último del crucero. De nuevo, la misma extraña instrucción: "No permitan que ninguna experiencia negativa afecte la calificación que le den a la tripulación".

En la tarde anterior a nuestro regreso a Miami, todos fuimos reunidos de nuevo en el salón de principal para una "conferencia importante" sobre los procedimientos de desembarque. Ésta también resultó ser un llamado final para comprar camisetas y portavasos, así como una ocasión para recordar que los formularios de evaluación eran muy importantes. El director del crucero continuó con lujo de detalles sobre lo duro que la tripulación había trabajado y cuántos de ellos tenían familias que dependían por completo de sus exiguos jornales. (*¡Den propina a la pobre tripulación!*) También ofreció un discurso extraño y corto sobre semántica. Explicó que la industria del crucero utiliza una terminología diferente a las que usan otros negocios. *Bueno*, señaló, significa realmente *regular* en el crucero de negocios, así que uno debería marcar, en realidad, *bueno* aun si la experiencia había sido sólo *regular*. (¡Sé que ustedes piensan que me estoy inventando esta historia, pero hay cientos de testigos!)

En la última comida, el mesero de cada mesa se acercó para decir "Muchas gracias" mientras en forma evidente recogía los pequeños sobres de propina que habían dejado en nuestros camarotes la noche anterior, cuando se dictó la última conferencia sobre el tema de no dejar que una infortunada experiencia con una comida o un servicio afectara nuestras calificaciones.

El hecho más sobresaliente fue que en todas las mesas del comedor los pasajeros oyeron casi la misma exhortación. Como yo estaba viajando con un grupo grande de amigos y colegas, comparamos nuestras experiencias. Estaba en claro que no era coincidencia. Alguien había instruido a todos los meseros y les había indicado con exactitud qué era lo que debían decir en sus mesas después de la última comida. Obviamente, alguien debía haberles enseñado el guión:

La palabra *bueno* tiene un significado muy diferente en el negocio de los viajes de crucero. Sólo significa promedio. Así que, si usted desea indicar que su experiencia fue buena, debe marcar *excelente* para hacer el significado claro. Hemos dado lo mejor de nosotros para servir a la mesa, tratando de dejar satisfecho a todo mundo; pero si usted ha tenido algunas comidas que no le agradaron, por favor no deje que eso influya en su calificación. Usted puede escribir eso por separado en la parte inferior del formulario. Si usted siente que no debe marcar *excelente,* lo mejor es dejar la sección de la calificación en blanco y escribir su comentario en la parte de abajo.

Yo estaba sorprendido de lo evidentes que habían sido todos estos comentarios, y pensé que el gerente principal de la compañía del crucero debería enterarse de que muchos de los pasajeros, o bien, habían sido ofendidos, o bien, se habían reído abiertamente de las instrucciones de la tripulación. Me fui a la oficina del contador del barco y pregunté la dirección del presidente de la compañía. Su respuesta fue: "¿Para qué?" Contesté que deseaba enviar una carta al gerente. El contador preguntó, "¿Una carta positiva o negativa?"

Realmente no podía creerlo. Le dije que eso no era de su incumbencia, y que yo sólo preguntaba la dirección. Se levantó y desapareció en un cuarto posterior, y, dos o tres minutos después, alguien más vino a reemplazarlo y me informó que: "No deben enviarse cartas negativas al presidente", puesto que las quejas se manejaban en un departamento diferente, y por tanto, no debía molestarse al presidente. Pensé: "Claro, apuesto a que ese departamento está en esa pequeña caneca de los papeles debajo de su escritorio".

Debo confesar que nunca llegué a escribir al presidente. Terminé escudriñando las estadísticas TARP que hemos revisado en el capítulo 1. Hago parte de ese 95% que no tiene éxito en llegar hasta las personas que deberían oír sus reclamos. Pero he contado esta historia a mucha gente, y estoy seguro de que no le ha convenido mucho a las ventas de la compañía del crucero. (Por razones legales, omito el nombre de la compañía, pero le envié una copia de este libro a su presidente).

¿Qué puede aprender usted de este ejemplo? La alta gerencia de cualquier organización debe permanecer en contacto con sus clientes para poder saber lo que piensan sobre el desempeño de la compañía. Pero, a diferencia de la creencia general, realizar una encuesta *no* siempre es una forma segura de averiguar lo que en realidad piensan sus clientes. De hecho, si las encuestas se manejan con negligencia, pueden garantizar que la gerencia *nunca* averigüe lo que piensan. La dirección del crucero logró que la gerencia de la compañía se enterara sólo de informes inflados y positivos. Al confrontar la posibilidad de que uno de sus pasajeros (¡yo!) pudiera llegar a la oficina principal con una historia diferente, erigieron todos los obstáculos posibles, hasta llegar a rehusarse a dar a conocer la dirección comercial.

He conversado con otros usuarios del crucero sobre mi experiencia y me informaron haber tenido una experiencia similar con la tan conocida compañía de cruceros. Hemos llegado a la conclusión de que deben tratar a sus empleados muy mal. Quizá sus empleos potenciales futuros dependan de esas calificaciones y probablemente todos están temerosos de perder sus empleos y de no poder conseguir otros.

La gerencia puede haber tenido buenas intenciones al ligar la seguridad del empleo y otras recompensas a la información dada por los clientes, pero el sistema presente no funciona. Si *usted* tiene el sistema de ligar el adelanto del empleado con la calificación dada por los clientes, debe estar seguro de que ello está de verdad, ayudando a abrir la comunicación entre usted y sus clientes, en lugar de obstaculizarla.

☞ El silencio casi nunca es intencional

La razón más común para el silencio de los clientes es que sencillamente estamos demasiado ocupados para concentrarnos en nuestras relaciones corrientes. Y de manera irónica, lo que domina gran parte de la atención de las organizaciones es la interminable e implacable persecución de nuevos clientes. Es tan fácil dejarse agarrar por esta búsqueda que dejamos de llevar en forma apropiada, las relaciones existentes con nuestros clientes actuales. De hecho, algunas veces los ignoramos hasta que dejan de comprar, y los dejamos marchar de nuestras bandas transportadoras como si el desvanecimiento de la relación fuera culpa suya.

Ejemplo. Graphic Controls extrae oro de desechos.

El nombre de la categoría del cliente lo decía todo: *para eliminar.* Pero Jim Dombrowski, el recientemente ascendido gerente de ventas telefónicas de la división de productos de información de Graphic Controls de U. S., tenía otras ideas. A Jim, sencillamente no le parecía lógico que las numerosas cuentas que estaban clasificadas como inactivas y a punto de eliminarse de la base de datos de la compañía no pudieran tener ningún valor. Como un minero que mira un montón de desechos de una mina, otrora muy rentable, Jim pensó: "Apuesto a que todavía queda algo de oro allí".

Usar una perspectiva fresca para cuestionar algunas prácticas establecidas de negocios es de gran valor, aunque no necesariamente lógicas. El jefe de Jim, Bob Evans, Vicepresidente y Gerente General, ha venido cuestionando de tiempo atrás la práctica de la compañía de denominar a los clientes inactivos como *cuenta de cero dólares.* Mientras Jim se mudaba de la división de productos médicos de Graphic Controls para asumir su nuevo papel, bajo la dirección de Bob, él también comenzó a tener inquietudes sobre el informe trimestral de las cuentas que debían eliminarse. La última versión de la que tuvo noticias disminuía más de 3,000 clientes a quienes el programa de base de datos del computador central de la compañía había identificado como *irrelevantes*. Estuvieron a punto de ser eliminados –totalmente borrados de la base de datos.

A Jim le llamó la atención este hecho y tuvo una corazonada. "Si estos clientes *solían* comprarnos, ¿no podrían algunos de ellos volvernos a comprar si les diéramos un poco de atención?"

Jim solicitó la aprobación de Bob Evans para someter a prueba un programa de iniciación de una campaña de reactivación. Aunque la compañía tenía cerca de 64,000 cuentas activas, el interés de Jim se originó por algo sobre las inactivas: su potencial. Su jefe también pensó que valía la pena tratar de hacerlo.

En lugar de adivinar por qué se habían vuelto inactivas estas cuentas, Jim se puso en contacto por teléfono con cada una de ellas, y averiguó la razón exacta que había causado la mengua y terminación de su actividad compradora. Haciéndoles un seguimiento histórico a los informes de ventas, encontró que las cuentas próximas a ser eliminadas habían generado juntas 485,000 dólares en entradas en 1990, pero que en 1991, su actividad colectiva había alcanzado los cero dólares. En los primeros nueve meses de 1992, estos clientes antiguos todavía no habían hecho ninguna compra. Entonces, en noviembre de 1992, el reducido equipo de seis representantes de ventas telefónicas de Jim comenzó a llamar. Durante los siguientes tres meses, siguieron con precaución la pista de los resultados.

Aunque algunos de los contactos habían dejado el negocio o por alguna otra razón no podían volver a ser clientes potenciales, la explicación principal que aducía la gran mayoría de los clientes inactivos era "la falta de atención por parte de Graphic Controls". La mayoría de los clientes pequeños no tuvieron gran atención después de haber colocado sus pedidos iniciales, pero ello no había detenido el crecimiento de su negocio. Ahora muchos se habían vuelto clientes potenciales más grandes.

El resultado final fue que 378 de las 3,414 cuentas con las que se hizo contacto durante el ensayo –11%– ¡habían colocado pedidos para fin de año! Estas compras alcanzaron más de 37,000 dólares; 20% de las cuentas se reactivaron con el tiempo, y la muy conservadora proyección anual de negocios con estos clientes pudo alcanzar los 350,000 dólares. No es una mala respuesta para una buena corazonada. Si Bob y Jim no hubieran decidido experimentar y tomar la iniciativa personal de intervenir, el computador simplemente habría borrado estos ex clientes de cero dólares.

En efecto, del 15% al 20% de los clientes antiguos se habían salido o habían cambiado de negocio, de tal modo que dejaron de ser clientes potenciales. Pero los representantes por teléfono encontraron con mucha frecuencia reacciones como: "Nos preguntábamos qué había pasado con ustedes, señores" y "No sabíamos que ustedes fabricaban esa clase de elementos".

Una firma de ingeniería pequeña, por ejemplo, le había comprado sólo 200 dólares de plumas de colores a Graphic Control para su relativamente primitivo y pequeño juego de elementos de dibujo en 1990 y, desde entonces, nada más. Sin embargo, sin que Graphic Controls lo supiera, los negocios estaban en auge para los ingenieros. Justo antes de la llamada de reactivación, la firma había comprado tres máquinas electrostáticas, lo mejor de su línea, para reproducción de planos. Estas máquinas tienen un apetito voraz para el tipo exacto de suministros que Graphic Controls mercadea. Este cliente no tenía la menor idea de que ellos podían serle de gran utilidad con los suministros para las nuevas máquinas. Esa sola cuenta les generó 2,500 dólares en un año.

Un fabricante de herramientas y troqueles había dejado de comprarles porque el departamento de crédito de Graphic Controls les había suspendido este servicio. Les debía 600 dólares y deseaban cambiar sus condiciones de pago. En lugar de escucharlos y hacer los ajustes del caso, Graphic Controls había entregado automáticamente la cuenta a tres agencias de cobranzas en forma sucesiva durante los dos años siguientes. Mostrándoles un poco de atención personal y flexibilidad corporativa, muy entusiasmado el cliente les volvió a comprar. Las ventas del primer año fueron de 1,300 dólares. Una retribución aún mas importante que las ventas, es que Graphic Controls había aprendido a escuchar a los clientes y a reconocer que necesitaba más flexibilidad y sensibilidad en su departamento de crédito.

Uno de los representantes de ventas por teléfono, Nadine Robbins, volvió a contar un ejemplo típico. Un pequeño editor religioso de Kansas City había comprado al comienzo un valor cercano a los 100 dólares en papel para fax, pero nada más desde entonces. La cuenta estaba en la categoría de los cero dólares. Pero cuando Nadine llamó, habló con el nuevo agente de compras y de inmediato recibió un pedido de cartuchos para impresora láser. Los ingresos anuales por esa cuenta se proyectan ahora en 5,200 dólares por año.

Otro representante, Dan Geary, llamó a una compañía de Massachusetts que había colocado sólo una pequeña orden para las plumas del juego de elementos de dibujo, antes de ser clasificada como de cero dólares. Después de formular algunas preguntas, Dan averiguó que ellos habían adquirido recientemente un juego de dibujo láser de 50,000 dólares. La firma le compra a Graphic Controls entre 2,800 y 3,000 dólares anuales en suministros láser.

Los ejemplos continuaron una y otra vez. Todos tenían un tema en común. Si usted toma un pedido de alguien y luego le da una atención de seguimiento al cliente de cero, el computador terminará por clasificar la cuenta como de cero dólares y la pondrá a punto de ser eliminada. Sin embargo, si usted hace un contacto personal directo, hace unas cuantas preguntas buenas y escucha al cliente, podrá reactivar con frecuencia una cuenta potencialmente valiosa. Al lado del puro favor económico que esta campaña de reactivación generó, Jim Dombrowski se sorprendió de lo contentos que se sintieron los clientes así como los representantes de ventas por teléfono sobre las llamadas. Rara vez se sintieron molestos los clientes por haber sido buscados; la mayoría estuvo sinceramente agradecida y dio la bienvenida a la atención. Los representantes de ventas se sintieron particularmente bien por haber hecho las llamadas.

¿Qué puede aprender usted de este ejemplo? Cuestionar "la forma en que siempre lo hemos hecho" puede ser de mucho provecho. En efecto, después de ver el éxito de este ensayo, Graphic Controls optó por "Hacer el cambio" como tema para su siguiente reunión anual de ventas. Cuando usted tiene la corazonada de que su organización está desaprovechando oportunidades, continúe trabajando sobre ella hasta el final, como lo hizo Jim. Si no lo hace, es muy probable que las prácticas ilógicas permanezcan.

Buscar un contacto con cuentas inactivas beneficia tanto a sus clientes como a su compañía. La firma de ingenieros de las impresoras electrostáticas, por ejemplo, quedó muy complacida de oír que Graphic Controls les podría colaborar con el suministro de los artículos nuevos, muy difíciles de encontrar. En lugar de sentirse reacios o molestos, otros clientes tomaron con mucho entusiasmo la colocación de sus pedidos de nuevo. En el pasado, muy pocas compañías llevaban un registro preciso y actualizado de la actividad de sus clientes. Con la llegada de los programas de seguimiento por computador se ha vuelto muy fácil y común rastrear la actividad y advertir quiénes son sus más valiosos clientes. No obstante, unas pocas compañías han dado ya el paso de identificar sus cuentas inactivas, pero pocas, muy pocas, han hecho algo por darles una atención apropiada en lugar de proponer simplemente su eliminación del sistema.

☞ El alto costo de taparse los oídos

El costo asociado con el aislamiento de la organización de sus clientes, intencionalmente o no, es alto, y la práctica puede amenazar la sobrevivencia económica de la firma si se permite que continúe.

El costo de oportunidad del silencio

Uno de los más valiosos conceptos que aprendí en la escuela de negocios fue el de los costos de oportunidad. Aunque una línea de acción que usted o su compañía escojan puede no costar nada en términos de dólares, su costo en términos de *pérdidas de oportunidad* puede ser asombroso. Este concepto se refiere a las ganancias y utilidades a que usted renuncia por *no* explotar oportunidades potenciales. Cuando usted ha perdido contacto con sus clientes, pierde oportunidades con ellos y esos costos pueden ser enormes.

Mejoramientos del producto

Una de las ventajas más frecuentes de proporcionar la máxima relación y diálogo con los clientes es la oportunidad de mejorar sus productos, con base en su información. Me estoy dando cuenta cada vez más de que los mercadotecnistas prominentes aprovechan cada oportunidad que se les presenta para solicitar esta información. En muchos casos, el producto es realmente un servicio. Por ejemplo, soy un comprador compulsivo en Price Costco. Me encantan esas inmensas bodegas llenas de rollos de 36 paquetes de papel higiénico y las cajas de yogur de 24 tarros. Tengo mucho del manejo de mi negocio de impresión allá. En una visita reciente, me informaron que el pedido de papelería que quería duplicar demandaría siete días de trabajo. Eso es bastante rápido, pero en este caso, yo tenía urgencia y les dije: "Apuesto a que si ustedes ofrecieran un servicio expreso, muchos clientes estarían deseosos de pagar del 10 al 20% adicional para obtener sus trabajos con más rapidez cuando están urgidos". En vez de encoger los hombros y disculparse, el empleado de Price Costco me entregó un formato con la dirección preimpresa del gerente del almacén, y anotó un resumen de mi sugerencia para presentarlo de forma oral en la siguiente reunión de personal.

El hecho es que pocos clientes disponen del tiempo para escribir sus sugerencias, entonces yo recomiendo que tanto Price Costco como su empresa mejoren este proceso de diálogo haciendo aún más fácil que los clientes presenten sus sugerencias para mejorar. ¿Por qué no instituir una línea telefónica de 24 horas para sugerencias, utilizando un sencillo contestador automático o un sistema de correo verbal, con el fin de facilitarle al cliente la formulación de sus ideas cuando piensa en ellas?

Una de las diez compañías de seguros más prominentes, The Principal Financial Group, escuchó a sus clientes quejándose de que su convenio con respecto al seguro de vida no les serviría de nada después de que murieran. A algunos les habían diagnosticado enfermedad terminal y querían hacer su último viaje a Hawaii *ahora,* mientras podían hacerlo, así como hacer algunos arreglos para tratamientos médicos costosos durante sus restantes semanas o meses de vida. The Principal escuchó y mejoró sus pólizas de seguro, ofreciéndoles un "beneficio de muerte acelerado". Con una documentación médica apropiada, los poseedores de las pólizas de The Principal pueden recibir ahora un alto porcentaje de sus beneficios de muerte en sólo unos pocos días.

Los planes de salud colectivos también constituyen una parte importante del negocio de The Principal. Los clientes le contaron a la compañía que los médicos privados parecían más satisfechos de tratar pacientes cuyas compañías de seguros pagaban los reclamos con más rapidez, así que The Principal modernizó sus procesos de pago para aumentar la velocidad y precisión, lo que se tradujo en médicos más satisfechos y clientes de pólizas colectivas que están muy contentos de ser clientes de The Principal.

Dificultades del proceso

Esta misma disponibilidad técnica funcionará, tanto para suavizar los procesos, como para mejorar los productos. Siempre me sorprendo de los obstáculos y barreras que las empresas establecen y que hacen más difícil que los clientes les compren de nuevo. La mayoría de los clientes no se tomarán el tiempo para contarle sobre las mejoras que usted necesita hacer; sencillamente comprarán en otra parte.

En lugar de esperar pacientemente nuevas ideas, ¿por qué no demuestra su calidad de asociado con los clientes llamándolos? Pregúnteles de qué manera puede mejorar la forma como usted los atiende. El *modo* como usted pregunta puede ser tan importante como el *hecho* que pregunta. Les recomiendo que eliminen toda pregunta que pueda contestarse con un simple "sí" o "no". Usted no va a encontrar muchas ideas útiles si llama por teléfono y dice:

> Lo llamo para ver si usted tiene algunas ideas de cómo podríamos mejorarle nuestro servicio. ¿Hay algo que usted como cliente nuestro haya notado y crea que debemos cambiar?

Es mucho más efectivo hacer la pregunta de tal modo que se *presuma* que hay áreas en las cuales usted puede mejorar:

> Lo estoy llamando hoy para preguntarle qué podemos hacer en nuestro trabajo para atenderlo mejor. Usted ha estado negociando con nosotros hace cerca de dos meses, y tal vez se haya dado cuenta de que tenemos unas pocas áreas en las cuales podríamos mejorar. Sabríamos agradecerle si nos ayuda con su información, pues mis colegas y yo siempre deseamos hacer lo posible para atenderlo muy bien. ¿Qué es lo primero que se le viene a la cabeza cuando piensa en las áreas en las que necesitamos trabajar un poco más?

Movimientos de la competencia

Quizá sus clientes estén siendo cortejados por sus competidores en este momento. Si usted ha hecho un buen trabajo de socio y ha estimulado un diálogo abierto con ellos, ellos estarán en la posición perfecta para alertarlo sobre la incursión y ofrecimientos de la competencia. Airborne Express, por ejemplo, mantiene etiquetas sobre Federal Express y UPS a través de sus clientes. Cuando éstos llaman para arreglar algún embarque, con frecuencia mencionan nuevos servicios que ofrecen sus competidores y dicen: "Mire, ¿por qué no tienen ustedes algo parecido?" Pero Airborne no sólo se sienta a esperar estas llamadas de información sobre la competencia; ellos también, por iniciativa propia, se comunican con sus clientes a través de un grupo de telemercadeo que están entrenados para averiguar cuáles ofertas de la competencia son las que más llaman la atención de los clientes, de tal modo que los gerentes de mercadeo puedan planear sus respuestas competitivas y permanezcan alerta.

Desarrollo de producto nuevo

A comienzos del decenio de 1990, Time-Life lanzó una serie de videos titulados *Trials of Life*. Los comerciales de televisión que promovían las series incluían un segmento de película muy dramático del ataque de un tiburón, hasta el punto de que uno prácticamente retrocedía de un brinco y comenzaba a experimentar retrospectivas de la película *Tiburón*. Más de un millón de personas compraron la serie, y muy poco después de comprarla, recibieron una llamada del representante de telemercadeo de Time-Life Libraries, preguntándoles sobre su reacción a los videos. A una gran mayoría les gustaron, y compraron los videos de seguimiento de la serie, pero un porcentaje significativo quedó desilusionado. Dan Meyerson, presidente de Time-Life Libraries, me contó:

> Era sorprendente enterarse de cómo tanta gente tenía que ver con ese ataque del tiburón y deseaba más escenas gráficas. Las series *Trials of Life* incluían muchos segmentos de naturaleza fantástica, pero eso no era lo que querían algunas de estas personas. No estaban interesadas en saber cómo se comunicaban los pájaros utilizando patrones de gorgeos sofisticados. Buscaban más acción. Así que usamos esa información y en seguida emprendimos la producción completa de la nueva serie, llamada *Predators*. No obstante, este material *no* es para verse en familia. Si usted quiere ver la supervivencia de los animales en forma cruda, sin reservas, en estado natural, esto es lo que busca. ¡Dentro de los seis meses siguientes a su lanzamiento, *Predators* ya estaba facturando el 20% de nuestras ventas por teléfono!

El personal de telemercadeo de Dan *desea saber* cómo reaccionan sus clientes a los programas que compran. Ellos no consideran el descontento de los clientes como si fuera una queja; es sólo una información valiosa sobre el producto lo que ayuda a decirles a los vendedores de Time-Life lo que los clientes desean en el futuro. Y como la compañía busca en definitiva relaciones de compra repetida de largo tiempo con sus clientes, nunca existe el problema de reembolsarles su dinero si el programa no satisface sus expectativas.

Time-Life Libraries es muy exitosa porque entrega exactamente lo que los clientes desean. Cuando los compradores de entretenimiento muestran su amor por la música de los decenios de 1950 y 1960 comprando cientos de miles de discos compactos, Time-Life lo nota, y les pregunta de qué más disfrutarían, y de conformidad crea nuevos productos. La compañía escucha a sus clientes, y eso vale la pena.

Ausencia de quejas

En este momento, usted podría tener clientes descontentos con su producto o servicio. Si ellos no se quejan, se cambiarán a cualquier otra parte, y aun pueden comenzar a hablar de forma negativa sobre su organización. Pero si ellos *sí* se quejan directamente, usted estará muy adelante en el juego. Tal vez podrá conservar el cliente *y* neutralizar cualquier posible publicidad negativa. Y lo que es de igual importancia, usted puede enterarse de cualquier deficiencia que haya causado el descontento y arreglarla.

En el capítulo 2, hemos leído sobre el uso de amigables pero firmes técnicas de cobranza por parte de US WEST Cellular. Ellos también han hecho una maravillosa labor de estimular las quejas. Como el cubrimiento de Cellular puede ser irregular, la compañía depende de sus clientes para dirigir la atención técnica a las áreas con problema en las que se requiere mejorar la cobertura. La garantía de servicio hace su mayor énfasis en el inmediato compromiso de devolver el 100% del dinero si no se queda satisfecho con la calidad de la llamada por el teléfono celular, y lo *animan* a que llame al departamento de servicio al cliente para que solicite el reconocimiento correspondiente. No es necesario diligenciar ningún formato, ni escribir cartas, ni siquiera hablar con persona alguna. Sólo tiene que marcar *-6-1-1 en su teléfono celular, y escuchará una serie de mensajes que le preguntarán por los minutos que necesita que le acrediten. Después de que de manera automática el sistema confirma que su cuenta ha quedado debidamente acreditada, le comunica la cuantía del crédito y le solicita responder unas preguntas: "Cuando usted experimentó la deficiente calidad de la llamada, ¿cuál era la intersección de calles más cercana o punto de referencia?" "¿Qué tipo de teléfono usa?" "¿Qué clase de problema tuvo?" US WEST Cellular desea conocer las quejas de los usuarios, de modo que su registro se les haga muy sencillo. Después de todo, ésa es la única manera de que sus representantes puedan averiguar en dónde deberían mejorar la cobertura.

US WEST, sin embargo, no sólo se sienta a esperar los reclamos. También nutre las relaciones mediante llamadas periódicas a sus clientes para averiguar sus inquietudes relativas al servicio. Un equipo de especialistas se dedica a hacer contacto con los clientes por iniciativa propia y el programa ha sido muy exitoso. Los representantes tienen la oportunidad de revelar preguntas sin formular, educar a los clientes sobre cómo obtener un mayor significado de su servicio telefónico, e investigar inquietudes y quejas sobre el servicio.

No desperdicie la oportunidad de establecer un diálogo activo con sus clientes. Anímelos a que le cuenten sus quejas, sus ideas para mejorar, y sus sugerencias para nuevos productos.

☞ Escuchar dinámicamente

En ocasiones, los clientes necesitan su ayuda mientras le comparten sus ideas para que los *pueda* escuchar. Yo pienso que esto es *escuchar dinámicamente*. Tiene mucho sentido establecer contacto con los clientes para que usted tenga algo qué escuchar, en lugar de sólo estar satisfecho en silencio.

Ejemplo. Los banqueros se benefician por escuchar dinámicamente.

Durante sus años como ejecutivo de mercadeo principal en un banco regional importante, John Bartholomew comprobó sin lugar a dudas que el *marketing al revés* funciona. Ahora se ha independizado para fundar su propia firma con base en Seattle, TeleMark Financial Group, para ayudar a que otros pongan en práctica los principios del *marketing al revés* en sus propias organizaciones.

El uso que John le dio al *Marketing al revés* en el banco fue diseñado para que causara impacto en varias etapas de las relaciones de los clientes con el banco, de principio a fin. Para comenzar, la gerencia del banco advirtió que los clientes que saldaban sus cuentas y dejaban la institución estaban recortando de manera significativa sus ingresos. Así que el equipo de telemercadeo de John salió con la responsabilidad de llamar a los clientes que recientemente habían saldado sus cuentas. Su meta era persuadir a los clientes a que regresaran. Pero, mientras que los representantes fueron capaces, por lo general, de averiguar en primer lugar, por qué los clientes habían cerrado sus cuentas, no tuvieron mucho éxito en hacer que volvieran a abrirlas. La razón resultó evidente. Llamaron cuando ya era demasiado tarde.

Cuando el banco tomó nota de que los clientes se habían ido, ya habían sido acogidos con afectividad por otro banco y no estaban dispuestos a cambiar de opinión otra vez. Habían cambiado el primer banco por buenas razones, y por lo general estuvieron listos a explicar sus razones cuando el representante telefónico llamaba a preguntar.

Cuando los representantes sondeaban para averiguar por qué habían dejado el banco, estos clientes dieron información de provecho, nada de la cual los cogió totalmente por sorpresa. La mayor parte del tiempo los clientes se quejaron de incidentes que implicaban mal servicio o precios no muy competitivos, como altas tasas por cheques devueltos. Algunas veces ofrecieron sugerencias para mejoras que el banco ya estaba en capacidad de poner en marcha. Por ejemplo, los ex clientes mencionaron con frecuencia que no habían sido tratados de manera personal y que hubieran preferido una relación con un "banquero personal". Por ejemplo, si su cuenta tenía un saldo de 10,000 dólares, le asignaban un banquero personal así usted lo deseara o no. Ésta no fue la mejor aproximación. Algunos clientes tenían grandes préstamos, así como depósitos considerables en otro banco; pero como tenían saldos pequeños en sus cuentas de ahorros, no eran tenidos en cuenta para que se les asignara un banquero personal. La información obtenida del programa de llamadas de John mostró que estos clientes podrían inducirse a trasladar más fondos al banco de John si se les ofreciera una relación de banquero personal. En consecuencia, el banco comenzó a ampliar el criterio de asignar banqueros personales para incluir negocios potenciales del cliente y su propia solicitud de mayor atención.

Sin embargo, el hallazgo más importante de las llamadas, fue que esperar a que un cliente saldara su cuenta era esperar demasiado. Para tener algún éxito en salvar cuentas, el banco tendría que descubrir a los clientes descontentos con mayor rapidez. El siguiente paso más lógico fue identificar los factores que en general llevan o predicen la intención que tiene un cliente de dejar el banco para que el gerente resuelva a quién llamar *antes* de que salde la cuenta.

Cuando las cuentas se saldan en cualquier banco, éstas se categorizan ya sea como cierres *voluntarios* o como *involuntarios*. La primera categoría se refiere a clientes que decidieron irse por su cuenta, y la segunda se refiere a los clientes que el banco no desea, casi siempre por una persistente situación de sobregiro. El equipo de John descubrió que un amplio porcentaje de cierres involuntarios había comenzado en realidad siendo voluntarios. Por diversas razones, los clientes habían "terminado mentalmente sus relaciones bancarias", como lo expresaba John, y habían llevado su negocio a otra parte. Aunque ellos no habían cerrado del todo sus cuentas antiguas en el primer banco, habían abierto nuevas en otro sitio y dejaban que su saldo se disminuyera en el primero, lo que con frecuencia dejaba una fila de cheques devueltos o de notas débito por servicios.

Puesto que los cierres involuntarios con frecuencia eran el resultado de estas decisiones voluntarias, el banco decidió concentrarse en determinar qué clase de cliente estaba en riesgo de cerrar una cuenta de forma voluntaria. El factor que se identificó más fácilmente fue una cuenta en situación de sobregiro. La política del banco, entonces, fue cerrar de manera automática las cuentas con saldo negativo durante 21 días desde el comienzo del sobregiro. En lugar de aceptar sólo la suposición tradicional de que éstos eran malos clientes y proceder automáticamente con la cancelación de las cuentas, el equipo de John salió a llamar a todos los clientes sobregirados a los 14 días exactos, para que pudieran averiguar qué era lo que estaba sucediendo.

Con gran frecuencia el equipo de directores de ventas telefónicas se enteró de que habían hecho contacto con clientes buenos y fieles que quedaron totalmente sorprendidos cuando les informaron de su situación de sobregiro. Por una u otra razón, no habían tomado nota o actuado sobre las notificaciones del banco enviadas por correo, informándoles de la situación de sobregiro. Algunos habían regresado de unas vacaciones prolongadas; otros simplemente habían descuidado su correo. Algunos eran personas entradas en años y no entendían lo que las notificaciones significaban. La mayoría de los clientes a los que telefoneó el equipo de John, quedaron muy agradecidos por la llamada y actuaron con rapidez para poner las cosas en orden.

(Ya se imaginarán cómo reaccionaron tales clientes cuando el banco cerró sus cuentas sin molestarse en hablar con ellos primero. Cuando clientes de larga permanencia –gente que en algunos casos había permanecido hasta 30 años sin que le hubieran devuelto un sólo cheque– se encontraron con que su banco de un momento a otro les había cerrado la puerta, se sintieron muy disgustados y con toda la razón. No es de extrañar que se hubieran retirado y llevado su negocio a otra parte y se sintieran indignados y hostiles hacia su banco anterior).

Una lección importante fue que los mejores resultados llegaron cuando el personal de telemercadeo llamó a los clientes sobregirados e iniciaron con la actitud acertada de que el banco quería ayudar y no la de advertirles o castigarlos. Con frecuencia, después de que habían revisado el manejo de la cuenta de cada cliente y discutido las razones de los sobregiros, se aclaró que, en primer lugar, a los clientes les habían vendido el tipo de cuenta equivocado. Algunas personas están más cómodas manejando sus asuntos personales primero con base en efectivo y están en mejores condiciones con una cuenta de ahorros ligada a una tarjeta ATM para retiros en efectivo, en lugar de usar una cuenta corriente convencional. Otros que simplemente no saben llevar la chequera de manera apropiada, aprecian tener instrucciones sencillas y claras de cómo hacerlo. Una vez que lo aprenden en la mejor forma, no vuelven a sobregirarse.

Complacido con los éxitos de su equipo, John amplió el rango de sus actividades y comenzó a hacer llamadas de "Bienvenidos a bordo" a los clientes más nuevos del banco. Su interés era consolidar las relaciones y contestar preguntas que habían surgido después de que los clientes habían comenzado a usar sus cuentas nuevas. El personal que hizo las llamadas verificó y se aseguró de que los clientes habían recibido sus cheques personalizados, revisó que estuvieran correctos e indagó por preguntas no formuladas sobre los servicios del banco. Entre el 10% y el 20% de los nuevos clientes entrevistados tenían preguntas. Si sus preguntas no hubieran sido formuladas y contestadas, esos clientes no habrían sido capaces de utilizar ni de beneficiarse de todos los servicios del banco. Muchos de estos clientes que al inicio parecían renuentes a formular sus preguntas, quizá temiendo que parecieran estúpidas, estuvieron mucho más deseosos de discutir su confusión con el representante telefónico que con el personal de la sucursal. Con frecuencia, los clientes no le preguntaban al personal de la sucursal cuando fueron a abrir su cuenta porque las preguntas sólo se les ocurrieron después de estar usando los servicios del nuevo banco por algunas semanas.

Una simple pregunta le proporcionó al banco una retribución enorme. Cuando el equipo de telemercadeo revisó sus documentos y descubrió que uno de los clientes nuevos no había firmado la tarjeta de crédito correspondiente a su cuenta, se ofrecieron a completar su solicitud por teléfono. La tarjeta no había sido clasificada como crédito nuevo, sino que se describió como una característica adicional de la cuenta corriente que ofrecía salvoconducto de sobregiro. Cerca del 30% de quienes aún no tenía tarjeta de crédito, estuvo de acuerdo en solicitar una. La generación de solicitudes de tarjetas nuevas por *sí sola* justificaba con amplitud el coste total del programa de llamadas. Y, por supuesto, las cuentas de las tarjetas de crédito también contribuyeron a una más prolongada y más rentable relación entre el banco y sus nuevos clientes.

Durante la adquisición y fusión, el equipo de John se dedicó a llamar a todos los clientes nuevos que involuntariamente habían llegado al banco por la vía de una adquisición. En efecto, alrededor del 10% tuvieron interrogantes o preocupaciones que su paquete de correo poco claro, "Bienvenido a bordo" no había contestado. Los representantes de John pudieron retener el 4% que indicaron que tenían la intención de dejar el banco nuevo y abrir su cuenta en alguna otra parte. Con una contribución promedio en las utilidades anuales de 200 a 300 dólares por cuenta doméstica, bien valió la pena llamar a 100 clientes adquiridos para lograr retener a cuatro de ellos. Esos 100 contactos pudieron salvar cuatro relaciones que valían cerca de 1,000 dólares de utilidad para el banco. Usted podría pensar que una tasa de retorno promedio de cerca de 10 dólares por contacto (1,000 dólares de utilidad por 100 llamadas) podría no valer la pena, pero tenga en cuenta que esas son sólo las utilidades anuales del *primer año*. Si los clientes conservados fueran tratados bien y mantuvieran sus cuentas durante siete años, la contribución promedio de utilidades sería de 70 dólares por contacto.

Sólo dos décimas partes del 1% de los clientes a los que se llamó, mencionaron que no deseaban ser telefoneados. La abrumadora mayoría se mostró satisfecha y apreció que el banco los hubiera llamado. El equipo de gerencia principal del banco calculó que salvando sólo el 5% de sus clientes podrían aumentarse las utilidades en un 100%.

¿Qué puede aprender usted de este ejemplo? La experiencia de John les enseñó a él y a su banco cantidad de lecciones que usted también puede usar en su propia empresa:

- Los clientes no se molestan cuando el objetivo de la llamada es fortalecer su relación. De hecho, la inmensa mayoría agradece la atención.

- Sus clientes probablemente tienen preguntas e inquietudes que todavía no han expresado. Éstos, con frecuencia, prefieren discutirlas más por teléfono que frente a frente. Si usted simplemente llama y les pregunta, la mayoría le contará cuáles son sus inquietudes. Si usted no pregunta, su problema sin resolver debilitará sus relaciones con ellos.

- Telefonear para dar la bienvenida a bordo a los clientes nuevos consolida sus relaciones y le proporciona a usted una oportunidad de descubrir interrogantes no expresados. En gran medida, la llamada de bienvenida también le ofrece la oportunidad de aumentar de inmediato las ventajas de la relación con el aumento de las ventas, como lo experimentó el banco con su oferta de las tarjetas de crédito.

- Gran parte de los cierres involuntarios originan cierres voluntarios. Algunos de sus clientes cuyas cuentas están con sobregiro no autorizado le están tratando de decir algo. Ellos desearían que usted les preguntara y que escuchara.

- Vale la pena buscar los clientes cuya cuenta tiene problemas, y cuanto *más pronto, mejor*.

Ejemplo. AEI Music Network escucha entre líneas.

La próxima vez que esté en un restaurante de comida rápida, escuche. ¿Oye esa música? Quizá llegue vía satélite, y la historia de cómo llega hasta allí es un ejemplo perfecto de *marketing al revés* en acción. Probablemente haya oído hablar de Musak, pero puede que no sepa nada de AEI Music Network, Inc. AEI Music, el más grande contratista de diseño e instalación de sistemas de sonido de los Estados Unidos, es una compañía de 50 millones de dólares que proporciona la música ambiental a clientes como Marriot Hotels, The Limited, United Airlines, Jack in the Box, y aun el avión presidencial, y una bien conocida cadena nacional de restaurantes de comida rápida.

El hecho de que usted esté oyendo música de alta calidad mientras almuerza es el testimonio de la persistencia, personalidad, paciencia y perspicacia de Charlotte Wintermann, la ejecutiva de cuentas nacionales de AEI Music. Ella me contó toda la historia de la cadena de restaurantes, que involucra una de las más difíciles situaciones de mercadeo que cualquier profesional de ventas pudo haber tenido alguna vez: la cortina de humo. Los profesionales de ventas la encuentran a toda hora, pero muy pocos aún se dan cuenta que están atrapados en ella, y muchos menos tienen la perseverancia de soplar para quitarse el humo de encima y llegar al meollo del problema.

La historia de Charlotte comienza en 1990, cuando la dirección de AEI comenzó a preocuparse por la tasa de volumen de negocios de la compañía. AEI había crecido desmesuradamente durante los decenios de 1970 y 1980, con tantos clientes nuevos que pasaban el umbral, que la gerencia no había prestado mucha atención por iniciativa propia a la tasa de cancelación. Pero cuando la inundación de nuevos negocios comenzó a estabilizarse, dos de los vicepresidentes de AEI Music decidieron enfrentar la situación de manera directa. Calcularon que cerca de un 12% de sus clientes estaban cancelando su servicio de música todos los años, y que esa cifra era más alta que el nivel de nuevas ventas. Naturalmente el equipo de gerencia observó hacia dónde los llevaba la nueva tendencia. Seleccionaron a Charlotte, como gerente de retención de cuentas, para que tratara por iniciativa propia los problemas que pudieran haber inducido a cualquier cliente a solicitar la cancelación de su servicio.

Charlotte se convirtió en la persona a quien enviaban todos los clientes que querían hacerlo. Su trabajo consistía en retirar todas las trabas para salvar las cuentas y también averiguar por qué los clientes estaban cancelando para que así. AEI pudiera enfrentarse a cualesquiera deficiencias que pudieran estar desterrándolos o enviándolos a la competencia.

Durante 1991 ella manejó alrededor de 1,000 clientes que querían cancelar el servicio, y tuvo éxito en retener cerca del 75% de ellos. La mayoría de los otros cancelaron por razones fuera de su control, como cierre de negocios o quiebras. Un pequeño almacén de misceláneas con un sistema sobre la edificación o un sistema de satélite, podría facturarse entre 39 y 130 dólares mensuales, dependiendo del servicio suministrado y del equipo de audio instalado. Una aerolínea nacional grande o una cadena de hoteles que reciban música vía satélite en varias localidades tendrían facturaciones de varios miles de dólares mensualmente. En otras palabras, valía la pena investigar y perseguir muchas de las cuentas.

Uno de los clientes cancelados manejado por Charlotte era un nuevo propietario de una cadena de restaurantes de comida rápida. Aunque pequeña, la cadena estaba creciendo rápidamente. Charlotte todavía continuaba recibiendo noticias de la oficina principal acerca de cierres en otros lugares de la cadena, como si los restaurantes individuales tuvieran dificultades para permanecer abiertos. Cada vez que recibía una noticia, significaba que AEI perdía otro cliente pequeño. Eso no tenía mucho sentido. Si la cadena estaba creciendo, ¿por qué estaban cerrando tantos restaurantes? Entonces Charlotte comenzó a llamar a los gerentes en las diferentes localidades. Y, ¿sabe qué? Continuaron contestando que los restaurantes realmente no estaban cerrando, estaban más bien cambiándose a un sistema de música difundida por satélite de un competidor, en lugar de permanecer con el sistema de reparto de cinta que utilizaba AEI o convirtiéndose al sistema de satélite de AEI Music.

Por alguna razón, con frecuencia, los clientes son reacios a decir la verdadera razón por la que cierran sus cuentas. Quizá les parece difícil explicar y justificar su decisión de irse con un competidor, así que sólo maquillan un motivo que les parece que evitará la averiguación. La gerencia de las oficinas principales de la cadena no le había contado a Charlotte la verdadera historia.

Finalmente, decidida a detener el éxodo, Charlotte le siguió las huellas al gerente de compras, Jerry, quien era el encargado de la oficina corporativa de la cadena con la responsabilidad de aprobar los contratos de música para las localidades individuales. Sin acusarlo de estar mintiendo, ella le preguntó con aparente ingenuidad qué estaba pasando. Él no dijo que los restaurantes estuvieran cerrando en realidad, pero le mencionó muchas otras razones de por qué estaban cancelando el contrato con AEI: "Nunca recibimos nuestra música a tiempo". "Su gente permanentemente cambia, y nunca podemos saber quién maneja nuestra cuenta". "Siempre nos envían la música equivocada".

Charlotte sabía que estas razones no eran ciertas. AEI Music es líder de la calidad en su campo, y su departamento de servicio al cliente hace un trabajo maravilloso en el manejo de los temas de servicios al cliente. No existían registros de llamadas de reclamo de Jerry; él no había hecho ningún contacto, excepto para enviar esas noticias de cierre para diferentes localidades de restaurante tras restaurante. Cuando quiera que ella le preguntaba cómo estaban las cosas o si ella le podría colaborar en alguna forma, Jerry siempre respondía: "Todo está muy bien".

Charlotte tenía la clara sensación de que estaba frente a una cortina de humo. No le estaban diciendo la verdad. Cada vez que Jerry justificaba sus cancelaciones con una disculpa, ella la enfrentaba directamente y ofrecía su garantía personal de que el problema, aun si fuera cierto que había sucedido en el pasado, nunca volvería a pasar. Jerry no se daba por enterado. Él seguía cancelando localidades individuales.

Charlotte sabía que había otro factor que le estaba evitando llegar al fondo del asunto.

Al final de cuentas, después de más de un año de tratar de determinar cuál era la verdadera razón que tenía Jerry, se dio cuenta de que su falta de voluntad para trabajar con ella se basaba en una situación pasada, antes de que Jerry se hubiera ido a trabajar para la cadena. En el pasado, él había querido ser agente vendedor del sistema de sonido AEI. Como AEI trata de forma directa con vendedores mayoristas, no necesitaban comprar equipo a través de Jerry. Años después, parecía que ésta era la razón principal para la táctica de la cortina de humo de Jerry. Estaba vengándose de AEI por haber rechazado su propuesta años atrás.

El instinto de Charlotte la hizo darse cuenta de que no había una forma racional de tratar con la enemistad de Jerry, así que cambió el rumbo y comenzó a desarrollar una relación con otra de las agentes de compras, Jessica. Charlotte comenzó todo desde el principio, tratando a Jessica como si fuera un cliente nuevo. Hizo todo lo que pudo para trabar una relación amistosa. Para describir sus esfuerzos, ella dice:

> En toda conversación que tenía con Jessica, terminaba con una nota personal, bien mencionando algo sobre mí en relación con algo que Jessica había dicho, o haciendo un comentario personal que tuviera que ver con los planes para el fin de semana, etc. Yo también le preguntaba siempre algo para avanzar un poco en determinar cómo funcionaba el proceso de la toma de decisiones en su organización. Le preguntaba quién autorizaba las decisiones sobre varios aspectos operacionales y trataba de identificar cualquier otra persona que pudiera estar involucrado. Mi objetivo era colocar a Jessica dentro de la estructura para determinar su nivel de influencia, ganar su confianza y desarrollar un aliado que tuviera interés en crear la mejor solución de música para el negocio.

La conquista de Jessica por Charlotte tuvo éxito. Después de un arduo trabajo para crear la relación, responder las inquietudes y evitar a Jerry sin crear enemistad, por fin dejó de recibir noticias del cierre de nuevas localidades. Ahora, AEI Music ha instalado con gran éxito su sistema de difusión de música por satélite para los restaurantes. Desde entonces la cadena ha crecido hasta llegar a 200 localidades y el negocio vale ahora varios miles de dólares mensuales.

¿Qué puede aprender usted de este ejemplo? El programa de mercadeo de AEI y la actitud de Charlotte ofrecen muchas lecciones para las compañías que desean conservar las relaciones con sus clientes:

- *Oiga y ponga atención.* El factor más importante fue el reconocimiento de la gerencia de AEI de que la cancelación de clientes los estaba perjudicando, y su decisión subsecuente de hacer algo al respecto. Aun si la tasa de cancelaciones hubiera sido menor que el flujo de llegada de nuevos clientes, estarían perdiendo por razón de los altos costos asociados con las ganancias sobre cuentas nuevas de remplazo. AEI ha calculado que les costaba cuatro veces más conseguir un cliente nuevo que conservar un cliente ya existente.

- *Haga responsable a alguien.* Es muy fácil de decir: "Debemos hacer que alguien examine estas cancelaciones y trate de detenerlas". Pero nada sucede a menos que una persona o un equipo de dirección se responsabilice personalmente de cambiar las cosas. En el caso de AEI, toda la organización se dedicó a darle vueltas a este tipo de situaciones, pero sólo lo hizo Charlotte, quien tenía un interés personal en su ejecución. Ella fue responsable. Afortunadamente, el equipo de gerencia de AEI tuvo el buen sentido de escoger la clase de persona apropiada para ese trabajo.

- *Sea desconfiado*. No quiero decir que sospeche que la gente está mintiéndole, pero piense que usted no siempre está oyendo o viendo el panorama completo. Esto es lo que Charlotte hizo cuando la creciente cadena de restaurantes pareció estar experimentando una alta tasa de cancelaciones. No tenía sentido.

- *Evite juicios y acusaciones*. Si Charlotte hubiera dicho: "Jerry, yo no creo que esas sean las verdaderas razones para que usted continúe cancelando nuestros servicios, y sé con seguridad que los restaurantes que usted dice están cerrando, realmente están todavía abiertos", él le hubiera dado con la puerta en la cara. Pero su interés estaba en el objetivo final deseado: averiguar qué estaba pasando en realidad y crear una situación satisfactoria mutua. Ella no había salido a desacreditar a su cliente, a pesar de que sabía que no estaba diciendo la verdad.

- *Sea persistente e infatigable*. Todo el proceso de recuperar la cuenta de este cliente tomó dos años y medio. ¿Valió la pena? No si se piensa en un mes de facturación para una de las 40 localidades originales de la cadena que se afectaron cuando Charlotte entró en el juego. Pero ella estaba pensando en la cuenta *potencial*: el valor total de la facturación de más de 200 localidades durante el curso de cinco años (la duración típica de la vida de un cliente de AEI) es mucho más de medio millón de dólares. *Eso* vale la pena.

- *Disfrute lo que esté haciendo*. Mientras yo entrevistaba a Charlotte, quedaba claro que a ella le gustaba llegar a la verdad. Consideró la situación como un reto y se levantó para hacerle frente. En ningún momento le pareció que fuera un estorbo lidiar con la cortina de humo de Jerry. La gerencia de AEI había seleccionado a alguien a quien le encantaba tratar con los clientes que querían cancelar y manejar sus objeciones. (Justo después de nuestra entrevista, Charlotte me envió un fax que decía: "Se me olvidó

contarle del cliente que gritó y juró durante 20 minutos sobre un malentendido en el servicio –en italiano, entienda– pero que aún llama, como cliente
de AEI muy satisfecho, a preguntarme cuándo iré a Chicago para invitarme
a almorzar a su establecimiento").

☞ El valor de los "Informes de excepción"

Uno de los sistemas más efectivos para evitar que las relaciones de los clientes
pasen desapercibidas, es lo que yo llamo *informe de excepciones*. Éste se
refiere a los métodos por medio de los cuales los gerentes de mercadeo pueden
tomar conciencia de los clientes cuyo comportamiento está comenzando a
desviarse de su patrón normal de compras.

Si normalmente le hago un pedido a Quill Office Supplies cada cuatro o
seis semanas y por alguna razón no le hago ningún pedido por diez semanas,
Quill debería preocuparse. Quizá nada esté mal. Puede ser que yo haya ordenado tantos suministros en los últimos días que el almacén esté lleno y no necesite
nada. Pero puede que sea otra cosa. Quizá un competidor está cortejándome.
Puede ser que yo esté descontento por un problema con el despacho del último
pedido. Podría ser sólo que yo me haya vuelto indiferente. En cualquier caso,
la relación con un cliente es un valioso activo, uno del que bien vale la pena
agarrarse. Usted tiene que tener alguna manera de advertir cuándo comienza
a desaparecer.

Recientemente interrumpí mi frecuencia normal con Quill porque me llegó
un catálogo, que yo no había solicitado, de uno de sus competidores, Misco.
Qué diablos, pensé. Sus mercancías y precios parecían más o menos lo mismo,
así que las voy a ensayar. Yo no tenía fidelidad o relación alguna con Quill.
Cuando llegó el pedido, quedé satisfecho con el servicio de Misco y los suministros estaban muy bien, pero yo no planeaba desarrollar en particular ninguna
fidelidad.

Pocas semanas después de mi primer pedido a Misco, recibí una carta de
su presidente, Terence Jukes, que entre otras cosas decía:

> Si hay algo que nos guste más que atender nuevos clientes, es que nos
> den la oportunidad de atenderlos de nuevo. No sé por qué no hemos

oído de usted antes, pero sí sé esto: queremos que vuelva, y para animarlo a pedirle a Misco de nuevo, tengo una oferta muy especial.

La carta continuó ofreciéndome 50 dólares de crédito sobre cualquier pedido de más de 150 dólares que yo colocara dentro del siguiente mes. El reverso de la carta era un formulario sencillo de información solicitándome que calificara los precios de Misco, la cortesía, la calidad, etc. Estaba diseñado para ser devuelto por fax de inmediato y me daba también la opción de solicitar que un empleado de Misco me devolviera una llamada para tratar algunos de mis comentarios. Su atención les significó que les repitiera el pedido.

La Federal Express tiene un gran sistema para el manejo de informes de excepción. No sólo sus computadores están inspeccionando con frecuencia los cambios en la actividad de las cuentas de los clientes, sus mensajeros también lo hacen. Cuando un conductor de la Fed Ex observa que un cliente envía muchos paquetes por UPS, por ejemplo, pone sobre aviso a su departamento de ventas para que puedan averiguar lo que sucede y le den un poco de atención adicional al cliente. Esto me sucedió hace poco cuando uno de los agentes telefónicos de Fed Ex notó un descenso regular en mi actividad de despachos mientras me preparaba una camioneta de carga. Cortésmente, ella me preguntó cómo estaba cambiando mi empresa. Yo expliqué que mis clientes pagaban los costos del transporte de los libros, equipos de sonido y videos que ellos pedían a mi oficina, y que no me parecía bien cobrarles los precios altos de Fed Ex para acarreos que no eran urgentes. Yo cambié mi política de acarreos para que los pedidos de rutina se fueran por el económico segundo día de servicio aéreo de United Parcel Service.

Una semana después, Dawn Taylor me telefoneó y se me presentó como la representante de ventas de Fed Ex, a cargo de mi territorio. Me ofreció pasar por mi oficina, conocerme, y tomarse el tiempo necesario hasta estar segura de que yo estaba utilizando el mejor plan de precios que podía tener con Fed Ex. Cuando ella llegó, estaba claramente consciente de que yo había cambiado algunas de mis lealtades con UPS, y de inmediato se dedicó a reconquistarme. En efecto, me explicó cómo Fed Ex podría ser menos costoso que UPS si yo consolidaba mi actividad de despachos y me beneficiaba de los descuentos por volumen. Gracias a Dawn, de nuevo comencé a despachar vía Fed Ex.

Avon Cosmetics tiene 110,000 mujeres en ventas puerta a puerta en Alemania. La gerencia allá, descubrió que un 20% de ellas desistían y suspendían los pedidos de productos en algún mes. Puesto que las vendedoras independientes de Avon son, en efecto, sus clientes, la compañía, ahora, llama a las que no han colocado su pedido dentro de los cinco días posteriores al cierre de cada periodo de pedidos. Como resultado, la caída mensual del 20% se ha bajado al 8%, una mejora que vale 3.4 millones de dólares en ingresos.

☞ Escuchar el silencio

Casi que usted puede escuchar el silencio en sus relaciones típicas con los clientes. Fracasar en organizar y nutrir un diálogo de dos vías ya existente con los clientes, perjudica el éxito de su firma. Puedo decir esto con confianza porque es muy raro que una organización tenga *demasiado* contacto con sus clientes. Tal como lo hemos visto, los clientes reaccionan consistentemente de forma positiva al aumento de contacto personal en una organización. Tienen mucho que contarnos y sólo nos pueden ayudar, si los dejamos. Usted encontrará muchas otras estrategias para desarrollar este diálogo benéfico en los capítulos 4, 5 y 6.

☞ ¿Qué puede aprender usted de este capítulo?

• La mayoría de los clientes que suspenden sus negocios con una compañía parten en silencio y simplemente dejan de comprar. En forma colectiva, ellos le cuestan a la empresa mucho más que los pocos que se quejan y causan un alboroto.

• Pocas compañías tienen un sistema efectivo para detectar retiros silenciosos. Están demasiado ocupadas tratando con los quejumbrosos y con los deudores morosos.

• La razón principal para que los clientes suspendan sus negocios con cualquier compañía es por que se sienten descuidados. A los clientes les gusta una mayor atención.

- Malograr una búsqueda activa de la opinión e información de los clientes es torpe y costoso.

- Muchas organizaciones sencillamente suprimen los clientes inactivos, sin tomarse la molestia de preguntar por qué no volvieron a hacer pedido. Con esta actitud, están pasando por alto una oportunidad muy valiosa para generar de nuevo esas relaciones.

- Es muy fácil y bastante rentable poner en práctica un sistema que identifique cualquier cliente cuya actividad de cuenta haya declinado o cesado y alerte a los vendedores para restablecer el contacto antes de que sea muy tarde.

- Una falla de la organización en buscar la información del cliente sobre mejora de productos, dificultades menores en los procesos, movimientos de la competencia, nuevos productos y quejas descuidadas pueden causar enormes costos de oportunidad.

- Esperar hasta que un cliente cierre la cuenta, antes de ponerle más atención, es esperar demasiado.

- Una vez que su compañía establece indicadores, que sugieren que un cliente está a punto de desertar, es muy probable que un porcentaje significativo de las cuentas vulnerables puedan salvarse, si se actúa con prontitud, cuanto más pronto, mejor.

- La mejor forma de asegurar que los clientes no se alejen sin ser notados es hacer a alguien responsable de reconquistarlos.

- Una de las rutas más rentables que una compañía puede tomar es instituir procedimientos para los informes de excepción que señalen las cuentas con actividad menguada y una atención remedial directa.

☞ Resumen de lo que usted puede hacer *ahora*

- Calcule cuán cerca está usted de darles *demasiada* atención a sus clientes. Si no está muy cerca, comience a explorar en qué forma puede fortalecer esas deterioradas relaciones.

- Si usted usa un sistema de encuestas de información, evalúe críticamente los formatos y determine si éstos alientan los comentarios tanto positivos como *negativos*.

- Evalúe con cuidado cualquier política de compensación que ligue las recompensas a la calificación de la calidad de los clientes. ¿Se pueden presentar incentivos para que sus empleados manipulen los resultados en su propio beneficio?

- Averigüe si en la actualidad usted recibe alguna forma de informe "para eliminarse", que señale a los clientes inactivos. No escoja la eliminación automática hasta que usted no haya hecho contacto con suficientes clientes de cero dólares para determinar si de verdad no tienen ningún potencial.

- Cuestione la forma en que usted ha procedido, cuando se trata de limpiar la base de datos de la compañía y eliminar los clientes que parecieran no ser rentables.

- Haga más sencillo para sus clientes el suministrarle su información con base en 24 horas, incluyendo la disponibilidad de una línea telefónica de sugerencias tarde en la noche, con correo verbal o contestador automático.

- Evite hacer preguntas sencillas de "Sí" o "No" cuando esté buscando información de los clientes. Pregunte *cómo* puede mejorar y no *si* usted puede mejorar.

- Hágales más fácil a sus clientes quejarse, y extiéndales la mano preguntándoles por qué razón están insatisfechos.

- Lance una campaña de llamadas telefónicas por iniciativa propia y haga la crónica de la clasificación de sus clientes sobre su calidad. Luego compárelas con un grupo de control que no reciba llamadas por iniciativa propia.

- Busque la conexión entre los cierres de cuentas voluntarias e involuntarias entre sus clientes. ¿Es posible que los que usted eliminó querían salirse en primer lugar? ¿Qué puede hacer para evitarlo?

- No deje que los clientes se escapen en silencio y sin advertencia; déle a una persona la responsabilidad final de rastrear y detener el cierre de cuentas.

- Busque miembros del personal directivo que sean especialmente intuitivos para oír entre líneas cuando los clientes explican sus cancelaciones.

- Hable con su departamento de sistema de información de marketing (SIM) y comprométalo para instituir un sistema de informes de excepciones que lo ponga sobre aviso cuando las cuentas muestren un cambio de actividad poco común.

Mantener a los clientes en la banda transportadora

Primero, verifique que se hayan suavizado las protuberancias de su banda transportadora, y corregido las deficiencias de servicio y de calidad que han estado ahuyentándole los clientes. Después, preste mayor atención a los clientes que aún quedan en su banda transportadora. Ahora mismo, algunas lealtades están vacilando. Otros tienen nuevas necesidades que no se han satisfecho porque usted no las conoce. La mayoría de ellos no reciben noticias suyas con frecuencia y probablemente sospechen que usted no aprecia sus empresas.

Los clientes que ya están en la banda transportadora de sus relaciones son activos valiosos, y pueden representar valores muy notables para toda la vida. Usted puede beneficiarse del valor de dichas relaciones con sólo emplear las estrategias esbozadas en esta sección.

Emprenda una acción decisiva para consolidar las actuales relaciones con sus clientes, y averigüe lo que sus clientes desean y necesitan de usted. Sobre todo, permanezca en contacto con ellos. El momento de comenzar es ahora mismo. No espere hasta estar seguro de que todos los planes de la parte 1 que ya comenzó estén muy adelantados. Se requiere cierto tiempo para suavizar las asperezas de su banda transportadora. Mientras tanto, asegúrese de que sus relaciones actuales se estén fortaleciendo. Siga los ejemplos del Airborne Express, del Washington Mutual Savings Bank, de la IBM, y de las otras compañías sobre las que leerá en los tres capítulos que siguen.

Busque maximizar la rentabilidad de sus relaciones con los clientes actuales, haciendo todo lo posible para conservarlos sobre su banda transportadora.

Conozca a su cliente

En "Escuchar el silencio", del capítulo 3, nos centramos en el análisis de los clientes que se habían caído de la banda transportadora de las relaciones o que estaban tambaleándose en el borde. Cuando se rompan las relaciones y usted procure averiguar qué salió mal, se enterará de que con frecuencia el silencio fue el culpable. Relaciones activas y en curso, empero, pueden sufrir también de falta de comunicación. Puesto que no estamos prestando atención a los clientes que todavía nos compran, y que aún están en la banda transportadora, vamos a ver cómo podemos incrementar y mejorar el diálogo con las relaciones actuales de modo que podamos hacerlas más vitales, duraderas y rentables.

Mientras usted procura recuperar muchas relaciones perdidas con clientes que han dejado de comprarle, puede obtener algunas buenas ideas sobre los problemas más evidentes que han ahuyentado a algunos de sus clientes antiguos. Probablemente usted no se haya enterado de las molestias menos dramáticas que pueden estar irritando a sus actuales clientes. Acumulativamente, pueden producir la pérdida de algunas cuentas; individualmente, pueden entorpecer la maximización de las relaciones con los clientes. Volviendo a pensar en la analogía de la banda transportadora, lo que usted realmente busca y necesita son clientes que estén concentrados justo en la mitad de la banda. Usted quiere compradores que van a quedarse con usted y cuya lealtad esté garantizada.

☞ Iniciar bien nuevas relaciones

Las opiniones que tienen los clientes de los proveedores son de *intención velada*, es decir, que lo que sucede en las primeras etapas de la relación tiene un peso desproporcionado en la formación de dichas opiniones. Es sumamente importante iniciar las relaciones nuevas con el pie derecho.

Una de las técnicas más efectivas es el contacto de bienvenido a bordo. Muchas compañías envían cartas después de que los clientes hacen sus primeros pedidos, y ciertamente es un paso en la dirección debida. Sin embargo, si usted pretende crear una relación fuerte, *personal*, entonces necesitará un mayor contacto personal. Una llamada telefónica constituye un impacto de bienvenido a bordo mucho más positivo y efectivo, y también le ofrece la oportunidad de hacer preguntas a sus clientes y de contestar las de ellos.

Esa organización maestra en la creación de relaciones que ya he mencionado, la US WEST Cellular, usa una técnica especial en esta primera fase de sus relaciones con el cliente. Cuando alguien se convierte en cliente por primera vez y sale de un almacén Radio Shack con su teléfono portátil en la mano o sale de donde su distribuidor de vehículos con su radio nuevo recién instalado, se siente ansioso de hacer esa primera llamada. Marca el número de su esposa o de un amigo, con la emoción de su primera llamada por el celular. Pero, ¿quién contesta? ¡Un especialista en dar la bienvenida a bordo de US WEST! El equipo de interruptores está programado para que la primera llamada del cliente nuevo sea interceptada y dirigida al centro de llamadas de la compañía con 24 horas de servicio al cliente, y está dirigida en tal forma que la persona que intercepta la llamada sabe que esa es su primera llamada. El representante lo felicita por su compra y lo hace sentir bienvenido. Verifica su número de cuenta, su dirección y todos los pormenores, y aprovecha la oportunidad para tener la seguridad de que se satisfagan las inquietudes que generalmente tienen los clientes nuevos.

Con mucha frecuencia quien llama ha comprado el teléfono al empleado de ventas de un almacén por departamentos o el radio a una tienda de estéreos para automóvil, pero no ha recibido explicaciones de ninguna clase sobre cómo usarlo. El vendedor, ansioso por atender al siguiente cliente (y ganarse otra comisión) tiene muy poco interés en enseñarle cómo funciona el aparato. Sin embargo, el representante de la US WEST Cellular está interesado en la relación de largo plazo, y orientará el cliente en el proceso de hacer y recibir llamadas, y le explicará cómo beneficiarse de las características especiales del teléfono.

La mayor parte de las organizaciones no posee la ventaja de satisfacer y saludar a sus clientes nuevos con tal comodidad electrónica. La mayoría de los clientes nuevos obtiene nuestra atención en una forma más tradicional. Pueden llamar, enviar un fax o poner al correo un pedido en respuesta a un catálogo enviado por correo. O pueden llamar a un número 800 anunciado en sus pantallas de televisión. O que sin darse cuenta, se han convertido en nuevos clientes como resultado de una fusión de la compañía.

Ejemplo. Washington Mutual se fusiona con clientes nuevos.

Generalmente las fusiones y las adquisiciones se consideran como simples transacciones financieras con la única intención de aumentar las utilidades. Lo que muchas organizaciones tardan en reconocer son las enormes oportunidades de mercadeo y los desafíos que se ofrecen cuando dos organizaciones se consolidan.

Una institución que es altamente sensible a las fusiones –y determinada a beneficiarse de ellas– es el Washington Mutual Savings Bank, de Seattle, uno de los principales bancos de ahorro de la nación y el banco independiente más grande del estado de Washington.

Una parte considerable del aumento de clientes del Washington Mutual en las últimas décadas ha provenido de la adquisición de bancos más pequeños. Las relaciones que ha desarrollado con sus clientes una institución que luego ha sido adquirida, son con frecuencia su activo principal, potencialmente mucho más rentables que sus activos en finca raíz u otros activos financieros. Dejar que esos clientes se esfumen es como comprar un collar de perlas y luego dejar que entre el 25 y el 40% de ellas se caigan del collar. El Washington Mutual se ha propuesto conservar tantas perlas como sea posible.

Cuando adquiere otra institución, la meta del Washington Mutual es conservar el 85% de los clientes de la institución más pequeña, aunque el promedio de retención de clientes de la industria cuando un banco adquiere a otro es tan sólo del 60 al 75%. Empleando las técnicas de trabajo en equipo y aplicando las estrategias descritas aquí, el Washington Mutual excede esa meta tan ambiciosa. Cuando se trata de fusiones, los del banco son profesionales. De hecho, una de las campañas de publicidad más exitosas del banco se desarrolló sobre el tema de las fusiones. Se lanzó una campaña publicitaria impresa y radiodifundida hacia los clientes minoristas utilizando el rótulo: "Fusiónese con el Washington Mutual", que invitaba a los clientes de otras instituciones a que cambiaran y se convirtieran en clientes suyos, tanto si su propio banco era objeto de una adquisición o no.

En una situación de fusión, el punto de vista más apropiado que deben adoptar los vendedores es el del cliente adquirido. Si, por ejemplo, en 1993 usted hubiera sido cliente del Pioneer Savings, su propio banco probablemente no lo puso al tanto sobre el cambio que venía respecto de la propiedad del banco, cuando se completó la adquisición por el banco Washington Mutual. Quizás usted se hubiera enterado primero en las noticias de la tarde. Su reacción inmediata hubiera sido preguntarse qué sería de sus cuentas. ¿Qué pasaría con sus cheques marcados que llevaban el logotipo del banco que estaba en proceso de desaparición? ¿Estarían seguros sus CDT, IRA y préstamos? La primera prioridad del Washington Mutual fue poner en sus manos un paquete de bienvenido a bordo. Consistía en una carta del presidente y CEO, Kerry Killinger, explicándole que ahora usted hacía parte de la familia del Washington Mutual. Incluía un folleto general que ofrecía una comparación paso a paso de los tipos de cuentas del Pioneer Savings y de las del Washington Mutual. Se incluían muestras de extractos bancarios, junto con una descripción completa que explicaba qué significaba cada sección, incluyendo la definición de los términos importantes.

El sobre de la carta y el folleto incluían los números telefónicos locales y de larga distancia para que los clientes llamaran sin costo y pudieran obtener las respuestas a sus inquietudes sobre la fusión. Pero el banco no se contentó con eso. El departamento de comunicaciones de la corporación, los grupos de marketing, las sucursales individuales, y el departamento de banco por teléfono trabajaron todos juntos para establecer contacto con los clientes mediante llamadas telefónicas personales.

El tema de la fusión del banco no termina cuando el cliente nuevo es absorbido por la base de clientes del Washington Mutual. La asociación por iniciativa propia –o fusión– con los clientes es el tema del momento, en sus esfuerzos por desarrollar las relaciones.

Hice los arreglos necesarios para entrevistar a Tom Boyd, gerente de operaciones de ventas por teléfono (*telemarketing*) del Washington Mutual en Seattle. Poco después de haber llegado a las oficinas del centro para conocer los secretos del, en extremo exitoso, programa de banco por teléfono, Tom y yo fuimos a buscar a uno de los representantes por teléfono, Ed Duff, quien tenía puesto su equipo telefónico mientras trabajaba en su cubículo. En ese momento estaba dejando un mensaje en el contestador automático de un cliente. Verificando la información de la cuenta que aparecía en la pantalla de su computador, pudimos ver que este cliente en particular tenía un CDT por un valor de 8,600 dólares que había alcanzado su fecha de madurez unos pocos días antes. El registro mostraba que los fondos habían sido trasladados automáticamente a una cuenta en el libro de cuenta y razón, ganando aproximadamente la mitad del interés que el cliente estaba ganando con el CDT.

Piense en el impacto que el mensaje telefónico tuvo en el cliente del banco. La llamada no tenía la intención de venderle algo, sino, más bien, de alertar al cliente de que estaba perdiendo una oportunidad para que sus fondos le rentaran un poco más. De lo contrario, ese cliente hubiera podido suponer por semanas o aun meses que su dinero continuaba rentándole bien, cuando en realidad no lo hacía. La llamada de Ed era una demostración tangible del interés que tenía el Washington Mutual de ayudar a que sus clientes ganaran el valor máximo por los servicios del banco.

La unidad de banco por teléfono genera lealtad en los clientes y buenas utilidades para el banco. Si Ed hubiera encontrado al cliente en lugar del contestador, hubiera indagado por las necesidades de esta persona en particular, y después tomar en cuenta su edad, sus metas de inversión y todo lo demás. Esa llamada telefónica podría haber generado también una inversión anual, puesto que los agentes del banco por teléfono tienen licencia del Estado para vender tales contratos. Los agentes también presentan los clientes a los representantes de entidades afiliadas que tienen licencias que les permite vender fondos mutuos, así como acciones y garantías.

El Washington Mutual ha reconocido que una cuenta corriente es la piedra angular de la relación del cliente con el banco. Es más probable que los clientes que tienen cuentas corrientes conserven una mayor porción de sus empresas en esa institución que si tuvieran sólo préstamos y productos de depósito a término. A los empleados de todo el departamento de banco por teléfono se les han dado incentivos por fortalecer las relaciones con los clientes. Aunque éstas no son comisiones en sí mismas, se les asigna un puntaje por los variados tipos de ventas y servicios, que en últimas pueden llevar al pago de incentivos que llegan hasta el 30% de la compensación individual total.

El Washington Mutual no está interesado solamente en fusionarse con sus *clientes*. La gerencia también considera a los *empleados* del banco adquirido como personas con quienes también desea mantener relaciones. Así, tal como una relación con un cliente se considera como un activo valioso, de la misma manera puede considerarse una relación con los empleados. Los miembros del equipo de ventas al detal del banco adquirido son por lo general empleados por el Washington Mutual, y son llevados a programas de entrenamiento por un año, en el cual aprenden todos los procedimientos sobre el banco, y, lo que es más importante, su sistema de valores.

Uno de los brillantes e importantes enfoques de las relaciones con los clientes (y empleados) del Washington Mutual es el hecho de que cada sucursal se maneja sobre un modelo de rentabilidad. Los representantes individuales de sucursales reciben incentivos por lograr las metas de utilidad, tal como ocurre con los representantes telefónicos. Un representante típico podría recibir un pago de 1,750 dólares mensuales como salario básico, y tener la posibilidad de recibir 750 dólares de compensación adicional por cumplir las metas de utilidad. Los ejemplos de pago de incentivos anuales son de alrededor de 100,000 dólares de ventas que valdrían un punto, que en últimas se convierte en el pago de una comisión de 100 dólares. Menores valores de ventas tienen un valor correspondiente en puntos que se convierten en incentivos de pago. Las nuevas cuentas corrientes se bonifican con 5 dólares de incentivo.

El Washington Mutual utiliza su excelente departamento de investigaciones para ayudar a que sus empleados conozcan a sus clientes. Un proyecto típico es una inspección a las cuentas cerradas. Todos los clientes son encuestados después de que cierran su cuenta y retiran los fondos del Washington Mutual. Esta encuesta se envía por correo cada mes y puede ofrecer una oportunidad valiosa para renovar la relación. El departamento de investigaciones proporciona un perfil a fondo de cada cliente, para dirigirle cartas de mercadeo, que van seguidas por llamadas telefónicas de consulta para tener la seguridad de que los productos actuales que tienen los clientes satisfacen sus necesidades. Se les solicita información adicional para los programas de retención de clientes y desarrollo de productos nuevos. Todos estos esfuerzos son actividades en desarrollo, no un proyecto al azar. Todos han sido diseñados para ayudar a que el Washington Mutual conozca a sus clientes.

Los grupos de atención al cliente y las encuestas de servicio también ayudan a conseguir y mantener la alta tasa de conservación de clientes en el Washington Mutual. "El comprador secreto" resulta de una observación personal de las sucursales y de llamadas al departamento de telemercadeo para clasificar a los empleados según su desempeño en relación con el servicio y los criterios de ventas. Cuando un cliente desea cerrar una cuenta, los empleados muy cortésmente le ayudarán mientras tratan de determinar si ha existido alguna dificultad. Mensualmente se llevan a cabo otras actividades, como encuestas sobre las cuentas cerradas y/o seguimiento mediante llamadas telefónicas a los clientes que recientemente han cerrado sus cuentas. Con frecuencia muchos clientes regresan.

¿Qué puede aprender usted de este ejemplo? Muchos equipos y departamentos diferentes de su organización pueden trabajar hacia la meta de entender y satisfacer las necesidades de sus clientes. Éste no es trabajo de un solo departamento. En el Washington Mutual, las sucursales, los grupos de investigación, de marketing, de comunicaciones y otros comparten esta meta común. Promueva en su organización una fuerza operativa que tenga representantes de todos los departamentos, y sírvase de la sinergia que resulta de un enfoque multipropósito.

Las fusiones y adquisiciones presentan oportunidades particularmente fructíferas de establecer fidelidades tempranas –y prevenir defecciones masivas– por parte de los clientes adquiridos. ¿Para qué comprar un collar de perlas si su intención no es procurar que las perlas no se caigan?

Una de las lecciones más importantes de este ejemplo es que usted no tiene que aceptar los patrones de la industria. Aunque otros bancos alcanzan un promedio de hasta 40% de pérdida de clientes cuando adquieren otra institución, el Washington Mutual decidió que eso no era ni medianamente aceptable.

Descartaron los puntos de referencia de la industria y apuntaron hacia una pérdida de sólo el 15%. Y, estableciendo esa ambiciosa meta y estimulando la cooperación mutua, inclusive la han mejorado. La diferencia de utilidad neta es de varios millones de dólares. En situaciones como ésta no acepte los patrones de su industria.

☞ **Amigos y socios suelen hablar. Entonces, ¿por qué no hacerlo entre compradores y vendedores?**

Ahora, mientras usted lee, seguramente una buena cantidad de sus clientes no están en el centro de su banda transportadora. Es posible que no estén justo en el borde; pero definitivamente están fuera del centro. Aunque pueden continuar comprando, no abrigan un sentimiento de lealtad hacia su organización. Sencillamente, la relación no es tan fuerte como debiera serlo. Si desea conservarlos activamente sobre la banda, debe localizarlos y establecer con ellos un diálogo para averiguar cómo se sienten, en lugar de esperar algún incidente que motive una explosión de ira.

Las relaciones de negocios no son realmente tan diferentes de las relaciones personales. De hecho, siempre son relaciones personales. Ninguna compañía compra de otra *compañía*. Siempre hay por lo menos dos *personas* involucradas. Cuando los matrimonios se marchitan, las parejas buscan consejo; el problema casi siempre se reduce a: "Sencillamente no nos comunicamos más". Las relaciones de compra y venta también necesitan mejorar la comunicación en curso.

Ejemplo. Thorndike Press desarrolla unidad con los bibliotecarios.

Thorndike Press es un editor especializado en libros de tipografía grande para lectores que tienen visión deficiente. Cuando su pequeña compañía en Unity, Maine, fue adquirida por Macmillan, los ejecutivos de Thorndike temieron que pudieran perder su tradicional toque personal con los bibliotecarios y las pocas librerías especializadas que compran libros para los clientes casi ciegos. El editor se preguntaba si algunos de sus compradores habían tenido experiencias negativas con la nueva y mucho más grande casa matriz. Así que comenzaron a llamar a sus compradores para averiguar cómo se sentían con relación a los efectos que pudieran haber tenido los recientes cambios.

Efectivamente, las llamadas sirvieron. No sólo fueron capaces de tranquilizar a sus clientes asegurándoles que Thorndike mantendría su reputación de servicio personalizado de alta calidad, sino que también se enteraron de una pequeña dificultad en los procedimientos de Macmillan que podría haber sacado a los clientes de Thorndike de la banda. Por años, el pequeño editor había incluido con sus libros juegos de ficheros para que los bibliotecarios pudieran ponerlos al día cuando recibieran los despachos. Sin embargo, una vez que Macmillan asumió la función de despachar, las fichas se enviaron separadamente, algunas veces, semanas después que los mismos libros. Pocos bibliotecarios se habían tomado el tiempo o la molestia de llamar a quejarse, pero una vez que los representantes de Thorndike los llamaron para averiguar si había problemas, los libreros se apresuraron a explicar la molesta situación. Las gentes de Unity alertaron rápidamente al personal de despachos de Macmillan, cambiaron los procedimientos, y evitaron una defección masiva de clientes.

¿Qué puede aprender usted de este ejemplo? Aunque es absolutamente seguro que las relaciones con su cliente mejorarán con una comunicación más directa, más personal *en cualquier ocasión*, se dan ciertas épocas importantes en una relación cuando se impone hacerla más cercana. El cambio con frecuencia precipita la duda. Comoquiera que haya cambios que afecten sus relaciones con los clientes, resulta mejor suponer que ellos pueden estarse sintiendo un poco abandonados. Refuerce un poco sus relaciones tomando el teléfono y estableciendo un contacto directo. Formule aquellas preguntas que le faciliten al cliente decirle si existe algo que interfiera con sus relaciones, para que usted pueda dedicarse a mejorarla. *Conozca a su cliente.*

☞ Averigüe lo que sus clientes desean

La razón básica por la cual cualquier relación comprador/vendedor perdura es que los vendedores satisfacen las necesidades de los compradores. Así que, ¿no resulta curioso que los vendedores, a menudo, confíen primero en la conjetura para averiguar exactamente qué necesitan los clientes? Con seguridad, muchos inician varios proyectos a lo largo del camino, pero en su mayor parte las compañías hacen lo que *han* venido haciendo. Funcionan rutinariamente.

Para maximizar las relaciones con los clientes, tenemos que hacer constantemente un mejor trabajo, más completo, para satisfacer las necesidades de los clientes. Por supuesto, la mejor fuente de información sobre sus necesidades son los clientes mismos. Éste es uno de los beneficios primarios de una disciplina relativamente nueva, llamada *relación de marketing*. Con seguridad, yo no soy el primer asesor de marketing que señala la necesidad obvia de establecer y construir un diálogo más estrecho con los clientes.

El problema de los boletines

¿Se lee usted de verdad todos esos boletines que ha venido recibiendo durante los últimos años? Con la llegada de la publicidad de sobremesa y la amplia disponibilidad de programas de computador para despliegue de datos en pantalla, parece como si todo el mundo estuviera produciendo y enviando boletines. Aunque casi todo lo que ayude a establecer una presencia activa de su compañía puede ayudar a fortalecer las relaciones con el cliente, los boletines padecen de un defecto serio: son comunicaciones de una sola vía. Ofrecen poca posibilidad de averiguar qué piensan sus *clientes*.

La mayor parte de los boletines son solamente piezas de autoexaltación de elogios. "¡Miren nuestra nueva fábrica!" "¡Hemos ampliado nuestros servicios de embarque!" "¡Quedamos de terceros en el campeonato de *softball* de la industria!" Lo que a los clientes les interesa de verdad es *ellos mismos*. Los boletines deberían usarse para proponer ideas sobre cómo mejorar sus negocios y su vida. Los artículos deberían centrarse sobre las técnicas para aumentar la rentabilidad, que en ocasiones (pero no necesariamente siempre) involucren los productos y servicios del vendedor. Una vez más, la capacidad de que cualquier boletín pueda estimular la información del cliente y sus preguntas todavía resulta muy limitada. Uno de los mejores boletines que recibo siempre incluye un formato amarillo, tipo fax, diseñado para estimular la información. Es una forma prediseñada para facilitar su uso. Incluye sólo unas pocas preguntas, como "¿qué artículos le gustaría ver en ediciones futuras?" y "¿qué cambios le gustaría ver en la presentación de este boletín?" La forma proporciona un espacio abierto amplio para anotar rápidamente respuestas y hacer preguntas. El número del fax de la compañía está destacado en forma prominente. Se ha diseñado para que el cliente pueda diligenciarlo con mucha facilidad.

Haga contactos personales y escuche entre líneas

Una comunicación de dos vías es lo que se necesita. El envío de boletines o de cualquier otra comunicación de una sola vía no le dirá lo que piensan sus clientes. Si bien puede no ser muy práctico establecer contacto personal con cada cliente, bien vale la pena lograr una muestra aleatoria de ellos, en forma rotativa, para fortalecer esas relaciones e indagar por las necesidades insatisfechas. Algunas veces no es necesario llamarlos porque ellos se le adelantarán. Cuando usted esté en la afortunada situación de tener un cliente que lo busque, lo encuentre y se ponga en contacto con usted, refuerce el tiempo que ya ha invertido en manejar el tema y responda a la solicitud del cliente. Vaya más allá del propósito de la llamada. Esté siempre preparado para hacer preguntas de sondeo adicionales sobre necesidades insatisfechas que su cliente aún no ha expresado.

Ejemplo. CareerTrack escucha para triplicar sus ganancias.

Si usted es como uno cualquiera de los otros 5 millones de personas de negocios, su correo le traerá folletos de seminarios dirigidos por CareerTrack, la compañía líder en seminarios de todo el país, que tiene florecientes operaciones en todo el mundo. Todos los años, CareerTrack envía por correo cerca de 100 millones de folletos y catálogos individuales a sus clientes, actuales y potenciales. Es casi seguro que algunos de los nombres de las listas estén duplicados o simplemente equivocados. La mayoría de quienes reciben envíos excesivos por correo directo de una compañía, simplemente bota los sobrantes, y refunfuña sobre cómo son de derrochadores los promotores de ventas por correo directo.

Uno de los clientes de CareerTrack, la Rock Island Arsenal de Illinois, actuó en lugar de quejarse en silencio. Varios miembros del personal, incluyendo muchas personas que ya ni siquiera trabajaban allá, recibían rutinariamente hasta 75 copias de folletos de cada seminario, muchos más de los que realmente querían o necesitaban. Entonces, el contacto primario de CareerTrack, Helene Scott, especialista de Arsenal, llamó para quejarse. "¿No hay algo que puedan hacer para reducir nuestro correo? ¡La mitad de la gente de sus listas ya no trabaja aquí, y la mayoría de los otros no tiene autorización para inscribirse en ningún seminario!"

En lugar de hacer caso omiso de la queja del cliente, Greg Smith, representante de servicio al cliente de CareerTrack, a cargo de la cuenta de Rock Island Arsenal, escuchó. Deseaba satisfacer a su cliente eliminando algunas frustraciones, así como también economizarle a CareerTrack costos de correo innecesarios. Greg se tomó su tiempo para revisar cuidadosamente las listas, eliminando a quienes se habían mudado o a quienes carecían de autorizaciones para tomar decisiones de inscripción, y recortó la lista de 75 nombres a sólo 5. Helene se ofreció para servir como oficina filtro de la información que solicitaban sobre el seminario y prometió difundir la noticia a sus colegas por correo electrónico, después de identificar los programas que serían particularmente apropiados para su departamento. Esto sólo le economizó a CareerTrack cerca de 500 dólares anuales en impresión, procesamiento y costos de correo que se habían estado desperdiciando.

Mientras escuchaba a su cliente, Greg oyó mucho más que la frustración del "enorme exceso de correo". También tomó nota del comentario: "Y, de todos modos, los folletos llegan aquí demasiado tarde". Después de indagar por más detalles, Greg descubrió que los planificadores de Rock Island Arsenal determinaban las asignaciones presupuestales mucho antes de que llegara el correo del seminario. Se ofreció para preparar un listado trimestral de los seminarios futuros de CareerTrack en el área de Rock Island, para que quienes preparaban el presupuesto pudieran planear con anticipación y calcularan las cuotas de inscripción para los programas que les eran de sumo interés.

Greg se ganó un pago triple escuchando las inquietudes de sus clientes, tomándolos en serio y pidiendo otros detalles en vez de hacer caso omiso de ellos, como si fuera otra fastidiosa queja más de correo basura.

- Primero, redujo los gastos de correo de CareerTrack (para no mencionar la ayuda para aminorar el consumo despilfarrador de papel y la generación de desechos que, en caso contrario, irían a parar a nuestros rellenos sanitarios).

- Segundo, aumentó los ingresos anuales que CareerTrack hacía de este único cliente de 700 a 18,000 dólares anuales. Que no es malo por sólo escuchar, prestar atención y actualizar la lista de correo.

- Y tercero, les ayudó a *otros* clientes de CareerTrack a prever una asignación mayor en sus presupuestos para los seminarios de la compañía. Después de oír los comentarios de Helene sobre la necesidad de tener por anticipado más información sobre los seminarios que se llevarían a cabo, Greg les solicitó a algunos de los otros representantes de servicio al cliente, con quienes él trabaja, que verificaran con *sus* clientes. Encontraron también que muchos de ellos compartían las oportunas inquietudes que tenía la Rock Island Arsenal. El resultado fue la creación de un nuevo listado de seminarios, que se presentaba con anticipación de tres meses, y que ahora se ofrece rutinariamente a otras grandes organizaciones que programan sus desembolsos presupuestales con mucha anticipación.

¿Qué puede aprender usted de este ejemplo? Cuando su cliente lo llama o le escribe para expresarle sus preocupaciones sobre algún aspecto de su producto o servicio, usted queda en una posición ideal para reforzar ese diálogo, preguntándole qué más puede hacer para ayudarle. Lo que usted oye sobre satisfacer una de las necesidades que tenga un cliente, también puede ser sumamente útil para tratar las necesidades que tengan otros. Greg se encontró con que había muchas organizaciones que se sentirían muy satisfechas de aprovechar el anuncio del listado de seminarios futuros que la Rock Island Arsenal había solicitado. Si Greg no hubiera "escuchado entre líneas", no hubiera podido recoger esta rentable idea. Los comentarios primordiales de sus clientes tenían que ver con el desperdicio de correo excesivo. Lo de la oportunidad fue un comentario al margen, pero Greg lo recogió y actuó con base en él.

Asegúrese de emplear gente que escuche bien, y luego enséñele a hacerlo aún mejor. Los clientes pueden ser fuente de ideas sumamente provechosas si usted los escucha con suficiente cuidado.

El *benchmarking* no le dirá a dónde ir

Las organizaciones grandes a menudo contratan firmas de investigación especializadas para averiguar cómo están con sus clientes. Ésta puede ser una buena práctica, en especial cuando la investigación se repite año tras año, facilitando detectar las tendencias y poder observar cómo cambia la percepción que tienen los clientes de sus productos y sus servicios. La mayor parte de tales investigaciones, no obstante, se limitan a contarle cómo solían ser las cosas. Con frecuencia se presenta un retraso de varios meses entre la elaboración del estudio, su publicación y la distribución de los resultados.

El defecto fundamental de la investigación de *benchmarking* radica en que da muy poca idea de lo que usted debe hacer para cambiar significativamente y mejorar la idea que sobre usted tienen sus clientes. Usted necesita la investigación de *benchmarking*, pero también necesita una investigación más directa y personal.

Uno de mis clientes, GTE, me contrató para que llevara a cabo una serie de seminarios para clientes de empresas, dirigidos a sus pequeños y medianos clientes comerciales en el oeste de los Estados Unidos. Además de escuchar mis presentaciones para la audiencia, los clientes de GTE también escucharon a varios representantes gerenciales de la compañía. Pero la razón fundamental que tuvo la GTE para estos programas fue desarrollar relaciones más sólidas con los clientes, salvo que no podían lograrlo si únicamente ellos hacían todos los discursos. Por tanto, durante cada seminario, los gerentes de nivel senior se sentaban frente a la audiencia como si fuese un panel, listos a responder preguntas, las cuales eran con frecuencia muy directas. ("¿Cómo es posible que me fuerce a comprarle los anuncios publicitarios en los tres directorios, sólo porque mi floristería está localizada justo en donde resulta que convergen sus aparentemente arbitrarios límites publicitarios?"). Mientras la audiencia preguntaba, un miembro del equipo de la GTE, a cuyo cargo estaba la coordinación de los seminarios, apuntaba cada pregunta, porque daban una excelente visión de lo que los clientes se preguntaban y deseaban. Desde el punto de vista de la compañía, las preguntas de la audiencia pueden haber sido la parte más importante del seminario.

Grupos de discusión reducidos ayudan a que los clientes tímidos le hablen

La GTE se dio cuenta de que se necesita una clase de cliente osado que formule las preguntas cuando hay cientos de personas presentes en la audiencia. Muchos clientes que tienen aportes válidos y buenas ideas sencillamente no hablan. Por esto, después del seminario, se invitó más o menos a una docena de asistentes, escogidos al azar, para que participaran en una reunión de un grupo informal de discusión, con sandwiches y refrescos.

A Greg Gardner, coordinador de la GTE sobre participación de los empleados, le solicitaron su colaboración como moderador de la sesión, por razón de su amplia preparación y experiencia en la coordinación de las discusiones durante las reuniones internas. Inmediatamente después de las reuniones del grupo de discusión, me dijo: "Es muy difícil mantenerme a un lado en estos grupos. Debo dirigir la sesión, pero mi verdadero papel es el de moderador. Debo conservar mi neutralidad si los clientes van a llevar la discusión a donde *ellos* quieren que vaya". Su objetivo era crear un espacio seguro, en el que los clientes pudieran contarle a la GTE –a través suyo– todo lo que pensaban de la compañía y lo que querían que se cambiara.

En cada sección del seminario las discusiones fueron diferentes. Algunas se ocuparon de las inquietudes sobre el equipo; otras, de los servicios de la red telefónica; otras, de los procedimientos de facturación; otras aún, de las políticas de publicidad de la junta directiva, y así sucesivamente. Después de comenzar con las preguntas de apertura sobre el valor de los seminarios y en general del servicio de la GTE, Greg dejó que las discusiones tomaran su propia dirección. La GTE necesitaba oír lo que sus clientes querían opinar, no lo que la compañía pensaba que era importante. Greg tomó notas cuidadosas en el papelógrafo, las cuales conservó para luego pasarlas a un formato más cómodo, y después las distribuyó a los gerentes con el resumen de las inquietudes de los clientes.

Algunas de sus sugerencias validaron ciertos pasos que la compañía ya estaba dando, y otras fueron completamente nuevas, ideas creativas con mérito real. Los clientes dijeron que querían tener la posibilidad de visitar un centro de demostración en donde pudieran ver en funcionamiento el servicio Centranet de la GTE, para aprender cómo beneficiarse de sus características de avanzada. Así que la GTE va a construir dicho centro en Long Beach, California. Ellos dijeron que la GTE debería copatrocinar seminarios con las comunidades y grupos específicos de industriales, por lo que la GTE está estudiando la posibilidad de hacerlo. Por ejemplo, la compañía nunca había considerado ofrecer un seminario sobre la manera como los agentes de finca raíz pueden hacer un mejor trabajo de comunicación con sus clientes; pero la idea tiene un mérito enorme. Otros clientes se quejaron de sus cuentas telefónicas complicadas y difíciles de entender, y señalaron que el confuso formato los obligaba a llamar al centro de atención al cliente de la GTE para solicitar explicaciones, congestionando las líneas y demorando el servicio para otros. La compañía también está adelantando un proyecto para simplificar su facturación. Uno de los comentarios más frecuentes de los clientes se identificaba con el principal empeño de este libro: "¿Cómo es posible que yo obtenga tanta atención *antes* de comprar un servicio nuevo, y tan poca *después* de haber firmado el contrato?" (¿Dirían *sus* clientes lo mismo?).

Usted es el mejor investigador

En varias ocasiones he trabajado con organizaciones grandes que definitivamente querían tener investigación propia e información que las orientara hacia dónde deberían encaminarse. Contrataron investigadores, llevaron a cabo análisis competitivos, y los redujeron a resúmenes para ejecutivos, y luego hicieron poco con ellos. La investigación formal tiende a ser demasiado fría. Las estadísticas, las tablas, los valores correlativos, las tendencias, los gráficos y los cuadros de barras realmente no dan mayor idea de lo que los clientes desean. No hay sustitutos para el contacto personal y directo.

Ponga la MBCC a trabajar para usted

Tom Peters popularizó la sigla, MBWA, que era un sencillo y poderoso concepto: usted no puede administrar a la gente si no sale y se las arregla para dejarse ver y gerencia mientras pasea. Usted tiene que hablar con los empleados, pedirles sus ideas, averiguar sobre su moral, y permitirles que formulen preguntas difíciles, si verdaderamente quiere manejar su gente con eficiencia.

Bueno, si quiere *vender* efectivamente, tiene que hacer lo mismo. Soy un defensor del MBCC: Mercadear Buscando a los Clientes. Es demasiado fácil mantenerse completamente preocupado manejando sus propios empleados, leyendo periódicos industriales y contratando investigaciones. Terminará sólo leyendo los resúmenes para directivos, mientras por lo general pierde el contacto con la gente que realmente determina su futuro: sus clientes.

Usted necesita salir y hablar con ellos. Afortunadamente, hay una herramienta muy eficiente para hacerlo: su teléfono. Cualquiera que sea su papel en la organización –presidente, jefe financiero, gerente de finanzas o cualquier otro cargo– sencillamente *debe* estar en contacto con sus clientes. Nunca deje pasar un día sin hablar al menos con un cliente. Deténgase ahora mismo y pregúntese: "¿Cuándo fue la última vez que usted animó a un cliente a que le dijera lo que quería se cambiara en su organización?"

No es de importancia crítica que usted hable con un tipo particular de cliente. Sea grande o pequeño, antiguo o nuevo, lo que importa es que usted haga un contacto directo y personal, y que además escuche. No se necesita ningún guión formal. Sólo demuestre un interés auténtico. Consígase una copia impresa de la lista de sus clientes, ábrala en cualquier página, deténgase en cualquier lugar de la lista de esa página, y comuníquese.

> Hola, Señora Zunsser, me llamo Bill Lane. Soy el (presidente/vicepresidente/contador supervisor o lo que sea) de la compañía XYZ. Usted ha sido cliente nuestra: nos ha comprado (poleas para ventiladores/rodaderos/limpiador de alfombras, etc., etc.), y quiero agradecerle por favorecernos con su compra. En ocasiones nos ocupamos tanto, que olvidamos comunicarnos con nuestros clientes, y por eso quería hablar con usted por unos minutos. Me gustaría saber cómo le parece nuestro servicio ahora. Pero lo que es más importante, voy a preguntarle qué podemos hacer para mejorarlo. Probablemente haya fallas en nuestro servicio; a lo mejor hay un par de cosas que podamos hacer para mejorar los productos que usted nos compra. De pronto usted desea que comencemos a hacerle o a venderle algo diferente, algo que no encuentra fácilmente en otra parte. En otras palabras, soy todo oídos, quiero escucharla. Para empezar, si hay algo que pudiéramos mejorar para usted, ¿qué sería?

Es mejor si usted *no* suena demasiado pulido y suave y como investigando. Sea usted mismo, muestre que de verdad le interesa lo que su cliente piensa, y sólo escuche. Aun si no obtiene ninguna idea, usted habrá causado una magnífica impresión personal positiva en su cliente, porque usted se puso en contacto con ella.

Ahora, un momento. ¿Está pensando que sería bueno que alguien diferente a usted lo hiciera? Estoy escribiendo para *usted*. Cualquiera que sea su papel formal, está trabajando para sus clientes, y siempre es una buena idea preguntarle a su jefe cómo podría hacer usted un mejor trabajo.

☞ Los intermediarios pueden aislar a sus clientes

Cuandoquiera que haya un intermediario que lo separe de sus clientes, la comunicación tiende a deteriorarse. El interceptor puede ser una organización de investigación profesional, su propia fuerza de ventas o simplemente su jerarquía corporativa. En algunos casos, puede ser su propio canal de distribución actual el que le obstaculiza el flujo constante de ideas e información de su cliente.

Ejemplo. Clinipad averigua lo que no sabía que no sabían.

Usted no sabe lo que no sabe. Y es imposible arreglar los problemas de los clientes si usted no sabe en qué consisten. Si bien para cualquier profesional de ventas mantenerse suficientemente cerca de los clientes es todo un desafío, la situación se vuelve especialmente difícil si hay un tercero interfiriendo entre el vendedor y el comprador.

En el campo de los suministros médicos, y en otras varias industrias, los productos de un fabricante a menudo son vendidos exclusivamente por un distribuidor, que puede representar también muchos otros productos no competitivos. Cuando éste es el caso, los representantes de ventas del distribuidor son los únicos que mantienen (o no, como suele acontecer) contactos continuados con el usuario final del fabricante. Como puede imaginarse, el resultado de delegar el control absoluto a un intermediario puede llegar a ser desastroso, por lo que muchos fabricantes emplean un equipo de sus propios representantes de ventas para estar en contacto con los distribuidores y algunos de los mayores clientes usuarios.

Una de tales compañías es The Clinipad Corporation de Guilford, Connecticut, que fabrica y comercializa una amplia línea de suministros de consumo médico. Quizás su producto más conocido se parece a esas pequeñas toallitas prehumedecidas que van en las bolsas del Kentucky Fried Chicken. Digo que se parece, porque la versión médica de tales toallitas es un producto bastante diferente. Las normas de calidad de la comunidad médica son muy distintas de las del coronel. Antes de que a uno le apliquen una inyección en el consultorio del médico, la enfermera abre un paquetico y le limpia el brazo (o una parte menos cómoda de su anatomía) con una de estas toallitas, preparada con alcohol antiséptico. Si lo llevan a una sala de emergencia con una cortada o raspadura, la primera persona que lo atiende por su lesión abre una bolsa pequeña que contiene una barra antiséptica de yodo para desinfectar la herida de inmediato. Estas pequeñas bolsitas, y muchas otras variedades, son producidas en cantidades astronómicas en la que fuera una encantadora e histórica fábrica de relojes convertida ahora en la instalación de manufacturas médicas de Clinipad, en un hermoso pueblo a la orilla del mar en Nueva Inglaterra. Desde allá las toallitas se envían a los distribuidores, quienes a su vez las envían a los hospitales, consultorios y otras unidades médicas de todo el país.

Me relacioné con Clinipad cuando el presidente de la compañía, David Greenberg, me contrató para que presentara un seminario durante la reunión anual de ventas de la compañía. Había planeado hablar sobre el concepto del *marketing al revés* y solicité una lista de los representantes de ventas que estarían en el auditorio para poder hacer unas llamadas para entrevistarlos y preparar mi intervención a su medida.

Después de hablar con varios representantes de ventas, comencé a sentirme inseguro sobre el énfasis principal de mi discurso. Cuando los interrogué por teléfono, le pregunté a cada uno: "Durante mi discurso, me gustaría compartir algunos ejemplos reales de la forma como algunos de ustedes, en representación de Clinipad, han recuperado clientes que habían decidido suspender las compras de los productos de Clinipad. ¿Qué me puede contar sobre algunas de las cuentas que usted haya recuperado después de haber estado perdida?"

Nadie tenía ninguna historia que contar. De hecho, todos insistieron en que nunca habían perdido un solo cliente. Yo les había estado solicitando que me comentaran sobre los negocios que sabían habían perdido. Pero no sabían de ninguno, porque no sabían lo que no sabían. Sus contactos principales eran los distribuidores a quienes visitaban; pero tenían poco acceso o contacto directo con los clientes usuarios finales.

Llamé a David Greenberg para decirle: "Quizá tengamos que cambiar el tema de la reunión. Parece que ninguno de sus representantes ha perdido ningún cliente".

David me respondió al instante: "No, eso no puede ser cierto. Sé que estamos perdiendo negocios. Adelante con lo planeado, y yo haré un poco de investigación adicional".

La mañana de la reunión, justo antes de pasar al escenario, David me entregó una hoja de papel con el resumen de los negocios que él *sabía* se habían perdido durante el año anterior. El total ascendía a 1,100,000 dólares, cerca del 3% del total de las ventas anuales de Clinipad.

Los representantes de ventas no habían sido capaces de hablarme de sus negocios perdidos, porque no lo sabían. Los representantes de ventas de los distribuidores habían obrado como amortiguadores, aislando a los representantes de Clinipad de sus propios clientes usuarios finales. Cuando David reveló la sobrecogedora cifra de negocios perdidos, captó la atención de su fuerza de ventas, y colectivamente todos se concentraron en acercarse a sus clientes para poder averiguar lo que no habían estado averiguando.

Los resultados del esfuerzo continuado fueron sorprendentes y muy productivos. Para mantener concentrada la atención de la fuerza de ventas mientras entrecruzaban sus ideas, el presidente les solicitó a todos los representantes de ventas que escribieran un resumen de lo que habían encontrado. Al ponerse en contacto con sus clientes, se encontraron con que un buen número estaba en peligro de caerse de la banda y muchos otros ya no estaban en ella. Pero, lo más importante, se dieron cuenta de que no era muy difícil hacerlos regresar.

Tom Joyer, representante de ventas de Clinipad en el mercado de El Paso, Texas, escribió sobre un cliente que había comprado varios tipos de toallitas por valor de 80,000 dólares en 1992, pero que estaba pensando cambiar de proveedor por uno de los competidores de Clinipad en 1993. ¿Por qué? Porque el representante de ventas del distribuidor que atendía su cuenta había dejado la compañía, y nadie lo estaba atendiendo. Una vez que Tom, como nuevo representante, estuvo listo en su puesto de trabajo, la bienvenida del cliente fue una andanada de quejas sobre control de calidad. Éstas no se daban de vez en cuando; eran permanentes. Clinipad vive orgullosa por su reputación de tener un control de calidad superior, de tal modo que los representantes del distribuidor le dieron poca importancia a las quejas del cliente, suponiendo que el cliente, simplemente, se estaba poniendo difícil.

Sin embargo, cuando Tom lo trató más, advirtió que sus inquietudes eran de buena fe. Para sorpresa de Tom, descubrió que recientemente Clinipad había cambiado el empaque de papel metálico que usaba para mantener las toallitas selladas y estériles, y que, en verdad, el material nuevo presentaba dificultades. De repente, se tomó en serio al cliente y se comenzó a tratarlo como socio importante para garantizar un buen control de calidad, y no, como se había creído, un fastidioso y mal intencionado cliente quejumbroso. El comprador obtuvo atención auténtica del representante del distribuidor, del representante de Clinipad, del gerente de ventas de Clinipad y del propio presidente de Clinipad. El producto defectuoso se remplazó en seguida, y el representante de ventas del distribuidor adquirió el compromiso de visitar al cliente con más regularidad.

Capitalizando las experiencias, Tom escribió:

Esto ha funcionado muy bien. Si no hubiéramos tenido este problema de control de calidad, hubiéramos perdido la cuenta. Un competidor ya le estaba proponiendo precios menores a los nuestros. Y habíamos estado pensando que todo marchaba maravillosamente. Siendo conscientes del problema, nos pusimos a la vanguardia de sus pensamientos y forjamos una asociación. Ellos piensan que somos magníficos. Además de los 80,000 dólares que nos compraron el año pasado, nos dieron otra oportunidad de 40,000 dólares que habían estado gastando en otros proveedores. Era una cuenta que habíamos ignorado por mucho tiempo. Entonces tuvimos una pésima experiencia de calidad con ellos y se prepararon para cambiarnos por otro proveedor. Sin embargo, logramos darle vuelta al problema y obtuvimos otros pedidos, los que nos significaron 50% de crecimiento.

Esta situación, por supuesto, también les convino a las relaciones de Clinipad con otros clientes, porque se alertó al fabricante de un problema de calidad que aún no se había difundido. Una vez se conoció el problema fue posible arreglarlo.

Usted sólo puede arreglar lo que conoce

En su anterior empleo, uno de los representantes de ventas más nuevos de Clinipad, Tom Popescu, no había tenido la experiencia de vender por medio de distribuidores, y estaba preocupado por tener que confiarle a alguien la venta de sus productos a los usuarios finales. Resultó que su desconfianza estaba justificada. Después de una relación anterior poco satisfactoria con otro representante de ventas del fabricante, un distribuidor particular se entrevistó con Tom, quien, desde el punto de vista del distribuidor, tan sólo era otro nuevo representante del fabricante: una amenaza para su negocio. Tom escribió: "El distribuidor me estaba traicionando; trataba de hacernos daño a mí y a Clinipad, y definitivamente se estaba cayendo de la banda transportadora".

Después de considerar diversas estrategias de ventas, Tom decidió preguntarle al director nacional de ventas qué podía hacer para facilitarle el trabajo al distribuidor.

Cuando le hice esa pregunta, se quedó mudo –lo que para él era una novedad. Pensó sobre el asunto un buen rato. Por último, dijo que creía que lo mejor era trabajar con sus representantes y promocionar solamente sus productos. Comencé a mantenerme más en contacto con él, telefoneando más, escribiendo cartas, enviando resultados, etc. Tuve una maravillosa reunión con algunos de los altos directivos de esta cuenta, y optamos por desarrollar algunas otras estrategias para una mejor relación de trabajo, sosteniendo reuniones cada dos semanas. Comenzamos por comunicarnos en un nivel más personal, y esta gente comenzó realmente a creer en mí. Yo también me interesé en ellos como personas.

Cuando usted decide averiguar algo sobre lo que no sabe, la mejor manera de comenzar es preguntarle a su cliente.

Otro representante de ventas de Clinipad, Jeff Jones, decidió aproximarse a un cliente que estaba ya completamente fuera de la banda transportadora. Ya no había más ventas en su cuenta. Sin adoptar una postura defensiva, Jeff optó por un acercamiento directo al cliente y abiertamente le preguntó por qué la compañía había dejado de comprarle a Clinipad. Jeff informó que la respuesta había sido muy sencilla:

Nos dejaron por una sola razón: nuestra competencia estaba haciéndoles un gran estudio, y el cliente pensó que debía darles el negocio. La competencia les ofreció un precio bajo (fue una especie de compensación); pero a la larga nunca obtuvieron el servicio. No tenían carácter; fueron buenos al comienzo cuando fue interesante; pero a la larga no les respondieron. Ahora, les estoy dando buenos precios y hago que se sientan muy consentidos, proporcionándoles un producto de alta calidad y excelente valor. Están de nuevo con nosotros, y muy, muy felices. Esto es lo que significa la idea de la banda transportadora.

¿Qué puede aprender usted de este ejemplo? Usted debe mantenerse cerca de sus clientes para conservarlos en su banda transportadora. No es suficiente confiar ciegamente en un intermediario para mantenerse en contacto cercano. Terceras personas pueden ocultarle conscientemente a su compañía el descontento de sus clientes, y casi con seguridad inconscientemente dejan trascender información valiosa. Su propia gente de ventas probablemente no esté consciente de los negocios que se están perdiendo, y tienen intereses creados en minimizar su aparente magnitud. Elaborar un presupuesto de las pérdidas actuales bien merece la atención de la gerencia principal.

Las relaciones con los compradores prosperan por medio del contacto y la comunicación. Si usted no está muy cerca de sus clientes ahora, puede estar seguro de que está perdiendo muchos negocios, y está próximo a perder muchos más. En palabras sencillas, no hay sustituto para hacer contactos personales, directos con clientes vigentes. Usted no sabe de lo que no se ha enterado.

☞ ¿Qué puede aprender usted de este capítulo?

- Los clientes que han dejado de comprarle no son los únicos que tienen ideas valiosas que pueden ayudarle a que su compañía mejore. Sus clientes actuales estarán muy complacidos de hacerle sugerencias; pero usted tiene que solicitárselas.

- Sus contactos de bienvenido a bordo, si los hace, tienen una poderosa influencia sobre la imagen que se forme un cliente nuevo de su compañía. Bien vale la pena asegurarse de que todos los clientes nuevos sientan de inmediato las intenciones de formar un lazo de unión muy fuerte.

- Cualquier compañía que participe en una fusión enfrenta una oportunidad particularmente madura para establecer una relación fresca con los clientes de la compañía adquirida. La base de clientes existentes debe cortejarse como si fueran nuevos compradores, o de lo contrario es muy probable que sientan muy poca fidelidad hacia la organización compradora.

- No es necesario que las líneas generales de comportamiento de su industria para la retención de clientes se apliquen a su compañía. Determine metas mucho más altas, y ponga en marcha efectivos medios para alcanzarlos a costos favorables.

- Cuando quiera que se presenten cambios corporativos significativos que afecten sus relaciones con los clientes, su organización debe hacer planes deliberados para establecer un diálogo amplio con ellos y garantizar así que los cambios tengan un efecto positivo.

- La mayor parte de los boletines de los clientes son mucho menos efectivos de lo que deberían ser porque se dedican a dar mucha información jactanciosa de la compañía, en lugar de entregar ideas valiosas a sus lectores.

- Las quejas de los clientes pequeños pueden llevar a ampliaciones significativas de mercado si sus representantes de contacto con los clientes están entrenados y son estimulados para escuchar entre líneas, investigar ideas, y asumir la responsabilidad de llevarlas a cabo con prontitud.

- Aunque los grupos de discusión y otros foros de investigación formal son meritorios, no hay sustituto de primera mano para hablar con los clientes. Si de verdad usted desea conocerlos, llame personalmente a algunos de ellos.

☞ Resumen de lo que usted puede hacer *ahora*

- Concéntrese sobre la primera impresión que los clientes nuevos adquieren de su organización, e introduzca algunos cambios necesarios para asegurarse de que esas relaciones, tan difícilmente logradas, comiencen con el pie derecho.

- Comience por hacer llamadas telefónicas de bienvenido a bordo a los clientes. Asegúrese de que obtengan atención personal inmediatamente después de su primera transacción.

- Considere la posibilidad de mimetizarse con sus clientes como una forma de resumir sus metas para relacionarse. Procure formar alianzas y asociaciones de clientes.

- Deshágase de las habituales reglas prácticas de su industria y establezca metas más ambiciosas para sus esfuerzos de conservación de clientes.

- Cada vez que se involucre en la fusión o adquisición de una empresa, piense en los clientes de la firma adquirida como si fueran perlas, y luego haga todo lo posible para garantizar que no se vayan a soltar del hilo después de haber completado la transacción.

- Haga planes completos para darles la bienvenida a bordo a cualesquiera clientes que se adquieran. Inicie con un juego de artículos de bienvenida, y asegúrese de que se incluya una llamada telefónica personal en el programa.

- Inicie un programa de llamadas que alcance a los clientes actuales para estar seguro de que están aprovechando totalmente su producto o servicio. No llame sólo para vender algo, pero esté preparado para hacerlo.

- Formalice afiliaciones y alianzas con otras organizaciones de negocios que puedan asociarse con la suya para satisfacer más necesidades de sus clientes de las que usted puede satisfacer por sí solo.

- Mézclese con los empleados así como con los clientes. Las relaciones con los empleados son, si se quiere, potencialmente más valiosas que las que lleva con los clientes e impactarán muchas, muchas relaciones de negocios.

- Diseñe alguna forma de incentivo económico o de reconocimiento para los empleados que fortalezcan exitosamente las relaciones con los clientes.

- Conforme una fuerza de trabajo interdepartamental para explorar cómo pueden trabajar juntos sus diferentes equipos y crear sinergia para construir un programa más efectivo para la conservación de clientes.

- Suponga que siempre hay un contingente grande de clientes que tienen algo que decirle, pero que esperan que usted los llame. Inicie el contacto usted mismo, y ellos gustosamente le contarán lo que han estado pensando.

- Evalúe críticamente cualesquiera boletines que envíe ahora. Están alabando la compañía o ¿realmente les están ayudando a los clientes? ¿Los está leyendo?

- Ingéniese algún formulario para obtener información del cliente, alguna forma tipo fax o correo verbal, para solicitarle información a sus clientes sobre el contenido de los boletines.

- Entrene a sus colegas para que escuchen activamente, y anímelos a que oigan entre líneas cuando los clientes hacen sugerencias.

- Revalúe la oportunidad de sus comunicaciones con los clientes. Pregúnteles si actualmente obtienen su información cuándo y cómo es más útil para ellos, en un formato que realmente encuentren de provecho.

- Asegúrese de que los estudios de *benchmarking* siempre sigan las tendencias, que observen tanto los cambios de desempeño en el tiempo, como su clasificación relativa entre los competidores. Sin embargo, no espere que ellos le digan hacia dónde debe dirigirse.

- Planifique una serie de seminarios para clientes con base en su deseo de una comunicación de *doble vía*, y asegúrese de incluir un grupo ejecutivo que responda las preguntas de los clientes.

- Registre las preguntas y proporciónenselas a todo su equipo gerencial. Esto es lo que sus clientes desean y se preguntan.

- Dirija las discusiones que se realizan en los grupos de atención de modo que los clientes menos osados para hablar le digan lo que quieren de usted.

- Sin tener en cuenta su papel personal formal, realice a diario su propia investigación. Disponga de tres minutos y llame ahora mismo a uno de sus clientes.

- Comprométase a vender por teléfono llamando diariamente a los clientes.

- Evite cualquier intermediario que lo aísle de sus clientes. Establezca contacto directo, personal, y revalúe la forma de eliminar o neutralizar cualesquiera obstáculos institucionales que sirvan de amortiguadores.

- Considere a los distribuidores y agentes comerciales como asociados. Pregúnteles cómo puede colaborarles para que permanezcan cerca de los clientes. Si no desean que usted esté en contacto con sus clientes, posiblemente necesite nuevos asociados.

El valor decisivo de permanecer en contacto

La mejor manera –y la más fácil– de mantener los clientes sobre su banda transportadora consiste sencillamente en estar en contacto con ellos. Deben percibir que usted desea relacionarse con ellos y deben sentir que la relación producirá beneficios mutuos. Claro que usted les envía facturas y ellos le envían cheques. Sin embargo, esto no constituye una relación maximizada. Con el fin de aprovechar completamente la relación, ellos deben percibir que reciben por su dinero más que sólo un producto o un servicio. Resulta sorprendente que muy pocos vendedores hagan algo para mantenerse en contacto con sus clientes, salvo preguntarles periódicamente si tienen nuevos pedidos.

Ya hemos analizado las limitaciones de los boletines y la limitación específica de que sean mensajes de una sola vía. Ningún boletín puede ser tan efectivo como una llamada telefónica personal. A fin de que los clientes sientan que usted se interesa personalmente por ellos, debe hacer algo más que enviarles correspondencia. US WEST Cellular hace esto con las llamadas pro activas que describimos en un ejemplo anterior. Su campaña de llamadas ha generado un importante –y bastante inesperado– beneficio: los clientes que reciben llamadas periódicas de cortesía creen que su servicio de telefonía celular es mejor.

☞ Mayor contacto genera mayor calidad

Cuando los usuarios de la telefonía celular se quejan del mal servicio, por lo general lo hacen como resultado de problemas específicos, de calidad mensurable. Hay demasiada estática durante las llamadas; o se oyen conversaciones de otras personas; o su llamada sencillamente se corta cuando está hablando mientras su trasmisión se pasa del lugar de una celda a otra. Ahora, la US WEST vigila de manera rutinaria la evaluación que hace el cliente de la calidad de su llamada. Poco después de que la compañía comenzara la campaña de llamadas por iniciativa propia, sus investigadores notaron algo muy interesante. Los clientes que recibían las llamadas de cortesía estaban convencidos de que la calidad de sus llamadas estaba mejorando.

Comparando la clasificación de calidad del servicio de los clientes que habían recibido llamadas por iniciativa propia de la compañía con los que no la habían recibido, la compañía detectó a través del tablero 20% de aumento en la clasificación de efectividad. Es decir, los clientes que habían recibido llamadas de mantenimiento de relación *pensaron* que tenían mejor servicio que quienes no las recibieron. Los comentarios de los clientes reflejaban lo siguiente:

Ustedes han mejorado la calidad de la red últimamente. Yo perdía mucho tiempo; pero ahora está mucho mejor. También me llegaban errores en la facturación; pero ustedes debieron modernizar por completo ese departamento porque no volvieron a aparecer inconsistencias. También notaba con frecuencia que se caían muchas llamadas cuando estaba detrás de la colina en la ruta del trabajo, cerca de mi casa. Ahora, eso también ha mejorado. ¿Instalaron algunas antenas adicionales por estos lados?

¡En realidad, *no*! Los clientes a quienes se les prestó atención por iniciativa propia y que consideraron que el servicio había mejorado 20% en todas las categorías, estaban utilizando la misma red, las mismas antenas y el mismo departamento de facturación que todos los demás clientes. Calificaron mejor el servicio más que todo porque se *sintieron* mejor en su asociación con la US WEST Cellular.

El efecto halo

¿Qué había hecho la compañía para reducir la indiferencia? ¡Nada! La única diferencia era que habían empezado a hacer las llamadas personales para demostrarles a los clientes que eran importantes. Se produjo una especie de efecto halo cuando los clientes comenzaron a pensar: "Es poco frecuente y me parece muy bien que la US WEST Cellular me llame con frecuencia para saber de mí y a considerarme. Son una buena compañía. Se interesan por mí. Su servicio es bueno". Cuantitativamente, los clientes que reciben las periódicas llamadas amistosas de la compañía clasifican la calidad de las llamadas de US WEST Cellular 20% más alto que las que usan exactamente las mismas instalaciones de la red, pero no reciben las llamadas.

Vale la pena estar en contacto con los clientes. Usted contribuye a su percepción del buen servicio, tiene la oportunidad de recibir una señal de advertencia anticipada si hay posibilidad de que se puedan comenzar a presentar problemas, y además se aumenta el sentimiento de fidelidad del cliente. Sin embargo, muy pocas compañías lo hacen. Ésta es una oportunidad perfecta y fácilmente aprovechable por usted.

La llamada de mantenimiento de la relación debe hacerse teniendo en mente un objetivo específicamente orientado hacia el cliente. Con demasiada frecuencia, dichas llamadas son recibidas sin entusiasmo porque se tiene claro que el vendedor llama únicamente con una razón egoísta en mente. Con frecuencia, casi que usted puede oír al empleado que llama diciendo:

Hola, ¿qué tal? No hemos tenido noticias de usted últimamente, así que pensé en llamarlo y ver cómo van las cosas. ¿Está todo bien? ¿Le gustaría hacer algún pedido, mientras usted está en la línea?

Ésta es mi regla práctica para hacer llamadas de mantenimiento de la relación. Si el cliente acaba sintiéndose contento de que usted hubiera llamado, usted está en la mira. Antes de marcar, pregúntese: "¿Qué debo hacer en esta llamada para que el cliente se sienta complacido con ella?" Piense en la secretaria de su cliente cuando dice: "Débora, la llama Jason por la línea 2". Su objetivo es que Débora piense:

Ah, qué bien. Cuando llame Jason, vale la pena hablar con él. Siempre tiene buenas noticias o alguna sugerencia para mí.

Si pudiéramos oír los pensamientos de nuestros clientes, dirían la mayor parte del tiempo:

Ah, *él.* Probablemente esté llamando para otro pedido. O quizá se está acercando, otra vez, la fecha de vencimiento del concurso de ventas de fin de mes. Qué fastidio, estoy muy ocupada para atenderlo.

Naturalmente, los clientes pueden percibir cuando nuestros motivos son puramente egoístas y lo resienten.

El *dato del día* mantiene a raya el resentimiento

La solución para esta situación es tener un *dato del día* en mente cuando usted llama. Piense en usted como si fuera un experto consultor de negocios que está en contacto permanente con muchas compañías, cuyas operaciones son bastante parecidas a las de este próximo cliente, del que está próximo a telefonear. Usted oye hablar con frecuencia sobre muchos clientes a quienes les va bien, y sobre las buenas ideas que los llevaron al éxito. A menudo –pero no siempre– esas ideas comprenden el uso de sus productos y servicios. Sin divulgar información de propiedad de sus competidores, su objetivo consiste en pasar una sugerencia o dos en cada contacto con su cliente. Recuerde que cuanto más exitosos sean sus clientes, mejor capacitados estarán para comprar más de lo que usted vende.

Su dato del día podría estar dentro de las líneas siguientes:

> Steve, estuve hablando con uno de mis clientes la semana pasada, y recogí una idea que pienso que podrías querer usar. Este cliente es un fabricante como tu compañía, y mi contacto me contó sobre una técnica de control de inventarios que están usando para reducir sus gastos generales. Pensé en ti por la similitud de las operaciones. Voy a contarte cómo funciona, y tú verás si tiene algún uso en tu compañía.

Note que la idea que usted pasa puede o no involucrar una venta o uso de su producto o servicio. Si lo hace siempre, su cliente pronto reconocerá que éstos son intentos velados de vender más de lo suyo. Como asociado genuino, usted quiere ayudar a la prosperidad de su cliente, y el alcance de sus sugerencias se extenderá mucho más allá de su propio interés personal.

☞ La continuidad del contacto tiene importancia

Un programa contacto-cliente efectivo debe mantenerse activo y multipropósito. En la actualidad, la mayor parte carecen de interés y son de corta vida. Es sorprendente cuando se piensa en esto. Sospecho que mientras lee estas páginas está pensando: "Esto no es revolucionario pero tiene mucho sentido. Seguramente todo mundo lo hace ya". Ahora, pregúntese: "¿Cuáles son las compañías a las que yo les compro que me dan atención permanente, de largo alcance, provechosa?" ¿Tiene dificultad para encontrar muchos ejemplos? Sus clientes son como es usted; tampoco tienen muchos proveedores que les den la clase de atención de que estamos hablando.

Ejemplo. Brock Control Systems practica lo que pregona.

Con demasiada frecuencia, consultores y compañías que están en el negocio de asesorar a terceros no siguen su propio consejo. Todos conocemos la parábola del zapatero cuyos hijos no tenían zapatos. Investigando para *Marketing al revés,* tropecé con un vendedor de programas de computador cuyo historial de éxitos se había construido mostrándoles a otras compañías cómo mantener un contacto cercano con sus clientes. *¡Y esta compañía sigue su propio consejo!* Buena parte de su éxito se basa en el hecho de que usa su propio programa de computador –el mismo que les vende a sus clientes– para manejar su propia empresa. De hecho, los ingresos durante los últimos cuatro años han crecido a una tasa compuesta del 37% mientras que sus utilidades han crecido en un 54% anualmente.

Richard Brock es el fundador y presidente de la junta directiva de Brock Control Systems, un proveedor de soluciones de programas de computador, con sede en Atlanta, Georgia. Basta con oír a Richard contarlo, el programa (*software*) es la única evidencia tangible del verdadero negocio de su compañía: asociación con sus clientes.

De hecho, Richard dice: "Si alguien no quiere ser socio, no le queremos vender el programa". Brock imagina su organización colmada de asesores de empresas que quieren trabajar en beneficio de sus clientes. Los muchos módulos de programas de computador que venden se proponen revolucionar (o, podríamos decir, volverlos "al revés") la manera de negociar de los clientes de Brock. Comienza con un módulo llamado "Actividad gerencial de la base de datos de marketing" y contiene telemercadeo y automatización de ventas, culminando en el módulo denominado "Actividad gerencial para el cuidado del cliente". Toda la serie hace un especial énfasis en la responsabilidad de la relación. Usando el programa de computador de Brock, ningún guía, cliente potencial o cliente relativo puede salirse inadvertidamente por una grieta.

Es notable que tantos vendedores sean tan indiferentes –o deberíamos decir descuidados– sobre la responsabilidad de las ventas. El objetivo de Brock es asegurarlos. Por ejemplo, *The Wall Street Journal* publicó los resultados de un estudio de cinco años dirigido por Performark, un especialista en servicios de ventas y mercadeo de Minneapolis. La compañía de investigación envió por correo miles de respuestas a anuncios de bienes y servicios que costaron por lo menos 5,000 dólares. Podría pensarse que el estribillo del precio haría que el precio pagado por los anunciadores se justificara, mientras se reacciona responsablemente a las encuestas de los clientes potenciales. Sin embargo, Performark encontró algo bien diferente. Hubo un promedio de 58 días de demora para que los folletos solicitados llegaran, y cerca del 25% de las encuestas no tuvieron respuesta. Sólo una entre ocho encuestas generó una llamada de seguimiento de ventas –¡un promedio de 89 días después de la encuesta!

El programa de computador de Brock está diseñado para cambiar todo eso, y el énfasis sobre la responsabilidad comienza por casa. Los procesos de ventas de Brock no sólo mantienen tirantes las riendas de las guías con informes de seguimiento detallados que expresen exactamente lo que sucede con cada guía y quién es el responsable, sino que también reconoce que el típico representante de ventas tradicional no es precisamente muy bueno para hacer el seguimiento.

Otra parte importante del plan de marketing de Brock es la idea de que Brock Control Systems debe dar respuesta a la naturaleza humana, más que tratar de cambiarla. La realidad de la naturaleza humana es que los representantes de ventas que se concentran y sobresalen en la consecución de nuevas cuentas, sencillamente no se mantendrán tan cercanos a sus clientes como sería deseable y conveniente para éstos y para Brock Control Systems. En reconocimiento de lo anterior, la cuenta se le entrega al representante de desarrollo de clientes y la comisión se divide entre el representante de ventas y la persona que mantendrá el contacto permanente con el cliente. Muy pocos negocios se enfrentan al hecho de que los representantes de nuevas cuentas sencillamente no mantienen contactos con los clientes antiguos. Hay demasiado manoseo incluido. Brock *sí* reconoce esta realidad de la naturaleza humana, y su solución al problema está pagando con creces.

Brock comenzó a utilizar representantes de desarrollo de cliente –personal cuya responsabilidad consistía sólo en mantener la base existente de clientes instalada– en 1991. El programa ha tenido tanto éxito que Brock Control Systems tiene ahora siete representantes de desarrollo de cliente, a quienes las cuentas se les entregan una vez que los 14 nuevos representantes de cuenta han completado sus ventas. Ellos usan un enfoque de equipo de trabajo que consta de cuatro individuos:

1. El representante de la nueva cuenta que originalmente hizo la venta

2. El representante de desarrollo de cliente que responde por su conservación

3. El cliente

4. La persona de servicio profesional que colabora con la verdadera puesta en marcha del programa

Entre esos miembros del equipo, el cliente es a menudo el individuo más inexperto, el menos informado.

Después de instalar el programa de computador, se insta a los clientes para que compren un plan de mantenimiento anual que les da derecho a actualizarse en el programa de computador (*software*) y al aprendizaje y a la consultoría en curso. El coste anual alcanza 18% del precio del programa original. En una campaña reciente, Brock Control Systems trató de averiguar por qué algunos clientes se habían retirado de sus programas de mantenimiento. Pusieron en marcha una campaña de amnistía de mantenimiento y tuvieron éxito en recuperar algunos clientes importantes para el plan. Mediante este programa de amnistía, los clientes que no habían participado en mucho tiempo podían regresar al programa de mantenimiento e instalar el sistema en curso sin asumir el costo de los varios aumentos que se habían evitado.

Es interesante que Richard Brock describa la situación con las palabras siguientes: "Si ellos no compraron el programa de mantenimiento, fue porque *nosotros* fracasamos en demostrar su valor". Ésta es exactamente la clase de terminología que muestra la aceptación de la responsabilidad que asume Brock cuando no se hace una venta.

Una de las cosas que Brock descubrió durante el plan de amnistía de mantenimiento fue que su programa de computador era tan bueno que la mayoría de los clientes que no adhirieron a dicho plan continuaron usándolo y estaban muy contentos con él. Evidentemente la falla fue de Brock porque no demostró la razón por la cual valía la pena aprovechar la ventaja del valor adicional ofrecido a través de su programa de mantenimiento anual. Esto condujo a un énfasis renovado sobre la asociación de largo plazo con los clientes.

Brock Control Systems también descubrió que la relación no es sólo entre el comprador del programa y Brock, sino que la relación también debe ser con la gente que en la realidad usa el programa de computador, en particular puesto que existe un nivel relativamente alto de movimiento de personal entre sus clientes. Cerca del 50% de la gente que va a la oficina principal de Brock en Atlanta para entrenamiento nunca estuvo involucrada en la decisión de comprar el programa de computador original y no entiende del todo los objetivos de la campaña de mercadeo con la que el programa de Brock Control Systems pretende ayudar. Algunas veces, sólo se les ha enviado a clase, sin una comprensión real del papel de asociado que cumple Brock con el cliente.

Brock reconoce que es importante desarrollar una relación personal con todos los miembros del equipo, no sólo con la persona que en primer lugar tomó la decisión de comprar sistemas de Brock Control Systems. Richard utiliza algunas maravillosas analogías visuales. Un buen médico no solamente da una prescripción médica: se asegura de que el paciente se la tome. No puede dejarse que un niño corra a ciegas o coma lo que quiera. Como padre, su papel es estar *seguro* de que tengan una buena dieta. Si usted es dueño de un club de salud y alguien viene a perder 5 kg cuando en realidad necesita perder 20, su responsabilidad es mostrarle lo que debe hacer y ayudarle a que lo haga. Brock Control Systems adopta esta misma visión con los clientes. Son socios en el éxito del cliente.

"Cuanto mejor conozcamos a nuestros clientes, más fuerte será nuestra relación". Sería muy vergonzoso que Richard hablara en una conferencia y se encontrara con un cliente que ha tenido un cambio brusco internamente y del cual no se hubiera enterado. Ésta es una de las razones por las cuales es tan importante que el representante de desarrollo de clientes esté muy cerca de ellos.

Los clientes remitidos son la mejor fuente de negocios de la Brock Control Systems, de modo que tienen un excelente sistema de referencia, que les concede un valor muy elevado y que contempla un sistema de recompensas. Es algo así como un programa frecuente de negocio arriesgado. Los clientes reciben puntos por sugerir referidos, y trimestralmente se les envía un informe que muestra cuántos puntos tienen. Éstos pueden redimirse por servicios de consultoría, documentación o inscripción en la conferencia anual de usuarios.

Éstos están particularmente encantados con los aspectos de seguimiento del programa de referencia. Se alegran de dar referencias porque están complacidos con el producto y el servicio. Sin embargo, lo que más les gusta de todo es enterarse de lo que pasó con sus referidos, por lo que Brock se siente en la obligación de enviar cartas oportunas a los clientes que dieron referencias. En ellas le dicen al cliente lo que realmente sucedió con el referido y describe su resultado. Ésta es exactamente la clase de refuerzo positivo que hace que los clientes continúen dándolas.

Richard dice que a menudo los clientes no saben qué configuración de computador ni qué programa (*hardware* y *software*) deberían usar, y Brock Control Systems tiene el experto interno que actúa como guía efectivo y como socio. Si un cliente cambia los computadores o los sistemas operativos, Brock no le impone cargo alguno por cambiarle el programa.

Brock Control Systems no se conforma con un examen anual de satisfacción de cliente. Lo hace semanalmente, examinando una muestra representativa de sus clientes para estar seguro de que van bien. Brock envía un premio de 10 dólares a todos aquellos que completen el formulario de una encuesta para la organización de servicios profesionales de Brock –la parte del negocio que crece más rápidamente–, la cual tiene a su cargo la consulta de preventa y adecuación y puesta en marcha de la postventa. Inclusive la compañía ha comenzado a examinar las llamadas de sus vendedores por teléfono para estar segura de que son efectivas.

Brock Control Systems ha tenido éxito particularmente con los clientes bancarios. Muchos de ellos están utilizando su programa de computador para alcanzar más iniciativa en respuesta a las encuestas de los clientes, así como para venderles servicios adicionales. El banco de Montreal es un buen ejemplo. Tiene un grupo de servicio telefónico de salida que ha sido capaz de generar un incremento del 18% en renovaciones de certificado de depósito a término (CDT). Durante las llamadas de renovación, los representantes observan si el cliente no tiene línea de crédito ni tarjeta de crédito, y procede a cruzar ventas.

Los prestamistas también están utilizando a Brock Control Systems para facilitar refinanciaciones de los préstamos de sus acreedores. De manera realista, es probable que los clientes estén comprando para de todos modos refinanciar opciones, así que la Lincoln Services, una compañía de bancos hipotecarios para todos los servicios con hipotecas en 48 estados, no espera clientes para comenzar a hacer contacto con los competidores. Ellos llaman primero a sus clientes; lo que hace felices a los clientes, y deciden quedarse con Lincoln Services.

¿Qué puede aprender usted de este ejemplo? El personal de ventas, que tiene la responsabilidad de traer nuevos negocios a la empresa, muy probablemente no lleve a cabo una labor destacada de conservación de relaciones una vez establecidas. Usted probablemente esté en mejores condiciones de hacerlo, y sus clientes también lo estarán si entrega las cuentas nuevas, recientemente adquiridas a los especialistas, cuyo mayor interés está en desarrollar relaciones perdurables.

Estructurar una organización de ventas basada en el trabajo de equipo y en las metas compartidas le rendirá el mayor pago de utilidades que usted haya obtenido. Los vendedores iniciales y quienes tienen mayor responsabilidad en el desarrollo de cuentas deben mantener un contacto cercano con el cliente, y deben tener un interés común en propiciar la relación de clientes de largo plazo.

Si sus asociaciones con los clientes no son tan sólidas como a usted le gustaría que fueran, sólo existe alguien a quien culpar: su propia organización. La responsabilidad de cultivar las relaciones recae sobre ella, no sobre el cliente. Si no es suficientemente fuerte, usted tiene el compromiso de hacerla más fuerte.

Un programa para recopilar referencias puede ser altamente beneficioso y estimulante para ambos, la compañía y sus clientes. La curva de información vital es lo que descuida la mayor parte de las compañías. Verifique que sus clientes se enteren de lo que sucedió con sus referencias y que reciban un reconocimiento por propiciar el establecimiento de relaciones con nuevos compradores.

Los clientes construirán asociaciones sólidas con usted si se les aborda con base en una asociación de largo plazo. Los programas esporádicos de corto plazo no estimularán el nivel de relación que más les conviene a usted y a su compañía.

Ejemplo. IBM se vuelve más atenta.

Un resultado afortunado del *Marketing al revés* es que produce ganancias de resultados que usted nunca siquiera imaginó. Muchas empresas que tienen perspectivas favorables comienzan con un programa concebido para lograr un objetivo y terminan teniendo éxito en algo muy diferente. Considere el comienzo de la versión de la IBM dentro de un programa de *Marketing al revés*, llamado su Grupo después del mercado. Hace algunos años, en 1990, IBM se dio cuenta de que algunas de las entradas relativamente bajas de clientes eran demasiado costosas para establecer relaciones con ellos de la manera convencional, con el sistema cara a cara. De tal modo que se dedicaron a experimentar con el sistema de dar sólo atención telefónica a algunos de sus clientes más pequeños. El programa se inició como ensayo en la oficina de Denver con un equipo de soporte de cliente, al que le correspondió dar servicio en un área comercial de varios estados del oeste de los Estados Unidos.

Teorizando que debe haber una estrategia de menores costos para el cubrimiento de clientes que no eran los principales soportes de IBM, un grupo pequeño de pioneros salió como investigadores a contactar a los clientes que tenían en la mira, para averiguar cómo les parecería que se les buscara más regularmente sólo por teléfono, en lugar de que lo hiciera un representante de ventas externo. Como sería el caso de casi cualquier compañía que se tomara el trabajo de averiguarlo, muy rápidamente la IBM descubrió que muchos de sus clientes se estaban cayendo de la banda transportadora. Con toda seguridad, el representante de ventas externo mantenía un contacto cercano con los clientes más grandes y más activos. Pero cuando se llegó a las cuentas de tamaños más pequeños y medianos, el contacto era poco frecuente en el mejor de los casos, y en ocasiones ninguno.

Cuando los investigadores por teléfono de IBM llamaban a los clientes de cuentas reducidas, con frecuencia se encontraban con clientes que no habían tenido contacto con IBM en más de un año. Y no estamos hablando de compradores mínimos que sólo habían comprado un par de CPs. Éstos eran clientes de negocios que tenían computadores de mediano tamaño, que pudieron haber gastado originalmente entre 25,000 y 75,000 dólares en equipos y programas de computador de la IBM y que luego perdieron todo contacto con los representantes de ventas.

Alana James, una de las codirectoras del equipo de Apoyo al Cliente de la IBM, recuerda su primera llamada a Wallace Vacuum, básicamente un especialista en el negocio de las aspiradoras domésticas. "¿Por qué", podría preguntar usted, "estaba en la lista de clientes de IBM, una pequeña compañía de aspiradoras?" Bueno, esta compañía relativamente pequeña había alquilado originalmente un minicomputador IBM AS/400 de 40,000 dólares para manejar todos sus negocios. Irónicamente los fundadores de la compañía, un matrimonio, eran ambos antiguos empleados de la IBM.

Sin embargo, la primera vez que Alana llamó, la reacción que tuvo fue del siguiente orden, "¡Cómo se atreve a llamarnos! Ahora que somos sus clientes en vez de sus empleados, odiamos a IBM y no queremos volver a hablarles nunca". En su propio criterio, estos clientes habían "perdido 40,000 dólares" en equipo de IBM. Les habían vendido el equipo de computador original junto con el lenguaje de computador COBOL como su lenguaje de programación. No obstante, Wallace Vacuum nunca pudo utilizarlo. Los propietarios le habían entendido al representante original de ventas de IBM, que COBOL correría las diferentes aplicaciones de negocios que la compañía necesitaba, con unos ajustes mínimos. En realidad, el programa de computador necesitaba muchos ajustes para las aplicaciones de la Wallace Vacuum, *tantas* que la compañía sencillamente no estaba usando el computador de la IBM y en su lugar había adquirido el sistema de un competidor para manejar el negocio. El día de la llamada de Alana *ese* computador se había dañado, por lo que las emociones del cliente estaban más bien tensas.

La Wallace Vacuum no compró de inmediato mayor cantidad de equipos y programas de computador de la IBM. Pero hubo una salida positiva de otro tipo: con mucho éxito la IBM neutralizó un cliente eminentemente locuaz y muy negativo, que, de lo contrario, hubiera tenido efectos adversos sobre muchos otros clientes actuales y potenciales. Quizás, aún más significativo, la IBM aprendió de la situación y se dio cuenta de que la Wallace Vacuum no estaba sola, y de que sus preocupaciones eran legítimas y requerían atención. Esta situación dramatizó la delicada posición de muchos otros clientes de IBM. Faltando el contacto postventa, concluían que en la IBM nadie estaba disponible de inmediato para ayudarles a resolver sus problemas, de modo que estaban más bien enfurecidos y frustrados.

Además de buscar soluciones reales a sus problemas, los clientes querían algo muy básico: atención. Kendra Lee, directora de proyectos de la IBM, se sorprendió al saber cuánto y qué tipo de contacto era el que decían que más necesitaban. Durante la fase de investigación del programa, menos del 1% de los clientes expresaron una preferencia por las visitas personales, mientras que el 82% dijeron que preferían contacto telefónico periódico. En lugar de "Deje de llamar y de estar molestándome", los clientes estaban diciendo, "Me encanta que haya llamado; espero que no se demore tanto la próxima vez".

Actuando según los deseos de sus clientes, Kendra ha encabezado la estrategia del grupo de mercado secundario de la IBM, con énfasis en obtener lo que los clientes desean. Por supuesto, el punto de partida es *averiguar* qué es lo que desean. Así que ese es el enfoque básico que adoptan los equipos de telemercadeo de la IBM. Comienzan sus contactos preguntándole a los clientes qué desean. "Estamos llamando para averiguar qué preocupaciones de negocios está enfrentando y cómo podría ser de utilidad la IBM".

El equipo comienza con una averiguación de base y pregunta a los clientes con qué frecuencia desean tener contacto con un representante de la IBM, y si recomendarían la IBM a otras compañías o no. Iniciando por la directriz del objetivo de la IBM de tener un contacto con cada cliente por lo menos cada 70 días, la compañía deja que sean los clientes quienes determinen si desean más o menos llamadas frecuentes. Cerca del 35% desea en realidad que se les llame con más frecuencia.

De manera alarmante los clientes se sorprenden cuando reciben una llamada de la IBM, y rápidamente añaden que se sienten muy complacidos de recibir atención. Ellos *quieren comunicarse.*

Por fortuna, también desean comprar. En tanto que la primera meta de los representantes es aumentar el contacto con los clientes y darles una oportunidad para que comuniquen cualquier inquietud o necesidad que tengan, ellos también encuentran muchas oportunidades para venderles productos adicionales y servicios. Es de notar que los clientes siempre están muy satisfechos de poder hacer compras significativas por teléfono, sin contacto visual alguno. Las compras específicas van desde terminales que tienen un costo de 800 a 2,000 dólares, hasta impresoras de alto volumen que cuestan de 5,000 a 10,000 dólares, y aun paquetes para actualización de computadores AS/400, de mejor calidad, que llegan a costar hasta

50,000 dólares, todo exclusivamente por teléfono. Y todo porque a la IBM se le ocurrió preguntarles las preferencias a sus clientes, y luego escuchó y actuó de acuerdo con lo que ellos le dijeron.

Como usted podrá adivinar, el costo de producir ventas por teléfono es menor que el de las que se generan por contactos personales. La IBM no se ha quedado en la etapa de adivinación, de cuánto es el menor costo del canal de ventas por teléfono. Sus análisis financieros han confirmado que las ventas telefónicas son la forma menos costosa y más rentable de satisfacer las necesidades de los clientes. Aun si usted no tiene en cuenta los beneficios de largo plazo de fortalecer las relaciones con los clientes y descubrir y aplicarse a la solución de los problemas e inquietudes, la sola reducción de costos es una razón poderosa para atender a los clientes corrientes con llamadas telefónicas más frecuentes. El margen de utilidad neta en una venta llevada a cabo por un representante de campo que trabaja con un intermediario industrial (el término de la IBM para un intermediario especialista industrial o socio de empresa) es 4% menor (llegando hasta el 11% en los argumentos poco frecuentes en el mejor de los casos), dependiendo de las particularidades de la venta y del nivel de apoyo necesario. Con el grupo de postventa telefónica, empero, la misma utilidad neta sobre la venta puede alcanzar el 17%.

¿Qué puede aprender usted de este ejemplo? Las lecciones que la IBM aprendió muy probablemente puedan aplicarse también a su empresa:

- Los clientes medianos y pequeños, probablemente están logrando muy poca atención (si tienen alguna) de su fuerza externa de trabajo.

- De manera característica, esos mismos clientes esperan de buena voluntad más atención y probablemente se sienten abandonados por razón de su actual nivel de contacto.

- Si se les da a escoger, lo más probable es que prefieran llamadas telefónicas periódicas en lugar de contactos personales.

- Es probable que estos mismos clientes también compren más productos y servicios tan pronto usted establezca un diálogo telefónico permanente.

- Sus utilidades netas de las ventas telefónicas serán mucho más altas que las que se obtienen por medio de los canales de ventas directas tradicionales.

El balance final es el siguiente: usted ganará si les da lo que ellos desean; pero usted no puede aprovechar este potencial a menos que averigüe primero lo que ellos desean, y para hacerlo usted tiene que ponerse en contacto con ellos.

☞ Los clientes aprecian una mejor atención

Ejemplos repetidos en una amplia gama de industrias y situaciones de negocios continúan mostrando que los clientes responden favorablemente a contactos más frecuentes, mientras sea el tipo de contacto que los beneficie. En capítulos anteriores se han leído los perfiles de Washington Mutual Savings Bank, AAA, Graphic Controls, Thorndike Press y otros. Siempre ha habido un tema común en su éxito. Cuanto más cerca estén de sus clientes, más se benefician todos: ellos y los clientes.

Equivocarse hasta hacerlo exageradamente

Pero, ¿cuánto es demasiado? ¿No existe un punto en el que los clientes se sientan fastidiados con sus permanentes intentos de ser atentos? Sí, naturalmente, puede exagerarse. Pero se ha *subestimado* tanto últimamente, que yo no me preocuparía mucho por aquello de abrumar a los clientes con demasiada atención. La frecuencia de contactos deberá reflejar la intensidad de su relación y su capacidad de ayudar a los clientes. Si no puede hacerse mucho para beneficiarlos y la clase de compra que hacen es la característica de una situación anual, con dos veces al año sería suficiente. Si le compran con frecuencia y usted puede serles de mucha ayuda, quizás sus contactos deben ocurrir dos veces mensuales. Como regla general, sin embargo, aspire a un contacto trimestral. Si actualmente usted no está iniciando un contacto trimestral para lograr información de sus clientes, sugiera ideas que les ayuden, e indague por necesidades insatisfechas. Usted definitivamente no está exagerando.

Si no se quejan, aumente su contacto

Ejemplo tras ejemplo han mostrado que los clientes quieren y agradecen un contacto más frecuente, y que ellos le mostrarán su respuesta positiva aumentando sus compras. Si llega al punto de estarles dando demasiada atención a sus clientes, ellos se lo harán saber. Hemos explorado muchas formas de forjar lazos de amistad más fuertes con los clientes, incluyendo grupos de atención para recolección de información, encuestas de investigación más formales y programas MBCC. Si usted se está excediendo, la información recogida lo alertará.

☞ Continúe en contacto, aunque las compras disminuyan

Otro aspecto de las relaciones compras/ventas que hemos visto una y otra vez involucra la variabilidad. Las relaciones no permanecen iguales. Algunas veces nuestros clientes nos necesitan más; algunas, menos. Nuestros esfuerzos por fomentar una relación no deberían dictarse solamente por la frecuencia de los pedidos que recibimos. Con frecuencia aumentar las relaciones requiere mucho tiempo, y habrá pausas en la actividad compradora todo el tiempo.

Por ejemplo, siempre he tenido curiosidad por los esfuerzos que realizan los profesionales de finca raíz por desarrollar sus relaciones con compradores y vendedores. Ya mismo, mientras escribo *Marketing al revés*, tengo ocho unidades en un condominio que quiero vender, y así mismo quiero comprar una propiedad de recreo. ¿Quién me va a ayudar? Todavía no lo sé. En los últimos cinco años, he trabajado con seis diferentes corredores de finca raíz en varias negociaciones, pero ni uno solo de ellos mantiene contacto conmigo. Ni siquiera recibo un boletín de ninguno de ellos. ¿No parece plausible que alguien que tiene inversiones en finca raíz probablemente venda o compre algo, otra vez, en el futuro? ¿No sería más fácil para quienes ya han satisfecho mis necesidades, invertir en nuestra relación y esperar pacientemente mi siguiente transacción? Estoy seguro de que hay algunos agentes por ahí que están conscientes de la necesidad de conservar fuertes las relaciones con el cliente; pero me temo que sean la excepción.

Relación significa algo más que un simple intercambio de dinero

Si va a tenerse una relación viable con los usuarios y los clientes, debe perseverarse en ella, aunque no haya intercambio de dinero entre los interesados.

Los agentes de finca raíz con quienes he negociado dejaron de ayudarme cuando cambiaron el cheque de su comisión después de completar la transacción. ¿No se dan cuenta de que yo los puedo ver como socios de largo plazo en vez de esperar sólo sus cheques y luego desaparecer? Unas relaciones sólidas se basan en el servicio por largo tiempo e intercambio de ideas, aunque no haya una comisión pendiente en el balance final.

Ejemplo. El magnífico té de la Celestial Seasonings, más algo de T.

¿Qué obtiene usted cuando se abre una caja de té Celestial Seasonings? Un gran té. Nada más.

Eso fue cierto desde comienzos del decenio de 1970 hasta 1994. Pero la próxima vez que usted abra una de las 40 millones de cajas de té Celestial Seasonings que los consumidores americanos compran todos los años, puede obtener algo más. Todo porque T Taylor decidió darle algo más a Mo Siegel, fundador de la Celestial Seasonings. T (no representa nada, así que no tiene punto; él se cambió su nombre de Robert después de descubrir que había otros seis Roberts en su clase de 5º grado.) es conocido por su extraordinario talento creativo. También se conoce por ser un hombre que está comprometido con sus principios y con hacer las cosas correctamente. Después de 11 años de ser miembro fundador y director creativo de la CareerTrack Seminars, siguió su intuición y comenzó con su propia agencia, The Creative Alliance. Sin haber sido alguien que se hubiera permitido estar demasiado cómodo, estaba abandonando la seguridad de ser miembro de un grupo altamente aclamado de 32 personas, para ingresar en el incierto mundo de los empresarios. Verdaderamente, se requerían agallas.

Mo Siegel era un cultivador de plantas, un hippie de los años setentas, a quien le fascinaba el té. Cultivaba sus sembrados, preparaba tés poco corrientes y mezclas de hierbas, y las vendía a tiendas de artículos para la salud en su estado natal de Colorado. Aunque no estaba propiamente aspirando a convertirse en un gigante de la distribución, el negocio se creció significativamente. Para 1988, Kraft, una división de The Philip Morris Companies, se impresionó lo suficiente para pagarle 55 millones de dólares por su compañía. Mo continuó, siguió sus corazonadas, y fundó Earthwise, una compañía dedicada a producir líquidos biodegradables para lavado de platos y otros productos de limpieza casera, protectores del medio ambiente.

Presentados por un amigo mutuo, Mo y T se cruzaron en el camino en 1990. Pronto descubrieron que tenían algunas cosas en común, incluso sus principios y amor por el marketing. La nueva agencia de T hizo algunos diseños y proyectos creativos para Mo, y la Earthwise se convirtió rápidamente en la mayor cuenta de The Creative Alliance.

Para esa época, la Celestial Seasonings se había vendido a otro propietario, quien decidió que ésta no era sólo otra compañía distribuidora. Tenía un gran potencial, pero requería un gran líder. La Celestial necesitaba "las corazonadas y la visión" de Mo para aprovechar su verdadero potencial, por lo que fue seducido de nuevo y vinculado como CEO* de la compañía. T pensó: "Eso es maravilloso para Mo, pero se pierde la cuenta de la Earthwise, lo que no es bueno para la agencia".

Luchando, con tres hijos pequeños y 38,000 dólares de deudas, T sabía que el futuro del negocio de The Creative Alliance estaba en peligro. Él había disfrutado de una gran relación personal con Mo en la Earthwise, y ahora necesitaba desesperadamente una asignación mayor para conservar su agencia a flote. La posición de Mo de nuevo al timón de la Celestial Seasonings le dio esa oportunidad. Pero, ¿cómo alcanzarla?

Como atareado CEO de una compañía importante, el tiempo de Mo estaba completamente comprometido, y una verdadera cortina de asistentes lo protegía de cualquier distracción y lo mantenía concentrado en la operación diaria de la compañía. T no tuvo éxito en abrirse paso para hablar con Mo. Pensando en lo que tenían en común, T se dio cuenta de que tanto él como Mo habían confiado en sus convicciones espirituales para vigilar sus negocios. Habiendo crecido con fuertes valores cristianos, T resume su filosofía de los negocios en esta forma: "Tengo fe y hago el bien. El dinero vendrá después".

T decidió que haría todo lo posible para ayudar a Mo. Cuando encontraba un catálogo, aviso o promoción particularmente efectivos de alguna compañía competidora de la Celestial Seasonings, se la enviaba a Mo con sugerencias para ayudarlo a mejorar su publicidad y marketing.

Por ejemplo, cuando los colegas de T y su nuevo socio, Russ Minary, notaban un artículo en el *New York Times* sobre el florecimiento de la industria del té helado, se lo enviaban a Mo con una pequeña nota que decía, "¿Por qué no se menciona a la Celestial Seasonings en este artículo?" Cuando un periódico local hizo el perfil de la exitosa carrera de Mo, T le envió la copia del artículo en un fax con una nota de felicitación.

---

* CEO, director ejecutivo en jefe.

En otras palabras, T se mantuvo cerca. No pregonaba las virtudes del negocio ni pedía nada. A pesar de que Mo había dejado de ser cliente suyo, le ofrecía ideas, sugerencias y felicitaciones. Confiaba en la Regla de Oro y hacía lo que deseaba que alguien hiciera por él. Se concentraba en dar.

Entonces, un soleado día en Boulder, Colorado, T estaba entregando ciertos materiales en la Celestial Seasonings. Había conmoción en el estacionamiento, causado por una toma de fotografías al aire libre. Cuando T atravesaba el lote, un hombre en patines irrumpió de entre la multitud y se aproximó patinando. Era Mo y dijo, "Te me perdiste, T". Rápidamente convinieron encontrarse en la oficina de Mo. Durante los días siguientes, T esbozó un plan de ideas creativas en preparación del encuentro.

En la reunión, T comenzó por hacerle a su amigo una sola pregunta: "Mo, ¿cuántas cajas de té vendes al año?"

"Cerca de 40 millones".

"¿Y qué hay en las cajas?"

"Té".

"¿Nada más?"

"No, sólo un gran té".

"Mo, ¿y si cada una de esas cajas contuviera *algo más?*"

T continuó esbozando un plan que literalmente podría cuadruplicar las ventas de la Celestial Seasonings, usando los productos, los clientes, los vehículos que ya se tenían a disposición, y con sólo añadir un elemento pequeño a cada una de las cajas de té.

T compara su relación con Mo y otros asociados con un noviazgo. En relaciones interpersonales, es muy común que la gente se dé mucho mutuamente en las etapas iniciales. Cada uno quiere impresionar favorablemente al otro, entonces se envían flores, se escriben notas muy atentas, se proponen ideas divertidas, y generalmente se hace más énfasis en dar que en recibir. Entonces, en la mayor parte de las relaciones, la parte que da se desvanece y ambas partes piensan más en lo que hacen que en lo que dan. Allí es donde la relación fracasa.

¿Qué puede aprender usted de este ejemplo? Para tener éxito en las relaciones personales, usted tiene que dar más. Para tener éxito en las relaciones de negocios, se aplica el mismo principio. Y cuando usted da porque le importa, no porque quiere algo en compensación, suceden cosas buenas. Esto puede requerir un tiempo largo. Una relación puede durar lapsos muy prolongados con escasos signos de vida. Pero sus instintos deben indicarle si existe un potencial de mutuo beneficio por largo tiempo, aun si no es probable un registro de pago rápido en su hoja de balance comercial, o incluso nunca. La próxima vez que usted abra una caja de té Celestial Seasonings, mire adentro. Encontrará un gran té, claro. Pero también encontrará algo extra adicional, cortesía de Mo Siegel y T Taylor.

☞ Tres formas de generar relaciones

No he querido decir que sus programas de desarrollo de relaciones deben beneficiar sólo a sus clientes, o que la generación de aumento de ingresos para usted no es importante. No sólo es importante, sino que es signo de que su relación es saludable y benéfica para el cliente.

Las siguientes técnicas de rendimiento de utilidades con base en negocios fortalecerán las relaciones del cliente en tanto que se aumentan sus utilidades. Cada uno está subutilizado y con ganancias significativamente apalancadas.

1. Mejore el volumen para beneficio de sus clientes

Incrementar el volumen del negocio que haga con su cliente, le beneficia a usted con seguridad, y también a su cliente. Si usted tiene uno de los varios viveros que le suministran plantas a un servicio de jardinería, y puede aumentar el nivel del negocio ayudando al paisajista a consolidar más las compras que le hace, él se beneficiará. Si su política de precios tiene sentido, usted le podrá dar mejores precios por volúmenes mayores. Sin embargo, los beneficios son mayores que los costos unitarios más bajos. Tener una relación de compra con cualquier proveedor adicional significa más papeleo y mayores costos en los gastos generales para su cliente.

Reduzca el alto costo de comprar. Varios de los clientes más grandes que tengo han descubierto que sus costos internos de administración para iniciar una simple compra pueden variar de 40 a 100 dólares. Alguien prepara una orden de compra; la manejan un par de empleados; el personal de recibo espera el cargamento; se envía al departamento correspondiente; la documentación se envía al departamento de contabilidad; esperan la factura; alguien correlaciona la orden de compra original con el informe de ingreso y lo envía a registro en libros, y así sucesivamente. Cada persona, cada paso en el proceso le añaden al costo de la compra. Cuesta aproximadamente lo mismo, administrativamente hablando, comprar una resma, una caja, o un camión cargado de papel de copia. No obstante, a medida que el tamaño del pedido se aumenta, la porción del costo total que se desperdicia en gastos generales administrativos disminuye. Si su cliente le compra una resma de papel de 5 dólares y gasta 50 dólares en costos administrativos, usted le está ayudando a quedar por fuera del negocio. Si usted es capaz de subir ese pedido a un cargamento de 500 dólares, le ayuda al cliente a que reduzca sus gastos y a que sea más rentable. (Naturalmente los costos de manejo de cada pedido son también altos para usted, de tal manera que cuanto más grandes sean los pedidos, más ventajoso será para usted, también). Si, por último, usted es capaz de aumentar ese pedido a una orden de compra general que constituye un pedido vigente por toneladas de papel, todavía le está reduciendo mucho más los costos administrativos a su cliente y probablemente también se reduzcan mucho más por precio unitario.

Calcule costos según volumen para estimular el aumento. Procure siempre subir los pedidos de sus clientes para beneficio de ellos, y para el suyo. Una de las técnicas más efectivas es cotizar los precios según el volumen. Un cliente mío me solicitó recientemente que presentara diversos programas míos, grabados para audio y video, a la audiencia de un seminario, con descuento en los precios del multiprograma. La hoja de pedido incluía siete programas diferentes, cada uno regularmente con un precio de 79.95 dólares. Sin embargo, para la audiencia del seminario, cualquier paquete tenía un descuento del 24% para quedar en 60 dólares. Cada programa adicional tuvo descuento adicional. En lugar de cotizar el precio total únicamente, destacamos el costo incremental. Por ejemplo, cuatro programas comportaban un descuento total de 205 dólares. Cinco programas totalizaban 240 dólares. Si yo no hubiera empleado costos de incremento, la forma más lógica de describir el descuento hubiera sido: "Uno cualquiera de cuatro programas vale 51.25

dólares; uno cualquiera de cinco vale 48 dólares. La presentación por costos según cantidad es mucho más persuasiva, y propicia el aumento de la cantidad: "Cualquier quinto programa vale sólo 35 dólares". Un comprador que planee tener cuatro por 51.25 dólares cada uno ya sabe que tiene que invertir 205 dólares. Un quinto programa aumentará el pedido total a 240 dólares (5 veces 48 dólares c/u). El *costo incremento* deberá ser la inquietud principal del cliente. Mírelo en esta forma: si el cliente ya ha decidido que los programas le valen 51.25 dólares c/u, y usted quiere aumentar otro programa por sólo 35 dólares, ¿no le está causando un *perjuicio* a su cliente si no procura facilitarle en gran medida el aumento de su pedido?

Mencione siempre el costo de incremento para aumentar el volumen del pedido. Aclare muy bien que el incremento por unidad de costo de las cantidades adicionales que lleve el pedido hasta la cantidad superior siguiente, es comparativamente pequeña. Todo el tiempo, usted está reduciendo el costo total por cada artículo repartiendo los costos administrativos de procesar el pedido entre un mayor número de unidades.

Existe además otro beneficio, menos obvio, en que se aumenten los volúmenes de los pedidos de los clientes. Además de los costos reales del producto y de los costos administrativos, también existe un costo de tiempo asociado con la actividad de comprar. Usted tiene que emprender la cacería de un proveedor confiable, invertir el tiempo indispensable para desarrollar un cierto nivel de confianza, y emplear algún tiempo para lograr sentirse cómodos mutuamente. Si su cliente ya le está comprando y usted es capaz de ayudarle a satisfacer más de las necesidades que tiene, usted le está economizando el costo del tiempo para encontrar y negociar con otro proveedor.

Por una y otra razón, para aumentar la actual relación de compra, en términos de calidad y cantidad, redundará en mayor beneficio para el cliente y para usted.

2. Ponga en práctica las ventas múltiples para incrementar el número de clientes

Usted se acordará de que los clientes bancarios de John Bartholomew encontraron muy rentable ofrecerle tarjetas de crédito a los clientes actuales (las cuotas de afiliación de las tarjetas y las ganancias de intereses asociados a ellas son consideraciones relativamente menores). Los equipos de Tom Boyd en el Washington Mutual quieren ayudarle a los clientes con múltiples productos y servicios, adicionalmente a sus cuentas corrientes básicas. De nuevo, no son las ganancias directas de cualquier venta lo que genera los beneficios primarios de estas *ventas múltiples*. El principal beneficio de aumentar la variedad (como alternativa al volumen) de productos y servicios que sus clientes compran, radica en que cada nuevo producto sirve como gancho de unión adicional que le conecta con su cliente. Si un cliente tiene una cuenta corriente en un banco, un préstamo en otro y una cuenta de jubilación en un tercero, las relaciones de todos los tres bancos son vulnerables. Si todos esos productos bancarios los proporciona uno solo de los bancos, su relación con el cliente es mucho más segura.

Una de las formas más seguras de intensificar sus relaciones con los clientes es ampliándolas. Busque productos y servicios adicionales que usted pueda proporcionarles a sus clientes. La mejor fuente de ideas, por supuesto, son sus mismos clientes. Cuando les hable de primera mano en el proceso de adelantar ventas telefónicas y cuando contrate compañías de investigación para que adelanten encuestas entre los clientes, y cuando dirija grupos de atención, procure averiguar siempre qué otros servicios o productos adicionales quieren sus clientes que les suministre. Cuanto más ganchos les proporcione, más seguras y duraderas serán sus relaciones.

3. Fortalézcase con referidos

Asista a todos los seminarios de ventas que le sea posible, lea cualquier libro sobre técnicas de ventas y con seguridad le recordarán el valor de la consecución de referidos por intermedio de sus clientes. ¿Cuándo fue la última vez que alguien que le vende a usted le solicitó referidos? Aunque la práctica revela muchos sentidos y es fácil de hacerse, muy poca gente de ventas pone en práctica la técnica. El enfoque normal para recoger referidos destaca los beneficios para el vendedor. Claro está que son considerables. Los clientes potenciales con referidos son mucho más receptivos para el contacto de un vendedor, es más probable que compren, y también tienden a convertirse en clientes de mayor valor, y son quienes logran pedidos más grandes durante más largo tiempo. Pero éstos no son los principales beneficios de obtener referidos. Solicitar y hacerles seguimiento a los referidos de entrada son otras maneras de fortalecer las relaciones con los clientes que las dieron y de mantenerlos en su banda transportadora por más tiempo.

Con frecuencia me acuerdo de una técnica muy efectiva de recolección de referidos empleada por la compañía con la que yo aseguraba mis automóviles cuando vivía en California. Esta compañía en particular aceptaba sólo clientes cuya historia de conducción de automóviles fuera intachable y que los hubieran conducido con una baja tasa de accidentalidad. Si usted hubiera tenido un par de accidentes y condujera un Porsche, esta compañía no lo hubiera asegurado por ningún dinero. Ellos daban el servicio a la población de conductores de más bajo riesgo, y sus tarifas siempre fueron las más bajas del mercado en cualquier parte. Mientras viví en California (el único estado en que está autorizada para asegurar), fui su cliente permanente, y algún día uno de sus vendedores me llamó y me dijo:

Mr. Walther, usted es exactamente la clase de conductor que hace posible que nosotros mantengamos nuestras primas tan bajas. Usted debe sentirse orgulloso de su historial de conductor, porque veo que no ha tenido nunca ninguna infracción en movimiento, ni jamás se ha involucrado en alguna clase de accidentes. No hay muchos conductores que puedan decir eso en estos tiempos. Queremos seguir ofreciendo las primas más bajas posibles para usted y otros conductores cuidadosos, y yo quedaría muy complacido si pudiera conocer a algunos de sus amigos que también conduzcan con cuidado. También esto nos ayudará a seguirle sirviendo muy bien, con la seguridad de que cubrimos solamente gente que tenga el riesgo más bajo de diligenciar reclamaciones. Eso es lo que mantiene nuestras tarifas bajas para usted. Estaré muy contento de llamarlos directamente. Entre sus amigos, ¿quiénes son los dos o tres conductores más seguros que usted conozca, que también conduzcan vehículos de bajo riesgo?

Planteado en esos términos, con gusto le proporcioné un par de referencias, y también sentí una relación más cercana con mi compañía aseguradora. Usted puede emplear una táctica similar para obtener los mismos resultados positivos con sus clientes. Siga los sencillos pasos que se esbozan a continuación.

Cuéntele a sus clientes por qué *les* está solicitando referidos. La realidad es que existen algunos clientes que a usted le gustaría que se fueran y dejaran de comprarle. Es más el problema que lo que valen y no es agradable tratar con ellos. Hacer que paguen es como extraer muelas, y sencillamente no es divertido. Usted no *les* debe solicitar recomendaciones, porque es muy probable que sus amigos y asociados sean también igualmente desagradables en su trato. Pregúnteles sólo a sus mejores clientes si quiere que le recomienden personas que sean agradables y de provecho para tratar.

Ahora, si quiere ser exclusivo y solicitar recomendaciones sólo a sus clientes especiales, ¿cómo se enterarán ellos de eso? ¡Dígales! Comience de inmediato a hacerles saber, para su solaz, acerca de la atención que se merecen. Así como el agente de seguros me felicitaba por mi destacado historial de conductor, cuéntele a su cliente por qué él (o ella) es tan valioso(a) para la compañía. No estoy hablando de adularlo con falsas zalamerías. Quiero decir que le diga a su cliente *sinceramente* los motivos por los que a usted le gusta negociar con él o ella.

> Señor Olson, yo trato con una gran variedad de clientes en mi trabajo, y pocos, muy pocos de ellos son tan agradables de tratar como usted. Yo probablemente no le haya contado con suficiente frecuencia por qué aprecio tanto tener su cuenta. Usted mantiene siempre la mente abierta cuando hago alguna sugerencia, siempre está preparado con todos los detalles cuando llama para colocar sus pedidos, y se asegura de pagar sus cuentas puntualmente. Como compañía, lo apreciamos, y yo mismo lo aprecio por encima de todo.

Por supuesto, ahora su cliente está en un estado de ánimo positivo, y se siente bien con su relación por una buena razón.

Muestre cómo las recomendaciones favorecen al cliente. El representante de la aseguradora que llamó me explicó que mis primas podían mantenerse bajas sólo si se encontraban nuevos conductores muy cuidadosos, a los cuales poder asegurar. Lo que no dijo, pero que resultó ser cierto, fue que mis amigos apreciaban mis recomendaciones, y yo me beneficiaba por razón de su aprecio. La compañía me economizó dinero en las primas del seguro.

Cuando yo recomendaba amigos y ellos se economizaban un poco de dinero, también, quedaban encantados de que yo los hubiera recomendado.

Cuando llame para solicitar recomendaciones, no deje de mostrarle a su cliente que ayudarle a usted, redundará en beneficio para él.

Siento que hemos desarrollado una buena relación, y siempre haré lo mejor como sea posible para ser tan servicial. Me gustaría ayudarle a algunos de sus colegas, también. Dedico mi atención a un grupo de clientes relativamente pequeño, cuyas relaciones valoro en gran medida, para poderles dar una atención de alta calidad. Me gustaría darle a algunos de sus asociados ese mismo nivel de calidad.

Solicite recomendaciones *específicas.* El representante de la aseguradora no llamó para decir, "Hola, ¿conoce a alguien a quien yo pueda llamar para tratar de venderle un seguro?" El asunto fue muy específico. Él sólo buscaba "los dos o tres conductores más cuidadosos que usted pueda recomendar, y que además conduzcan vehículos de bajo riesgo". Esto hace que le quede más fácil a su cliente pensar exactamente en la clase de recomendación que deba facilitarle.

Cuando solicite recomendaciones a sus clientes, facilíteles la cooperación preguntando asuntos específicos, claramente definidos:

Entre sus colegas, probablemente haya algunos agentes de compras de otras compañías que se le vienen a la memoria cuando piensa en gente con quien da gusto hacer negocios y a quienes usted estima por ser muy escrupulosos. Me gustaría llamarlos y ver si es posible ofrecerles mis servicios. ¿Quiénes son las dos o tres personas que usted recomendaría para ponerme en contacto con ellas?

Conseguir recomendaciones es una manera muy provechosa y gratificante de vender. Pero la práctica también beneficia las relaciones existentes, fortaleciendo los vínculos de la asociación que usted quiere fomentar con sus clientes. La manera específica como usted impulse las recomendaciones determinará el éxito que tenga en obtenerlas.

Mantenerse en contacto con los clientes se justifica con unas relaciones más sólidas, más duraderas, más valiosas –para ambos– ahora y a largo tiempo.

☞ ¿Qué puede aprender usted de este capítulo?

• La mejor forma y la más fácil también de mantener las relaciones de un cliente activas es estar en contacto. Para aumentar las relaciones rentables, los clientes deben percibir que tienen una permanente conexión con su compañía.

• Contactos más frecuentes guían hacia una percepción más alta de la calidad. Un cliente que perciba que a su compañía le importa lo suficiente para estar en contacto y proveer información útil, piensa que ustedes son una compañía mejor.

• Cuando los clientes piensan muy bien de su compañía, también clasifican mejor sus productos y servicios, gracias al efecto halo.

• Cuando haga contacto con sus clientes, es muy importante que la información suministrada los beneficie, como con "El dato del día".

• Los vendedores tradicionales han sido orientados hacia la iniciación de relaciones con los clientes más que al mantenimiento y ampliación de las mismas. Su compañía probablemente salga mejor librada si les entrega la responsabilidad de fomentar alianzas a individuos diferentes a los vendedores originales.

• Es probable que una proporción sorprendentemente alta de clientes de una compañía quiera un contacto más permanente, en particular por teléfono. La IBM averiguó que la cifra era del 82% para sus clientes. ¿Y de la suya qué?

• Es posible que se haga demasiado contacto con sus clientes. Pero es en extremo improbable que su compañía esté en esa situación. Las probabilidades son abrumadoras de que actualmente usted les esté prestando muy poca atención a sus clientes.

- Aumentarles las ventas a sus clientes los beneficia, pues les reduce el costo administrativo de las compras, así como sus costos unitarios.

- Emplear el cálculo de costos incrementales es la mejor manera de dramatizar la economía inherente al aumento del volumen del pedido.

- Las ventas múltiples fortalecen los vínculos con los clientes, colocando al vendedor como el socio/proveedor más indispensable de la empresa.

- Solicitar recomendaciones también crea relaciones entre vendedores y compradores si se hace correctamente.

- Cuando solicite recomendaciones, primero explique por qué le está solicitando a este cliente en particular tales recomendaciones, luego indíquele los beneficios al cliente, y sea muy específico sobre qué clase de referidos busca exactamente.

☞ Resumen de lo que usted puede hacer *ahora*

- Mientras continúa rastreando las percepciones que tiene el cliente de su calidad, correlacione sus clasificaciones con la frecuencia de los contactos y note que las clasificaciones de calidad crecen en la medida que aumentan sus contactos.

- Antes de llamar a cualesquiera de sus clientes, esté preparado para proporcionar una idea o sugerencia que los haga sentir complacidos de que usted les haya llamado.

- Prepare una serie de "la idea del día" que va a emplear cuando llame a los clientes. Construya un sistema interno y una estructura de premios para que los empleados elaboren estas ideas de beneficio para los clientes.

- Equilibre sus ideas y sugerencias, con la certeza de que algunas no le convengan directamente a su compañía con un aumento en sus ventas.

- Piense usted y pídales a sus empleados que piensen en ejemplos reales de compañías que lo halaguen con atenciones de categoría. Use esas técnicas como modelo cuando desarrolle sus propios sistemas.

- Evalúe honestamente cómo responde su organización a las guías de ventas y compare los resultados con el estudio de Performark.

- Evalúe la capacidad de sus sistemas de manejo de ventas para asegurarse de que los vendedores de negocios nuevos tengan suficientes incentivos para proporcionar apoyo continuado después de cerrar la venta. Considere la posibilidad de instituir un cuadro de representantes de desarrollo de clientes.

- Si usted vende cualquier tipo de plan de servicio continuado, experimente con un programa de amnistía diseñado para lograr recuperar clientes que declinaron y devolverlos a su banda transportadora.

- Emplee un lenguaje descriptivo que admita en forma apropiada la responsabilidad de su firma por no haber podido convencer a los clientes de que compraran lo que usted vende.

- Busque relacionarse con los usuarios finales y con los directivos de la división de compras para fortalecer las relaciones con sus clientes.

- Desarrolle un sistema de premios para los clientes que le proporcionen recomendaciones.

- Ponga en marcha un sistema de información de manera que sus clientes se mantengan al corriente del resultado cuando den las recomendaciones.

- Si usted acostumbra hacer encuestas por escrito, ofrezca incentivos sustanciales para los clientes que se tomen el tiempo para diligenciarlas.

- Emprenda un análisis interno del costo del cubrimiento de sus clientes pequeños y medianos con sus programas de ventas corrientes. Compare tales costos con los del programa de llamadas telefónicas.

- Tome nota de los pocos clientes que se quejan de recibir demasiada atención; averigüe a cuántos les gustaría tener más.

- Averigüe si los clientes que actualmente reciben atención personal directa, preferirían una clase de atención diferente.

- Asegúrese de que sus programas de contacto con los clientes continúen aun durante los intervalos de poca actividad de compras.

- Hágale seguimiento a su proceso interno de ejecución de pedidos y calcule los costos administrativos que generan sus clientes. Préstele atención a la reducción de los costos unitarios para ambas partes, escalonando las cantidades del pedido.

- Mencione los descuentos para motivar a los clientes a que compren en mayores volúmenes.

- Busque constantemente ventas múltiples lógicas que le ayuden a fortalecer sus relaciones con los clientes para aumentar la confianza que tienen en usted para satisfacerles más necesidades suyas.

- Investigue áreas de su negocio que puedan servirle de estímulo a las recomendaciones de los clientes, y asegúrese de decirles por qué se las está solicitando a *ellos*; solicite recomendaciones *específicas* y muéstreles cómo las recomendaciones los benefician.

Fortalecimiento de la asociación mediante la satisfacción de necesidades

Cuando usted busque relaciones duraderas con sus clientes, su objetivo permanente debe ser profundizar y fortalecer esos vínculos. Cuantas más necesidades satisfaga, más profunda será la confianza de su cliente en su asociación de negocios. Para ampliar las relaciones con los clientes y conseguir todo su potencial de ganancia, debe analizarse de manera constante el cambio permanente de sus necesidades para que usted pueda satisfacerle más de éstas.

Hay una regla práctica en el negocio de seguros que ilustra lo que quiero decir. Si un agente de seguros le vende una póliza, digamos que de seguro de vida, hay probabilidades ligeramente mejores al 50/50 de que usted la renueve al año siguiente. Pero si él le vende dos tipos de riesgos incluidos, quizás una póliza de vida y un seguro de propietario de casa, las probabilidades de renovar ambas pólizas al año siguiente son del orden del 75/25. Y si le vende tres tipos de riesgos –digamos vida, *más* propietario de casa, *más* incapacidad– las probabilidades se disparan de nuevo hasta algo cercano a 95/5. Aumentando la *extensión* de las necesidades que usted satisface, profundiza las relaciones y fortalece sus vínculos. Esa guía de comportamiento de los seguros no es tan sorprendente cuando uno lo piensa. La misma línea de pensamiento se aplica al negocio bancario, como lo hemos visto en ejemplos anteriores. Si usted tiene una cuenta corriente en un banco, un CDT en otro, y su cuenta de ahorros en un tercero, su relación con cada banco es relativamente inconsecuente y vulnerable. Es muy fácil saldar una cuenta en alguno de los bancos, y probablemente usted no abrigue un sentimiento de fidelidad muy fuerte. Pero si todas sus cuentas bancarias se consolidaran en una sola institución, sería mucho menos probable que usted se fuera para otro banco. Si no media alguna otra razón, sencillamente porque sería todo un gran lío. Cuantas más necesidades se satisfagan, más fuertes serán las relaciones.

Los mismos principios básicos que se aplican a la banca y los seguros se aplican también a *su* empresa. Cuando una empresa sea capaz de satisfacer más necesidades para sus clientes y cuando éstos compren más de uno de los productos o servicios ofrecidos, la relación entre ellos se profundizará y fortalecerá. Si usted es propietario de una agencia de viajes y una cliente hace sus propias reservaciones de vuelos y sólo ocasionalmente lo llama por el valor especial del servicio de hoteles, su relación es débil. Si esa cliente le solicita regularmente que le maneje todos los servicios de hotel, reserva de vuelos, y así mismo lo tiene a usted para que le maneje las reservaciones del servicio de alquiler de automóviles, su relación es mucho más fuerte.

Cuando se trata de fortalecer las relaciones satisfaciendo más necesidades de los clientes, la limitación más importante es nuestra falla para reconocer y descubrir esas necesidades. Si en realidad usted desea tener éxito en establecer relaciones con sus clientes, debe descubrirle más necesidades para luego satisfacérselas.

☞ No pregunte, a menos que vaya a actuar

Por supuesto, la forma más efectiva de averiguar las necesidades de su cliente es preguntarle directamente. Si usted emplea grupos de discusión, envía cuestionarios por correo, o hace llamadas telefónicas de la oficina del CEO, es absolutamente necesario analizar cuáles son las necesidades de sus clientes si usted quiere satisfacerlas y convertirlo en un socio de largo tiempo. Sin embargo, el análisis no tendrá valor alguno a menos que usted lo realice hasta el final, y actúe sobre lo que ha averiguado. Prometer que usted le solucionará más necesidades y después no poder cumplirle, sólo servirá para dañar sus relaciones.

Analizar las necesidades del cliente es un imperativo permanente

La clase de contacto directo con los clientes que se diseñe para descubrir y analizar las necesidades, no debe entenderse como un único intento o como un esfuerzo periódico. Debe ser permanente. Las necesidades de los clientes cambian con frecuencia y es necesario seguir preguntándoles una y otra vez para estar al corriente y anticiparse al desarrollo de sus deseos.

¿De quién es ese departamento?

¡Suyo! La búsqueda constante y la satisfacción de las necesidades del cliente son la verdadera esencia del mercadeo, y cada persona de su organización puede jugar un papel importante. Aun empleados que nunca hablan directamente con los clientes pueden contribuir a reconocer sus propias necesidades personales cuando están actuando como clientes y sugiriendo la forma de incorporarlas en las ofertas de su compañía. Lo que usted desea desarrollar es una organización en la que cada uno tenga conciencia de que ellos vienen a trabajar todos los días con el objeto de descubrir y satisfacer las necesidades del cliente. Si eso no se hace, no habrá empleo para nadie.

   Ejemplo. Airborne es suficientemente grande para entregar y suficientemente pequeño para escuchar.

Cuando usted ve una mensajera de Airborne Express que corre hacia su camión, o advierte una de esas bolsas de correo de color negro y rojo, probablemente supone que la Airborne es como cualquiera otra compañía de expresos aéreos. No del todo. Airborne es altamente especializada y se concentra en servir las necesidades de empresas de rápido crecimiento con un gran volumen de necesidades de transporte. Esto mantiene bajos los costos de Airborne, y también la ayuda a mantener la mira puesta en las necesidades de los clientes. La ventaja empresarial única más importante de Airborne es su tamaño. Es suficientemente grande para beneficiarse de la economía de escala y suficientemente pequeña para escuchar a sus clientes *y actuar sobre lo que dicen.* El núcleo de la estrategia de mercadeo de Airborne es averiguar lo que los expedidores objetivo desean y *entregar* lo que desean mejor que nadie más en el negocio.

¿Funciona este enfoque? Airborne es la compañía de aeroexpresos de más rápido crecimiento del país. Está en su quinto decenio de servicio internacional, con carga hacia 200 países. Una de las estaciones de manejo de la Airborne fue la primera instalación de transporte de los Estados Unidos que recibió certificación por satisfacer las normas internacionales de la superrigurosa ISO 9000 sobre calidad de servicio. Con base en estación por estación, Airborne continúa persiguiendo la certificación ISO 9000 para todas las instalaciones de su sistema.

En la Airborne –a todos los niveles de la compañía– todos están vivamente conscientes del papel de asociados que juegan con sus clientes. El análisis de las necesidades es la piedra angular de la cultura corporativa de la Airborne. Los representantes de ventas y los gerentes de distrito se reúnen regularmente con los clientes importantes y preguntan: "¿Qué necesitan de nosotros? ¿Qué podemos hacer para fortalecer nuestra asociación? ¿Cómo podemos ayudar?" Un grupo de telemercadeo carga con la responsabilidad no sólo de hacer crecer el negocio, sino también de dirigir la investigación informal. También ellos constantemente les preguntan a los clientes qué necesitan y si Airborne les está satisfaciendo sus expectativas.

La Airborne ofrece a los expedidores una multitud de programas novedosos que han salido directamente de las sugerencias anteriores de los clientes. Una de sus cuentas nacionales más grandes es un laboratorio de exámenes médicos especializado en análisis rápidos de muestras de sangre y de orina. Naturalmente éstas deben ser frescas, pero también es importante que sean seguras. La conciencia frente al SIDA, el potencial de contaminación médica y las implicaciones legales del ensayo de drogas se combinan todas para hacer absolutamente esencial una cadena de custodia. Los procedimientos de seguimiento tradicional no eran suficientemente seguros para este cliente, y las bolsas de transporte normales no ofrecían garantías adecuadas. La Airborne escuchó y se puso a trabajar, creando un nuevo tipo de envoltura a prueba de alteración del contenido llamado Lab Pack y un sistema de seguimiento altamente sofisticado para estas remesas delicadas.

Cuando la IBM le otorgó un enorme contrato a la Airborne, dándole el derecho exclusivo de despachar todas sus remesas de menos de cinco libras, la Airborne escuchó cuidadosamente las necesidades de los expedidores, y terminó por aumentar los vuelos en sus horarios nocturnos a las instalaciones de carga más importantes de la IBM, para asegurar que no dejara de enviarse ningún paquete o bolsa.

Una amplia gama de condiciones variables de mercado y las sugerencias de los clientes dieron lugar a la creación de la subsidiaria tripartita de logística de la Airborne, Advanced Logistics Services (ALS). Muchos de los servicios de ALS para los clientes tienen lugar en el parque de rápido crecimiento de la Airborne Commerce Park, un negocio de 447 acres (181,035 Ha) y un parque industrial en desarrollo, adyacente al aeropuerto para todo propósito, de propiedad privada de la casa matriz en Wilmington, Ohio. El parque incluye cerca de un millón de pies cuadrados (93,137 m²) de área de bodega. La ALS tiene a su cargo la extensa área de bodegaje y la capacidad de distribución y proporciona información sobre el estado del arte y soporte técnico.

Si se le daña su sofisticado equipo en Java, puede enviarlo a la zona de comercio exterior del Airborne Commerce Park, enviar a sus técnicos para el diagnóstico y la reparación de la falla, y luego embarcarlo de regreso a Indonesia sin que ni siquiera pase por la aduana de los Estados Unidos o pague aranceles internacionales de aduana. Las instalaciones ofrecen inclusive un servicio llamado Central Print para posibilitarle al servicio de American Express Lifeco Travel tenerles los tiquetes aéreos e itinerarios de viaje impresos a sus clientes en las instalaciones de la Airborne a más tardar a las 2 a. m. hora estándard del este y además repartirlos la misma mañana por todos los Estados Unidos continentales.

Varios fabricantes de equipos industriales contestaron las preguntas de la Airborne sobre análisis de necesidades, explicando sus requerimientos para lograr el rápido envío de repuestos cuando sus equipos se dañaran. La respuesta de la Airborne fue la creación del sistema de "Bolsa de intercambio": esencialmente una red de bodegas de Airborne Express, que almacenaban los repuestos de emergencia codificados de sus clientes, listos para cargarlos inmediatamente en los aviones de la Airborne.

Como es de esperarse, la Airborne ofrece entregas durante la noche, la mañana y la tarde, así como un servicio más económico de servicio de segundo día y manejo especial para grandes cargamentos. Pero la mañana siguiente no era lo suficientemente rápido para algunos de los clientes, de modo que la Airborne instituyó un servicio de entregas el *mismo día* ofreciendo un arreglo de expreso puerta a puerta por medio de su subsidiaria, Sky Courier. ¿Por qué? Porque los clientes dijeron que lo necesitaban. La Airborne escuchó *y actuó.*

Otros clientes se quejaron del costo de los gastos generales administrativos asociados con el manejo de las facturas de carga de la Airborne y su procesamiento para pago. La respuesta de la Airborne consistió en suprimir las facturas para estos clientes. A algunos de los expedidores nunca les dan lo que se considera una factura regular. En su lugar, sus despachos son listados y debitados electrónicamente; aun los pagos se trasladan electrónicamente al departamento de cuentas por cobrar de la Airborne sin necesidad de que alguien tenga que escribir cheques y enviarlos en un sobre. Podría parecer que innovaciones como este sistema de facturar y de pagar, no tienen nada que ver con la entrega oportuna de los envíos a los clientes. Pero la Airborne no se considera una compañía de transporte. Su objetivo es formar asociaciones fuertes con los clientes para satisfacer sus necesidades relacionadas con el transporte y entregarles satisfacción total, aun si esto significa cambiar la forma en que la Airborne lleva a cabo sus negocios.

¿Qué puede aprender usted de este ejemplo? Escuchar a sus clientes es provechoso; pero sólo si usted está dispuesto a actuar de acuerdo con lo que oye. En la Airborne, escuchar y actuar es parte de la cultura de la corporación. La gerencia se lo inculca a cada empleado, y practica las mismas disciplinas desde arriba. Propague y reformule la idea sobre el desempeño como asociado que usted representa para sus clientes. En la Airborne, habría sido muy sencillo decir: "Nosotros recogemos documentos y paquetes, los ponemos en los aviones y los entregamos a los destinatarios. No estamos en el negocio de bodegaje, y con seguridad no vamos a imprimir itinerarios de viaje para los clientes de nuestros clientes". Esa forma de pensar tan limitada, sin embargo, habría significado desentenderse totalmente de algunas de las innovaciones más importantes de la Airborne en el Commerce Park. La dirección de *su* objetivo no puede ser mantenerse mezquinamente en el negocio en que parece estar, sino, más bien, satisfacer más y más las necesidades que sus clientes dicen que tienen.

☞   Ellos hablarán si usted escucha

Los clientes no son, en lo más mínimo, renuentes a ayudar a los empresarios a mejorar sus productos y servicios; ocurre que no muy a menudo les solicitamos su participación. Yo todavía estoy por encontrar una compañía que haya buscado sinceramente las ideas de sus clientes y termine diciendo, "¡Caramba, no nos dieron ni una sola!"

¿Dónde está su *verdadero* departamento de desarrollo de producto?

Su base de clientes constituye su verdadero departamento de desarrollo de producto. Si usted tiene la posición de socio de largo plazo con sus clientes, seguramente buscará sus opiniones.

Algunas compañías hacen todo lo posible por averiguar en qué forma sus clientes mejorarían sus productos. Una de las historias del gran éxito de los programas de computador (*software*) proviene de Intuit, Inc., un editor de Quicken and QuickBooks. Ambos son programas que dominan sus respectivas categorías: contabilidades de hogar y de negocios pequeños. Además de la excelente operación del servicio telefónico tradicional, grupos de atención y encuestas formales, Intuit emplea la investigación *sígame a casa*, en la que llama a los minoristas para preguntarles los nombres de los clientes que han comprado sus programas. Luego los investigadores van a los hogares de los clientes para ver cómo usar los programas de computador, de tal modo que puedan observar las trabas que puedan ocurrirle al usuario promedio.

Scott Cook, cofundador y CEO, dice:

> En una compañía manejada por consumidores, la Investigación y Desarrollo se ocupa de cantidades de investigación sobre los consumidores. Con el propósito de satisfacer las necesidades de los clientes, usted tiene que ser técnicamente muy bueno, pero llega a la tecnología a través del contacto muy cercano y personal con el cliente.

Ejemplo. Las firmas de alta tecnología permanecen en armonía con sus clientes.

Ahí va usted, piloteando su 747-400 en su acercamiento final al aeropuerto Kai Tak de Hong Kong y pensando: "Preferiría aterrizar en mi Cessna 182 en Renton". Usted puede hacerlo. Porque la compañía que hizo el programa de computador está escuchando a su equipo de desarrollo de producto: que son *usted* y todos los otros fanáticos ávidos de los programas de simulación de vuelos por computador. Los aeropuertos y aviones empleados en el programa no son seleccionados por un diseñador de producto, sino por los clientes a quienes llaman para pedirles sus ideas y solicitudes.

Algunas de las principales compañías de alta tecnología del mundo son fanáticas fervientes de mantenerse de acuerdo con las necesidades y deseos de sus clientes, y lo hacen contratando con ATTUNE, una compañía de servicios de mercadeo en Bellevue, Washington, que mantiene una vigilancia constante para ellas. (Los clientes de ATTUNE son comprensiblemente silenciosos sobre su herramienta secreta de marketing, por lo que aquí disfrazamos sus identidades). Cuando sale un nuevo programa de computador o una mejora significativa de uno que ya existe, los gerentes de producto de una de las compañías de computadores más famosas de la costa occidental de los Estados Unidos celebran una reunión de personal diaria sobre el progreso del proyecto. La reunión tiene lugar a las 4 p. m. y ¡todos los interesados saben lo que los clientes han estado diciendo en todo el país hasta las 3 p. m. del mismo día! Los investigadores de ATTUNE continúan en el teléfono, llamando a los clientes para recibir su información hasta las 3 p. m. (6 p. m. de la costa este, en donde la mayoría de los usuarios de las empresas han completado ya todo el día de estar ensayando el programa de computador). El conjunto de computadores personales de ATTUNE elabora el análisis cuantitativo de la investigación del cliente, interpreta el resultado rápidamente, hace el resumen de las observaciones, y las transmite diariamente a las 3:45 p. m., por medio de equipos especiales de transmisión de datos (*modem*), a los grupos de manejo de producto para que se distribuyan en la reunión de las 4 p. m.

Cuando usted compara los registros del asombroso crecimiento de estas compañías de alta tecnología en la última década con el mediocre desempeño relativo de la mayor parte de las compañías de baja tecnología, piense en lo que están diciendo sus respectivos gerentes de marketing. Los de alta tecnología pueden estar quejándose: "Son las 3:45 p. m. y aún no tenemos el análisis de la reciente investigación nacional. Nuestra reunión se inicia en quince minutos. ¡Tenemos que saber lo que piensan nuestros clientes!" Los otros están diciendo: "Me pregunto cuándo aparecerá el último análisis de la investigación nacional. Ya estamos en mayo, y tenemos nuestra sesión de planeamiento para el lanzamiento de producto del año entrante, que es ya para el mes que viene". ¿No se supone que el éxito de una parte significativa de las compañías de alta tecnología tiene que ver con la consistente y urgente preocupación de sus gerentes de conocer las opiniones de los clientes?

Mientras los usuarios de PC de todo el mundo instalan la versión X.0 de sus sistemas operativos, ATTUNE ya está haciendo llamadas diarias de investigación a probadores beta que están usando la versión X.1, y están ayudando a planear las características de la versión X.2. No existe posibilidad alguna de que una compañía de programas de computador (*software*) de desarrollo acelerado pueda ensayar cada posibilidad poco común de sus productos, dada la variedad de computadores y paquetes de programas que sus clientes emplean todos los días. Así que ellos hacen la mejor investigación interna posible, y luego se cambian a su equipo de investigación externo, *sus clientes.*

Otro de los clientes exitosos de ATTUNE vende el mejor sistema de despliegue gráfico que hayan empleado los ingenieros de la Boeing para diseñar el 777; los productores de videos de Michael Jackson para crear efectos cautivadores, y Steven Spielberg para concebir simulaciones de computador de las manipulaciones del DNA para *Jurassic Park*. Esta compañía pensó que podría ser bueno hacer un seguimiento y hablar con sus clientes después de que los ingenieros de sistemas les hubiesen visitado y hubieran arreglado los problemas técnicos del sistema de computador. Al comienzo, unos pocos empleados trataron de hacerlo durante su ya congestionado día de trabajo o se demoraban hasta tarde y hacían algunas llamadas. Como resultado, la compañía descubrió que sus sofisticados clientes estaban encantados de que alguien se interesara lo suficiente para llevarlo a cabo y hablar con ellos. Ahora, la compañía dice, "nosotros no consideramos que un trabajo está terminado sino hasta tanto no se llame al cliente y se le solicite información sobre la visita de nuestros ingenieros". J. D. Powers es bien conocido por haber publicado la principal lista de satisfacción de clientes de la industria automotriz; pero en la industria del computador, esa voz autorizada es Dataquest, la cual clasifica al cliente de ATTUNE en el primer lugar: adelante de Sun, IBM, Digital Equipment, y Hewlett-Packard. Y el cliente está determinado a destacarse con respecto a sus competidores en el sofisticado mercado de la estación de trabajo de los computadores gráficos.

Esta compañía reconoce que las percepciones de los clientes en su campo de servicio son el resultado directo de experiencias específicas con los ingenieros particulares que hacen las llamadas de servicio. Ellos no dejan el desempeño de los ingenieros al azar. Gracias al sistema de ATTUNE, todos los ingenieros de sistemas saben exactamente en dónde están en comparación con sus colegas, así como cuál ha sido la tendencia de la clasificación durante los últimos nueve meses, y cómo se ve la proyección trimestral que le indica qué dirección lleva. Cada ingeniero de sistemas de soporte individual obtiene mensualmente su encuesta de satisfacción al cliente, que incluye los resultados cuantitativos de la clasificación de los clientes ("¿Cómo clasificaría usted las habilidades técnicas del ingeniero?" "¿Tiempo de respuesta?" y cosas así), y el resumen de las observaciones cualitativas.

¿Qué puede aprender usted de este ejemplo? Las compañías que se mueven con rapidez y avanzan en ambientes de negocios ágiles y variados no confían solamente en la información admitida por los clientes. Por sí mismas, ellas las buscan activa y rápidamente. Usted alcanza un tremendo impulso competitivo cuando decide mantenerse cerca de sus clientes. Cuanto más rápido se entere de ellas, más sensatas serán sus decisiones sobre desarrollo de producto. No es suficiente esperar a que se pongan en contacto con usted. Lo más conveniente es adoptar una postura agresiva y encontrar los clientes y tratarlos como socios para el desarrollo de producto. Piense en establecer una relación de largo plazo con una tercera firma de marketing que ya haya desarrollado experiencias en este campo. Usted puede encontrarse también con el hecho de que sus clientes son más abiertos cuando hablan con un tercero.

☞ Vaya más allá de su producto

Es fácil pensar que "la satisfacción de necesidades" está ligada a su producto. Como lo muestra el ejemplo de la Airborne Express, los programas que usted inicia y los cambios que hace para satisfacer necesidades, pueden ir mucho más allá de sus ofrecimientos corrientes y pueden estar relacionados sólo indirectamente con el negocio en que usted parece estar.

Suspenda por un momento su ocupación presente y pregúntese, "¿Qué están comprando realmente mis clientes? ¿Ante todo, por qué hacen negocios conmigo? ¿Qué es lo que quieren?" La Toyota se hizo todas estas preguntas y se las hizo a sus clientes allá por la década de los años ochenta y se dio cuenta de que los compradores querían estar satisfechos como propietarios, no solamente tener buenos vehículos.

Ejemplo. El *concepto* Lexus incluye un automóvil.

Lexus no es sólo el nombre de un automóvil. Es el nombre de un producto conceptual que personifica la satisfacción superior del cliente y apunta a deleitarlo y convertirlo en su adepto. Surgió de la fértil imaginación de un hombre del automóvil americano llamado John French quien sugirió el cambio de una palabra críticamente importante a la Toyota.

Usted puede haber pensado que el Lexus fue diseñado en el Japón, y efectivamente así fue. El *automóvil* fue construido por un japonés llamado Suzuki. La carrocería, el motor, el interior y el tablero son todos originarios del Japón. Pero no es eso lo que distingue el automóvil Lexus de otros automóviles de buena calidad.

Más que cualquier otra cosa, el Lexus es un *concepto* de satisfacción del cliente, sólo que casualmente incluye un vehículo que deleita a los clientes. El automóvil real es sólo una faceta del paquete conceptual. Usted compra un Lexus porque sabe que el distribuidor que se lo vende va a encargarse de cuidarlo a usted. Usted va a comprarlo porque el Lexus ha sido clasificado consistentemente a la cabeza de las encuestas de satisfacción de cliente. Usted lo compra porque su solo nombre tiene una connotación de lujo tanto en el automóvil como en el esmerado cuidado que usted recibirá como cliente. Usted lo compra porque tuvo un amigo que le contó que su distribuidor lava y lustra su automóvil Lexus gratis cuando lo lleva para un cambio de aceite. Uno de mis colegas habla con mucho entusiasmo sobre el día que llevó su Lexus para un afinado de motor rutinario, y cuando lo recogió se encontró con que el distribuidor –sin costo– le había reparado una abolladura en la puerta del lado del conductor. El automóvil en sí mismo es ciertamente de primera clase; pero es la forma como Lexus lo hace sentir lo que es verdaderamente insuperable.

En un vuelo de Los Angeles a Dallas, tuve la buena fortuna de sentarme al lado de John French, la persona que realmente definió el nombre de Lexus, y me contó la historia del desarrollo del automóvil.

John creció en el negocio de automóviles, trabajando tanto en la Ford Motor Company como en una distribuidora de Ford en Portland, Oregon. Más tarde, se cambió para la Toyota, trabajando nuevamente en diversos oficios en la organización de campo, red de distribución, y en la casa matriz nacional. Me contó sobre un cambio monumental en la Toyota que dependía de cambiar una sencilla palabra en la guía de comportamiento del distribuidor. El cambio de esa palabra llevó directamente a la génesis del concepto Lexus.

A comienzos de la década de 1980, John tenía bajo su responsabilidad el departamento administrativo de clientes de Toyota, y manejaba el presupuesto para satisfacción del propietario, o sea PSP. Éste era una suma presupuestada por el gerente, apropiada para cubrir reparaciones para clientes de la Toyota por circunstancias excepcionales. Si alguien compraba un Toyota que tenía un problema y lo traía para reparación dentro del periodo de garantía, no había duda de que el vendedor lo arreglaría, y le facturaría los costos a la Toyota. Pero si no se daba cuenta del problema hasta después de haber expirado la garantía, podría no tener tanta suerte. Si era lo suficientemente insistente y persistente, podría ocurrir que Toyota y el distribuidor le arreglaran el automóvil sin costo alguno. El distribuidor a su vez le cargaría estas reparaciones poco frecuentes a la Toyota, que las debitaba contra el presupuesto PSP del distribuidor.

En 1982, la Toyota presupuestó para estas reparaciones de satisfacción del cliente, y midió y evaluó distribuidores con base en su aceptación del presupuesto. Si un cliente venía con un problema después del periodo de garantía, la Toyota y el distribuidor podían decidir arreglarlo y cargarlo al PSP, todo en nombre de las relaciones con el cliente. Pero si el presupuesto se agotaba y otro cliente llegaba con un problema idéntico, la reparación podía no ser aprobada. "La manera de ser un héroe", recordaba John, "era estar por debajo de presupuesto".

John dedujo que esta política estaba recompensando el comportamiento equivocado. Los representantes de campo de la Toyota y sus distribuidores eran evaluados y recompensados favorablemente por no aceptar los clientes que representaban el éxito y la reputación futura de la Toyota. El comportamiento de corto plazo estaba perjudicando en el largo plazo a la compañía. Como se había entrenado a los distribuidores para que defendieran el presupuesto en lugar de las relaciones con el cliente, John puso en práctica el concepto de "El toque Toyota" en 1984. Este concepto se refería a un arreglo por medio del cual la gente de relaciones con el cliente de la corporación podrían intervenir y hacerse cargo del problema si un cliente de la Toyota no estaba satisfecho. El interés se orientaba claramente en ser el número uno en la satisfacción de clientes.

John comenzó a pensar en las implicaciones de la palabra *presupuesto*. Como hombres de negocios que somos, estamos condicionados a pensar en el presupuesto como la máxima cantidad que podemos gastar. Pero él no quería que los distribuidores *gastaran*. Quería que *invirtieran* en la satisfacción del cliente. Así que el nombre del fondo se cambió de Presupuesto para satisfacción del propietario (PSP) por Asistencia para satisfacción del propietario (ASP). El familiar renglón PSP del presupuesto se convirtió en el renglón ASP. El papel del fabricante, razonaba John, es ayudar a los distribuidores a que creen propietarios satisfechos que compren de nuevo y hablen muy bien de la Toyota a sus amistades.

Y funcionó. Los distribuidores comenzaron a dedicarse a atender a los clientes en lugar de esforzarse por estar por debajo del presupuesto. Y, durante el proceso, la compañía estaba invirtiéndoles en tiempo a clasificaciones en la satisfacción en el largo plazo a sus clientes, que la llevaron a un dramático aumento en la clasificación de la Toyota en las encuestas de clientes en comparación con las cifras que alcanzaban los competidores. Los equipos gerenciales de la Toyota en el Japón y los Estados Unidos tomaron nota de que la marca mostraba un fuerte crecimiento en la satisfacción de clientes y en su intento de comprar automóviles Toyota en el futuro, aunque en sí mismo el vehículo no había mejorado especialmente.

Este argumento llevó a algunas suposiciones importantes. ¿Y si la Toyota decidiera crear una división nueva para fabricar y comercializar un automóvil excelente que saliera al mercado con una insuperable atención al cliente? Así John French se convirtió en el primer empleado de este proyecto y comisionó una agencia de creativos de Nueva York para que concibiera el nombre para una compañía y un producto nuevos. El especialista en nombres presentó una lista de 30 nombres potenciales, que posteriormente redujo a 24 finalistas. Uno de los nombres sometidos por la agencia fue Alexis Motorcars. *Alexis* no le sonó bien a John, o no le representó el sentimiento o imagen que él tenía en mente. Así que John eliminó la A y sustituyó la I por la U. Ahora sí le pareció que tenía el nombre que presentaba una imagen de alta tecnología con una sensación de lujo. Después de mucho ensayo y discusión en grupo, el equipo del proyecto se decidió por *Lexus* y con el visto bueno de la gerencia de la Toyota, todo quedó definido. En 1989, se vendió el primer automóvil Lexus en los Estados Unidos, y si usted tiene un amigo que posea uno, entonces ya sabrá que los clientes de Lexus hablan con mucho entusiasmo tanto de la atención al cliente como del automóvil en sí.

El éxito de la Toyota con el proyecto Lexus surge no sólo por la excelencia técnica del automóvil, sino del extraordinario trabajo que realizó la compañía en analizar, entender y satisfacer las necesidades de los propietarios de automóvil.

¿Qué puede aprender usted de este ejemplo? Mientras usted revisa sus sistemas actuales para satisfacer las necesidades del cliente, esté atento a los detalles pequeños, como la palabra *presupuesto*, que sutilmente puede estar distrayendo a sus colegas y empleados de la meta de tener clientes satisfechos. En ocasiones, satisfacerlos requiere adicionar completamente una línea de servicio o producto nuevo o aun establecer una nueva marca, como lo hizo la Toyota con Lexus. Con sólo pellizcar sus políticas de servicio y mejorar su producto, el cambio puede no ser lo suficientemente impactante para lograr relaciones duraderas con toda una nueva base de clientes, particularmente si su reputación del momento es apenas regular. Mientras analiza las necesidades de sus clientes y busca la forma de satisfacerlas, piense en algo muy distinto de su marca o producto actuales. Busque nuevas formas de emplear sus recursos –por ejemplo, fábricas de automóviles– para satisfacer las necesidades de los clientes. Usted puede resultar con todo un concepto de producto nuevo o aun una compañía nueva.

☞ Promesa es promesa

Cuando descubra las necesidades de su cliente, tenga cuidado con las promesas que haga para satisfacérselas si después no puede hacerlo. En primer lugar, no cumplir una promesa es peor que no prometer nada.

Para evitar quedarse corto en las expectativas de sus clientes, *maneje* esas expectativas. Una gran parte de las opiniones que tienen los clientes de nuestras compañías surge de la comparación que hacen entre nuestro desempeño y sus expectativas. ¿De dónde vienen esas expectativas? Con frecuencia comienzan con nosotros mismos y las promesas que les hacemos. Si usted me coloca un pedido a finales del día y pienso que todavía hay posibilidades de que salga hoy mismo, siento la tentación de decirle que se lo despacho de inmediato. Usted toma esto como un compromiso. Si, como sucede con demasiada frecuencia, las cosas no resultan tan fáciles como yo esperaba y su despacho no sale hasta el día siguiente, usted queda desilusionado conmigo porque no pude cumplirle. Estoy en mejor posición si le comunico que su pedido se despachará dentro de las 48 horas siguientes; pero, luego, *de todos modos* hago lo imposible para enviárselo el mismo día. Aunque su reacción inicial al compromiso de 48 horas pueda ser ligeramente negativa, quedará dichoso cuando su pedido llegue "temprano" o al menos "a tiempo".

Para ponerse en la mejor posición posible, prometa lo que está seguro de poder cumplir; pero con la confianza de que también podrá mejorar su oferta.

Esto crea expectativas reales en su cliente, evita desilusiones, y le proporciona la oportunidad de superar tales expectativas, causándole gran alegría.

Ejemplo. De cómo Apple prometió poco y luego se sobró en la entrega.

El campo de la fotografía ha cambiado de modo muy considerable durante los últimos años, especialmente gracias a las nuevas tecnologías que permiten la manipulación por computador de las imágenes fotográficas. Empleando las imágenes digitales y retocándolas, un fotógrafo profesional entendido en computadores puede alterar casi cualquier cosa en una fotografía, si se da la correcta combinación del equipo y del programa de computador. Apple Computer es el líder más destacado en este segmento del mercado de técnica altamente especializada y acelerado crecimiento.

Cuando la Professional Photographers Association, o PPA, comenzó a hacer sus preparativos para su convención anual de 1993, que iba a llevarse a cabo en el Hotel Opryland de Nashville, supusieron que podrían contar de nuevo con el apoyo de Apple. Durante años, la compañía se había asegurado de que los directores del seminario tuvieran los últimos computadores a su disposición en la convención de fotógrafos para demostraciones en vivo de técnicas novedosas. Apple no le cobraba a la Asociación por el uso de los equipos y, por supuesto, el respaldo implícito de la línea de productos de Apple así como el modelo de facto para los fotógrafos, beneficiaba la imagen y las ventas de Apple con este importante mercado.

El año de 1993 fue otro año tumultuoso para la industria del computador, y fue especialmente duro con la Apple Computer. Por razón de recortes de personal y desorganización en la oficina matriz de la compañía en Cupertino, California, los organizadores de la convención de la PPA no lograron sino evasivas cuando llamaron para arreglar lo relativo al préstamo de los equipos. Sus anteriores contactos habían sido promovidos y los nuevos encargados de este tipo de promoción parecían no estar conscientes del compromiso, vigente por mucho tiempo, de apoyar a la industria fotográfica. No fueron en modo alguno serviciales.

Entonces, los fotógrafos trataron de obtener ayuda de la oficina regional en Chicago, donde la Asociación tiene sus oficinas principales. De nuevo, ninguna ayuda. El comité organizador comenzó a ponerse nervioso a medida que se acercaba la fecha de la convención. Sin el apoyo de Apple con los computadores para el salón de clases del seminario, iban a tener que cancelar algunos de los programas previstos y emplear máquinas de otras marcas tecnológicamente inferiores, para los otros.

Planear un evento importante como éste, que esperaba la asistencia de 5,000 profesionales y coordinar docenas de sesiones del seminario no es tarea fácil, causa consternación, toma mucho tiempo, es una tarea complicada, por decir lo menos. El incumplimiento de la Apple para proporcionar el apoyo esperado era lo último que los organizadores querían tener que atender. Faltando sólo una semana para que se abriera la sesión inaugural de la convención, encontraron por fin a alguien de Apple, que tuvo la buena voluntad de escuchar y de actuar.

Steve Turner es un ejecutivo de desarrollo de marketing de Apple, ubicada en Nashville, el lugar de la convención. Cuando el coordinador de imagen electrónica de la PPA finalmente lo consiguió, Steve describe la disposición del fotógrafo como "frustrante, desesperante y aterradora". El representante de la PPA dijo: "Mire, estamos tratando de ayudar a Apple a conservar su liderazgo del mercado, dándole gran despliegue en la convención, pero absolutamente nadie colabora". La primera reacción de Steve fue colocarse en la posición del cliente. La Professional Photographers Association no estaba cobrándole la publicidad a Apple y no estaban buscando regalos ni pidiendo limosna. Todo lo que querían era tener en préstamo varios computadores por unos pocos días durante la convención, para que los instructores pudieran hacer un despliegue de la tecnología de Apple y enseñarles a otros fotógrafos cómo usarla. Después de todo, Apple había hecho en forma rutinaria exactamente lo mismo que en las convenciones anteriores.

Steve sabía que bien valía la pena ayudar a la PPA, y tenía la corazonada de que él podría, al menos parcialmente, sacarlos del atolladero en que estaban, así que les preguntó qué era lo que necesitaban exactamente.

> Lo que necesitamos son 10 de las mejores máquinas de la línea de Apple, cada una de ellas con veinte megas de RAM. Cada una debe tener un monitor grande, de lo mejor de la línea a color con un tablero acelerador de video debidamente instalado.

Esa era una tarea enorme.

Mientras escuchaba su solicitud telefónica, Steve estaba mirando tres computadores que tenía allí en su oficina. Pero no tenía forma de alinear siete más. De tal modo que, en lugar de meterse en un lío y hacer una promesa que podría no estar en condiciones de cumplir, únicamente dijo:

> Voy a hacer lo mejor posible por ustedes, pero no puedo hacerles ninguna promesa en firme por ahora. Sin embargo, díganme, ¿les serviría de algo si de alguna manera yo les pudiera alinear dos o tres máquinas?

Esto, al menos, significaría que podrían proceder con sus seminarios más críticos, forzando la cancelación de sólo algunos menos importantes. Esperanzado en prevenir un desastre completo, el representante de la PPA dijo:

> Claro que nos serviría. Creo que podemos hacer algunos ajustes para arreglárnoslas con dos o tres máquinas.

Los fotógrafos ya habían sido decepcionados por Apple, así que Steve fue en extremo cuidadoso para no quedarles mal de nuevo. Se aseguró de no comprometerse en exceso ni despacharles menos. De hecho, hizo justamente lo contrario. Se comprometió en menor grado para que las expectativas del cliente fueran reales. Y luego se puso a trabajar tratando de exceder sus esperanzas sobrándose en la entrega.

Después de mucho pedir apresuradamente, Steve Turner resultó no sólo con dos o tres, sino con cinco máquinas de alto poder. Y llamó un contacto en RasterOps, fabricantes de monitores de alta calidad, para implorarles algunas representaciones visuales. Todo llegó junto, y la Professional Photographers Association recibió cinco sistemas de computador poderosos, despachados a la Convención en el Opryland Hotel, justo a tiempo para el seminario.

La PPA se había disgustado con Apple, pero ahora estaban agradecidos. Steve le atribuye el cambio tan radical en la percepción que la PPA tiene de la Apple, a su práctica de prometer por lo bajo. Como dice: "Si la entrega iguala las expectativas, se anulan". No deseaba que se anularan, quería complacer a los fotógrafos, razón por la cual prometió menos de lo que sabía que podía entregar, previendo que ellos tendrían menores expectativas y luego se sentirían verdaderamente complacidos al entregarles con creces.

Lo que es más importante sobre este incidente entre la Apple y la Professional Photographers Association no es la convención en sí misma, sino la relación. Recordando, Steve dice:

> Ellos son buenas personas. No me gritaron, y no hubieran escrito cartas desagradables quejándose del trato que les dio el personal de la oficina de la corporación. Pero claro que estoy satisfecho de que me hubieran encontrado, porque de lo contrario ellos sencillamente se habrían ido en silencio, sintiéndose frustrados por completo con la Apple. IBM, Compaq, o alguien más, hubieran apoyado la convención del año siguiente, y en poco tiempo, toda la industria fotográfica se hubiera desligado de nosotros.

¿Qué puede aprender usted de este ejemplo? Nuevamente, el tema de la relación sale a relucir fuerte y claramente. Cuando usted pone sus prioridades de marketing al revés, es mejor que se centre en el valor de sus relaciones de largo tiempo. Eso es mucho más importante que la resolución de cualquier incidente. Las alianzas valiosas de mucho tiempo pueden dañarse –a un gran costo– chapuceando episodios aparentemente sin importancia.

Cuando se le presente una situación en la que el cliente necesite una ayuda *grande*, y esté bastante seguro de que puede solucionarla con una *pequeña*, asegúrese de ofrecer por lo bajo. Esto disminuye las expectativas del cliente a niveles reales, y lo pone a usted en posición de entregar más de lo ofrecido, causando una gran satisfacción.

Su éxito final en aumentar las relaciones con el cliente depende de su habilidad para analizar, entender y satisfacer las necesidades de sus clientes. Eso es lo que los mantendrá sobre su banda transportadora.

☞ **¿Qué puede aprender usted de este capítulo?**

- Para maximizar las relaciones con el cliente y obtener todo su potencial de beneficio, usted debe analizar permanentemente las necesidades variables del cliente para que pueda ayudarle a satisfacer un mayor número de ellas. Cuanto mayor sea la cantidad de necesidades que le satisfaga, mucho más profunda será la confianza de su cliente en su asociación de negocios.

- El contacto directo con los clientes, que se ha planeado para descubrir y analizar sus necesidades, debe ser permanente.

- Escuchar a sus clientes tiene sentido si usted está preparado para actuar.

- Si su compañía sinceramente les solicita a sus clientes algunas ideas, ellos procederán con presteza a dárselas.

- Sus mejores ideas para el desarrollo de producto siempre procederán de los clientes que realmente usan sus productos y servicios. Ellos son los únicos que pueden sugerirle seriamente lo que se requiere para mejorar lo que hace su compañía. Pregúnteles.

- El criterio para "información rápida" se ha acortado de modo considerable en los últimos años. Obtener información sobre las opiniones de los clientes el año pasado o del trimestre pasado ha dejado de ser suficientemente rápido. Aspire a lograr información en tiempo real (cuando la ocurrencia de un evento sea casi simultánea con su divulgación). Cuanto más rápidamente se entere, más pronto podrá reaccionar.

- En ocasiones resulta mejor encargar a un vendedor externo que se especialice en obtener información rápida y objetiva de sus clientes.

- Si su compañía presta un servicio, piense en reformular su definición de cuándo termina de prestarse el servicio, de modo que pueda incluir un contacto directo de seguimiento como parte del proceso del servicio. El servicio no estará completo sino hasta que el cliente haya sido contactado y encuestado.

- Sus clientes están en la mejor posición para proporcionar información desprevenida sobre el comportamiento de su gente. Pregúnteles.

- Si su compañía tiene un renglón de "presupuesto" para satisfacción de clientes, las implicaciones inherentes a la palabra probablemente animen a su gente a que minimice los gastos en esta área. Sería mucho mejor si usted pensara más en términos de invertir en lealtad de los clientes.

- Quebrantar una promesa es peor que no prometer nada.

- Con el objeto de manejar mejor la percepción que tiene el cliente de su propia satisfacción, es mejor prometer poco y entregar mucho.

☞ Resumen de lo que usted puede hacer *ahora*

- Verifique desprevenidamente el número de necesidades que usted les satisface a sus clientes. Como las compañías de seguros y los bancos vulnerables, ¿satisface usted un par de necesidades en lugar de desarrollar en tamaño y profundidad las relaciones con sus clientes?

• Analice las ideas que sus clientes *ya* han sometido a su consideración y averigüe su situación. ¿Está alguien trabajando en ellas en este momento? Antes de lanzar una campaña para conseguir más ideas, ¿confía usted en que tiene un sistema confiable para actuar sobre las que ya ha recibido?

• Mediante los boletines internos de la compañía, el correo electrónico por pantalla y el correo electrónico hablado, recuérdeles a todos el papel que desempeñan en solicitar y *actuar sobre* las necesidades de sus clientes.

• Cuando se emplee la técnica de la lluvia de ideas internamente o con los clientes, piense mucho más allá de sus productos y empresa actuales. ¿Existen necesidades administrativas o de procedimiento adicionales o novedosos que usted pueda satisfacerles a los clientes, como lo hizo Airborne?

• Evalúe honestamente cuán bienvenidas son las informaciones que le suministran sus clientes. ¿Trata a sus clientes con frialdad y permite que haya obstáculos que se interpongan con su información? ¿Simplemente acepta sus sugerencias en una actitud pasiva? O, ¿les da usted la mano a sus clientes activamente?

• Visualice su base de datos de sus clientes como el departamento de desarrollo de producto y lleve a cabo una auditoría de ese departamento para determinar cuánto desempeño se obtiene en él. Si se está quedando atrás de las mismas expectativas que ha establecido para otros departamentos, ¿es culpa de ellos o suya? ¿Qué puede hacerse para cambiarlo?

• Mida el tiempo que le toma a su organización escuchar y analizar la información de los clientes sobre sus necesidades. ¿La recibe diariamente, como en el ejemplo de los clientes de ATTUNE, o anual o sólo esporádicamente?

• Asegúrese de que su mecanismo para solicitar, analizar y actuar sobre las necesidades de los clientes funciona continuamente y no sólo en respuesta a alguna presión temporal por un análisis de necesidades.

- Dado que las percepciones de los clientes sobre cómo están satisfaciéndose sus necesidades, tienden a formarse durante los encuentros individuales con el personal, ¿hace usted algo para supervisar a su personal con el propósito de detectar las tendencias y poder definir alguna acción correctiva que pudiera necesitarse?

- Piense en el *concepto* que sus clientes están comprándole. ¿Podría una división nueva, marca, nombre o aun compañía cumplirlo en mejor forma?

- Examine los procedimientos que estimulen un comportamiento *diferente* al de satisfacer las necesidades de los clientes, y elimínelos. Recuerde el cambio de la Toyota de Owner Satisfaction *Budget* (*Presupuesto* para satisfacción del propietario) a Owner Satisfaction *Assistance* (*Asistencia* para satisfacción del propietario).

- Asegúrese personalmente de prometer por lo bajo de modo que pueda entregar con creces, aun si lo que está en juego es algún pequeño compromiso, como decir cuándo entregará el informe o llegará a otra oficina para una reunión.

- Estimule los cambios en las políticas de su compañía, para que así usted se comprometa por lo bajo, como asunto de hábito corporativo.

Cómo atraer
a los clientes

A menos que usted se sienta seguro de estar haciendo todo lo que está a su alcance para detener la pérdida de aquellos clientes que en este momento lo abandonan, o están a punto de romper definitivamente sus relaciones comerciales con su empresa, le sugerimos pasar por alto esta sección. Asegúrese de que las relaciones con sus clientes actuales sean firmes. Considerándolas desde la perspectiva de la ganancia financiera, estas dos metas ofrecen muchas más ventajas que los objetivos que buscamos en esta última sección del libro.

Así es. Las estrategias que conocerá en esta sección mejorarán la eficiencia y la eficacia de su trabajo de búsqueda de clientes y de venta de productos y servicios a medida que usted avance en la consecución de nuevos clientes. Sin embargo, todas las ventajas que logre en estos aspectos tendrán un impacto mucho menor que sus tentativas para fortalecer las relaciones con sus clientes actuales y recuperar aquellos que han dejado de utilizar los servicios de su compañía.

Al escribir los últimos tres capítulos, *no* me ha motivado la intención de ofrecer al lector un manual amplio de capacitación en ventas que se sume a los ya existentes; más bien, me ha impulsado el hecho de que las acciones para atraer nuevos clientes potenciales a su empresa influyan significativamente en el tiempo que les serán fieles a sus productos. Aprovechando las estrategias que aquí se esbozan, avanzará un largo camino para lograr ampliar sus relaciones con los clientes, aun antes de su comienzo.

Mientras avanza en su tarea de búsqueda y evaluación de tácticas de mercado, usted puede preservar sus recursos de tal manera que pueda ofrecer atención de la más alta calidad a sus perspectivas de relaciones altamente rentables a largo plazo. Ese es el método óptimo para lograr que las relaciones se inicien por el camino correcto.

Búsqueda y evaluación al dente

Una de las contribuciones más útiles de Peter Drucker al léxico del mundo de los negocios es su clara distinción entre los vocablos *eficiencia* y *eficacia*. **Eficiencia** se aplica más a las personas, y es realizar cumplidamente la función a que están destinadas. **Eficacia**, según nos lo recuerda Drucker, se refiere más a las cosas, y se relaciona con las cosas que producen el efecto o prestan el servicio para el cual están destinadas. Lograr un equilibrio entre los dos términos representa un desafío importante en cualquier actividad comercial, en particular cuando se trata de la labor de búsqueda.

La principal desventaja de la mayor parte de las actividades de búsqueda en el campo de las

ventas radica en su ineficiencia y, al mismo tiempo, en su ineficacia: utilizan el enfoque *al dente*, con el que están familiarizados todos los expertos en la preparación de pasta. Arroje un manojo de fideos (o de piezas promocionales) al muro o al cielo raso y observe si algunos de éstos se adhieren a su superficie. Si así sucede, ¡usted ha triunfado! La pasta está a punto; ¡usted ha conseguido un cliente potencial! En caso contrario, siga arrojando más y más fideos hasta que alguno se adhiera y usted vea recompensados sus esfuerzos.

Los ejecutivos de marketing siguen muchas pautas, envían a sus posibles clientes grandes cantidades de material de ventas costoso, programan muchas visitas personales de ventas y atiborran su agenda de citas con un sinnúmero de contactos telefónicos, y todo ello en su mayor parte inservible. En realidad, muy pocos de esos receptores comprarán algo alguna vez y deberían tenerse sólo como "posibles clientes".

El sistema es ineficiente e ineficaz cuando se sigue un gran volumen de guías inservibles. Y así el enfoque del chef de la pasta termina en un grupo de ejecutivos de ventas tan ocupados en seguir todas esas guías inútiles que no prestan atención debida a las escasas guías promocionales que, al final, podrían convertirse en clientes potenciales idóneos.

☞ Vaya en búsqueda de relaciones, no de ventas

Si el éxito probable de su empresa y su ganancia financiera se miden en términos de su capacidad para retener a sus clientes para que hagan compras repetitivas, entonces debe dirigir sus esfuerzos a la búsqueda de relaciones, no de ventas. Una campaña de marketing que logra atraer 10,000 compradores por una sola vez es mucho menos rentable que una campaña que atrae 2,500 clientes cada uno de los cuales hace cuatro compras y tienen el potencial de seguir siendo clientes por varios años.

A medida que usted diseña y modifica su sistema de búsqueda de clientes, su meta no debería enfocarse en producir piezas promocionales; por el contrario, su objetivo debería ser producir guías que se conviertan en ventas y, a su vez, en relaciones. Cada vez que usted produce una guía que *no* se convierte en una venta y en una relación a largo plazo, en vez de producir utilidades, usted le ha costado dinero a su compañía.

☞ El alto costo del cumplimiento de las guías promocionales

Uno de mis clientes, una organización de marketing de elevado nivel técnico y refinación, localizado en la región mediooeste de los Estados Unidos, no me permite mencionar su nombre a causa de la respuesta embarazosa que uno de sus representantes dio a esta pregunta tan sencilla: "¿Cuánto le cuesta ofrecer su material de cumplimiento como seguimiento a guías de ventas?" Ésta fue su respuesta:

> ¡Caramba! En realidad no estoy seguro, pero tengo el presentimiento de que me enfermaría si lo supiera. Veamos. Las guías llegan al centro de cumplimiento, donde se clasifican y se registran. De allí se remiten a la división de marketing, donde se distribuyen por territorio de ventas e interés de producto. Luego se envían al departamento de registro de información, donde se quedan hasta cuando los encargados disponen de tiempo para asignarles los códigos de etiquetas de correo. A continuación, el encargado del correo selecciona los folletos indicados de acuerdo con la codificación de la solicitud y, por último, se envían por correo. Diría que, en total, el costo de manejo son 25 dólares, más 4.50 dólares, tal vez, en costos de impresión y suministros, más portes de correo, entonces son alrededor de 30 dólares cada uno.

La respuesta que dio a mi pregunta de seguimiento: "Y, ¿qué sucede a continuación?", fue todavía más inquietante:

> Bueno, cada una o dos semanas reunimos una cantidad de tarjetas que indican los códigos fuente y todo lo que sabemos sobre las guías y las remitimos a los representantes de ventas de las regionales con la esperanza de que ellos se encarguen de hacer el seguimiento. Pero, en realidad, no tenemos forma de saber con certeza lo que hacen con ellas.

Yo sé lo que hacen con ellas. Y usted también puede imaginarlo. El abultado paquete llega a la oficina regional y, como el representante de ventas conoce su contenido, lo coloca debajo de todo el correo que llega a su oficina y, luego, se reúne con sus colegas, toman café y hablan.

¡Vaya! Estos tipos en la oficina principal deben tener mucho trabajo. Mi sobre de guías es más voluminoso que de costumbre. ¿De dónde sacan todos esos nombres? De todos modos, ninguno sirve de nada. A mi oficina llegan estudiantes universitarios que están trabajando en proyectos para sus estudios y sólo quieren muestras de nuestros folletos; competidores que quieren averiguar cuáles son nuestros precios; o algunas personas que no recuerdan en absoluto haber visto nuestros clasificados. Creo que se sienten aburridos y comienzan a buscar folletos gratis. Nunca habría tenido tiempo de hacer ninguna venta si me dedicara a hacer el seguimiento de todas esas estúpidas e inútiles guías que nos envían de la oficina principal.

(Confío en que, mientras leía lo anterior, se haya sentido seguro de que no tiene nada que ver con usted. Y espero que usted esté en lo cierto). Si está utilizando los más recientes programas de manejo de relaciones y seguimiento de guías de ventas, es posible que logre una comprensión clara de lo que sucede con ellas. Si en verdad lo hace, usted hace parte de una reducida minoría y debo felicitarlo por ello; sin embargo, eso no es garantía de la eficacia de su programa de guías. Uno de mis clientes tiene un sistema algo más técnico de seguimiento que se basa en pequeñas tarjetas postales que, se supone, deben devolver las oficinas regionales. Las tarjetas facilitan conocer la procedencia de las guías, incluyendo la intención de compra, los tipos de productos de mayor interés, la fecha posible de compra, etc. Menos del 50% llega de vuelta a su oficina, y mi cliente se siente confundido. Los propietarios de las oficinas son ajenos a la compañía y el mensaje que los gerentes regionales envían a la sede principal es el siguiente: "¡No queremos sus guías aunque sean gratuitas!"

Una cosa sí es cierta. Usted está pagando un elevado precio por sus guías. En primer lugar, recuerde que el costo de cumplimiento de las guías es mínimo si se compara con el costo de producirlas. Divida todos sus costos de recolección de guías por el número que obtiene, así sabrá cuál es su costo de producción de cada una. Recuerde tener en cuenta en sus cálculos esas costosas exhibiciones de sus productos en las ferias comerciales; y los salarios de quienes atienden el pabellón de su empresa; y los avisos en las revistas; y esas costosas pautas comerciales en radio y televisión. Y así sucesivamente. Es probable que su costo promedio por guía producida y ejecutada supere los 100 dólares, y muchas corporaciones invierten centenares de dólares en cada guía.

☞ ¿Por qué las compañías están en búsqueda de guías promocionales?

Tengo el convencimiento de que son tres las principales razones que llevan a las empresas a buscar guías:

1. Es de conocimiento público que usted debe obtener nuevas guías. Todos lo saben.

2. La creación de guías se mide con facilidad; es satisfactorio entonces ver los frutos de sus esfuerzos.

3. Necesita nuevas guías para incrementar el número de sus clientes. Es algo que debe hacer en vista de que muchos de ellos ya no adquieren sus productos.

Con respecto a que todos lo saben, considero una buena táctica poner a prueba lo que todos los demás hacen, ya que es probable que, después de todo, usted no necesite nuevas guías. En ningún momento propugno porque usted cancele su programa de promoción; pero, si así lo hiciera... ¿Qué pasaría en la eventualidad de que usted ofreciera tanta atención a sus clientes que ninguno de ellos dejara jamás de comprar sus productos? ¿Qué sucedería si los recursos que usted ha invertido en la creación de guías y cumplimiento se asignaran en cambio a reforzar sus relaciones con sus clientes actuales? Y, ¿cuál sería la situación si el próximo año no atrajera ningún nuevo consumidor, sino que conservara todos sus clientes actuales y pudiera incrementar en un 15% el volumen global de sus ventas a esos clientes? ¿Qué significaría para su estado de P&G?

En ningún momento sugiero que debe hacer caso omiso de sus programas de recolección de guías; en definitiva sugiero que dé un vuelco a la situación y examine de nuevo su programa de asignación de recursos. ¿Tiene que prestar tanta atención a la recolección de guías, o puede asignar un volumen mucho menor de recursos a ese fin para, al final, contar con un menor número de guías de mayor valor? ¿Acaso no se estará malgastando la mayor parte de sus inversiones en creación de guías?

Es fácil medir el volumen de los resultados de su programa de creación de guías; sin embargo, tenga presente que el hecho de contar con un elevado volumen de ellas no tiene ninguna importancia y existe la posibilidad de que ese mismo número excesivo sea contraproducente. Sin embargo, en tanto se facilite medir el volumen de guías, ellas se convertirán en la meta anhelada de los sistemas de búsqueda. Suspenda la medición de la cantidad de guías y dedique su atención a la calidad de los resultados que se deriven de ellas.

Y, por último, a medida que usted da un vuelco a sus gestiones de marketing, se dará cuenta de que cada vez es menor la necesidad de atraer nuevos clientes para sus productos, ya que conservará los actuales sin verse obligado a tomar medidas tan extremas como remplazarlos continuamente.

El papel de los medios de comunicación y de las agencias de publicidad

Debo hacer una confesión: recién graduado de una facultad de administración de negocios trabajé en el campo de la publicidad. Uno de mis clientes era una empresa editorial de catálogos, especializada en la producción de avisos de publicidad para compañías pequeñas carentes de los recursos necesarios para publicar sus anuncios en medios de comunicación más tradicionales. Éste fue el encargo que me hizo mi cliente:

> Los propietarios de empresas pequeñas anuncian en nuestro catálogo porque producimos guías de ventas para sus negocios. Su único interés es producir muchas. Si generamos un alto volumen de solicitudes de sus productos, nos encargarán avisos para nuestra publicación el año siguiente. En realidad, la *calidad* de las guías no es lo importante, porque se culparán a sí mismos, o a su personal de ventas, si sus negocios no son tan rentables. Pero nos culparán –y le retirarán su patrocinio a nuestra publicación– si no producimos una enorme *cantidad* de piezas. George, lo que quiero que usted haga es un diseño nuevo de este catálogo para que produzca un mayor número de guías para nuestros anunciantes.

Resultó ser un proyecto fascinante. Por fin pude darme cuenta de que mi única meta real era lograr que quienes recibieran el catálogo lo abrieran, retiraran la tarjeta de servicio de los lectores, o tarjeta de respuesta "bingo", y comenzaran a encerrar en círculos una enorme cantidad de números de anuncios, para solicitar información adicional con el propósito de que los anunciantes recibieran un cúmulo de guías.

Siendo ésta la meta, la apariencia del catálogo no tenía mucha importancia. En vez de solicitar una hermosa portada creativa, terminamos diseñando una portada poco atractiva con un dibujo de una enorme mano que sostenía un lápiz y trazaba círculos alrededor de números en solicitud de información adicional. En la contraportada aparecía una serie de instrucciones muy importantes: "1. Retire la tarjeta ahora mismo. 2. Tome un lápiz. 3. Comience a encerrar los números en círculos". Llegamos a incluir una tarjeta postal troquelada, como las que vienen sueltas y se desprenden cuando se abren las revistas. (A propósito, se *supone* que deben caer al suelo cuando usted abra la revista, lo que lo obliga a inclinarse para recogerlas y mirarlas. Producen dos veces el resultado de las tarjetas sujetas al material de lectura o perforadas). Nuestra tarjeta troquelada también llevaba impresas instrucciones importantes: "Ahora que usted ha recogido del suelo esta tarjeta y la sostiene en la mano, tome un lápiz, comience a encerrar los números en círculos y devuélvala". El editor llegó hasta a ofrecer un dibujo como premio al que todos podían aspirar sólo conque encerraran algunos números en círculos y devolvieran las tarjetas de respuesta. El programa se convirtió de todos modos en un éxito rotundo para el editor. En un sólo año ¡las respuestas a los anuncios registraron un incremento del 342%! Las oficinas del editor se vieron inundadas de solicitudes de los anunciantes para publicar un mayor número de sus avisos el año siguiente; pagaron sus avisos por adelantado para garantizar su inclusión en este medio de publicidad tan eficiente. Enviamos una cantidad enorme de tarjetas de respuesta del lector al vendedor encargado de recopilar la información, quien se encargaría de convertirlas en etiquetas de direcciones para anexarlas a los paquetes de información sobre los anunciantes que se enviarían por correo.

Los resultados del proyecto fueron un incremento de solicitudes de información de los lectores, hecho que llenó de satisfacción al editor. Más tarde, vendió su catálogo a otra empresa; a los cuarenta años de edad se jubiló, y en la actualidad vive una vida plena. Sin embargo, ¿tuvieron éxito los anunciantes? No lo creo. Aunque ciertamente recibieron una cantidad enorme de guías, ¿dónde quedó la calidad?

Este aspecto no tenía por qué preocuparnos. Las agencias de publicidad y los representantes de los medios de comunicación saben que a sus clientes les encanta cuantificar los resultados. Quienes compran publicidad no son profesionales en el ramo de las ventas; su especialidad es el marketing. No tienen ninguna responsabilidad si no generan negocios, sólo deben producir guías promocionales. Si los resultados no son los que esperaban, atribuyen el error al personal de ventas, el cual, a su vez, responsabiliza al de marketing por enviarle tantas guías inservibles.

Al final, la gente de marketing, la de publicidad y los ejecutivos de cuenta de las agencias se sienten complacidos porque produjeron todas esas guías, mientras el personal de venta se siente feliz haciendo caso omiso de ellas.

Recuerde siempre que a los medios de comunicación les interesa demostrar su capacidad de producir un gran volumen de solicitudes. Lo que sucede de allí en adelante es asunto suyo. Quizá haya escuchado el antiguo dicho: "Sé que el 50% de mi programa de publicidad funciona, el otro 50% no sirve. Lo que no sé es cuál es cuál". Aunque es un dicho simpático, de ninguna manera es exacto. *Tal vez* el 10% del presupuesto que usted asigna para gastos de publicidad y generación de guías produce piezas promocionales que en verdad se convierten en consumidores potenciales de sus productos. La mayor parte de sus guías no produce ningún consumidor potencial.

☞ **La importancia de decir "No"**

El mejor consejo que puedo dar al personal de ventas cuyo objetivo es atraer nuevos clientes y lograr que lo sigan siendo, es colocar la señal de ¡Alto! Es muy fácil sentirse tan involucrado con lo que se hace, que la actividad misma parece ser la meta. Cuando un gerente de ventas pregunta: "¿Cómo avanza su captación de nuevos clientes?", la *respuesta incorrecta* es:

¡Magnífico! He enviado centenares de catálogos y folletos. Estoy seguro de que vamos a lograr estupendos negocios.

Es mucho más eficiente y eficaz decir:

¡Magnífico! He hablado con la mayor parte de los 100 prospectos que tenemos en la actualidad y he reducido la lista a unos 25 que parecen ofrecer buenas perspectivas. Ahora dedico mi atención personal a esos 25, y he enviado una carta a los otros 75 prospectos que no parecen tan seguros.

Entre mis clientes se cuenta una importante compañía de seguros que persiste en que los nuevos agentes de seguros programen tantas visitas de ventas como sea posible. Diseñé un video de un programa de capacitación para la compañía con el objeto de enseñar a sus agentes cómo ser más persuasivos en su labor de convencer a clientes potenciales para que dediquen el tiempo necesario a una entrevista personal. Mi cliente se sorprendió cuando se enteró de que los guiones ya elaborados contenían una sección que sugería a los agentes *evitar* reunirse con clientes potenciales que mostraran escasas probabilidades de convertirse en tenedores de pólizas. ¿Cuáles fueron los resultados? Los agentes comenzaron a sentirse mejor con respecto a su trabajo, no desperdiciaban su tiempo (tenían un ánimo positivo) por la necesidad de reunirse con personas que no se convertirían en compradores. En cambio, dedicaron su atención a desarrollar un mejor trabajo de preparación para sus entrevistas con clientes potenciales probablemente más efectivos y mucho más conscientes de sus labores de seguimiento.

¿Quiere estar ocupado o desea hacer negocios?

Steve Miller, consultor de ferias comerciales y autor del libro *How to Get the Most Out of Trade Shows* (NTC Business Books, 1990), apunta al concepto erróneo generalizado en el sentido de que es factible medir el éxito de un expositor observando el volumen de público que visita su pabellón y averiguando si los vendedores han estado muy ocupados. *Ocupado* no significa eficaz; de hecho, puede presentarse una correlación inversa entre estar ocupado y hacer negocios. Uno de los retos más importantes de Steve es enseñar a las compañías a que estén menos ocupadas y hagan más negocios. Los costos promedio de las guías de cada feria comercial pueden llegar a 400 ó 500 dólares; así que aquí hablamos de lograr el equilibrio de algunas inversiones muy significativas.

Por ejemplo, DRIpride, la compañía de mercadeo de pañales desechables para adultos, de Weyerhaeuser, es expositora constante de la feria comercial de la American Healthcare Association, y sus principales clientes potenciales son las empresas administradoras de las instituciones geriátricas. Antes de que Steve emprendiera la reorganización de los planes de su cliente para la feria comercial, la empresa se sentía satisfecha con que su participación en la feria generara 1,800 prospectos. El problema radicaba en que las labores de seguimiento de clientes potenciales dejaban mucho que desear, y en la compañía se hacía mofa del cúmulo de tarjetas de visita que se apilaban en las oficinas centrales. Durante el primer año en que Steve llevó a cabo su labor de asesoría, el número de prospectos obtenidos se redujo a 600, lo que significó una disminución equivalente al 75%. Se trataba de clientes potenciales de *calidad*, que produjo un volumen de ventas equivalente a un monto de 6.5 millones de dólares dentro de los 90 días siguientes. Se redujo el número de guías promocionales, pero se incrementó su calidad con la certeza de que esas guías lograron atraer la atención y no se arrojaron al cesto de la basura.

Steve enseña al personal de ventas que atiende los pabellones de sus clientes en las ferias comerciales a que formulen preguntas directas y específicas que de inmediato califican a quienes visitan el pabellón. Si, después de hacer cuatro preguntas (con el fin de averiguar el cargo del entrevistado, su poder de compra, tamaño de la compañía, etc.), no logra cuatro respuestas afirmativas, Steve recomienda que usted debe agradecer al visitante su amabilidad por detenerse en su pabellón y explicarle con sinceridad la improbabilidad de que los productos que usted ofrece se adecuen a las necesidades de su empresa, sugiriendo al interlocutor que no debe desperdiciar su valioso tiempo prolongando su visita.

Usted ha asistido a muchas ferias comerciales en las que los expositores ponen en sus pabellones un recipiente para que los visitantes depositen en él sus tarjetas para participar en algún sorteo o concurso. El U. S. Bank utilizó este método para conseguir prospectos en las exposiciones de botes con la esperanza de que los compradores financiaran la compra de sus yates por intermedio del banco. Aunque el personal del banco que atendía el pabellón tuvo mucho éxito en recoger centenares de tarjetas, sus logros en términos financieros dejaron mucho que desear. Cuando Steve comenzó a prestar su asesoría al banco, el recipiente desapareció de la escena en la primera feria comercial. El personal del banco presente en el pabellón estableció contacto directo con los visitantes, planteó preguntas idóneas y solicitó sus tarjetas sólo a 180 clientes potenciales *calificados* que estaban dispuestos a comprometerse con el siguiente paso (es decir, solicitar una cotización, una visita a su oficina o diligenciar una solicitud de crédito). El U. S. Bank dejó de utilizar el recipiente pero, a cambio, concedió 3 millones de dólares en créditos nuevos en el término de 30 días.

¿Quién se beneficia cuando usted *descalifica* clientes potenciales?

Decir "No" a quienes en realidad no son clientes potenciales calificados los beneficia a usted y a sus clientes actuales y futuros. Si usted y su organización no están derrochando recursos escasos lanzando la casa por la ventana, enviando costosos folletos, recargando el trabajo del equipo de ventas externas con guías de mala calidad, y ocupando el tiempo de su personal con el envío de material costoso a personas que de todas maneras no van a convertirse en clientes permanentes, podrá concentrarse en labores mucho más rentables de atender las relaciones actuales y salvar aquellas que parecían perdidas.

También sus clientes actuales se beneficiarán porque serán los receptores de su atención. Recuerde que ellos quieren que usted les conceda mayor atención y valoran conservar vínculos estrechos con usted. Y, asimismo, sus futuros clientes se beneficiarán. Antes que poner a girar sus ruedas dando atención marginal a consumidores potenciales calificados, concentrará su atención de calidad en compradores potenciales, ayudándoles a tomar buenas decisiones y ofreciéndoles la atención de seguimiento que hará que sus compras individuales se conviertan en relaciones de compras continuas a largo plazo.

Mi propio sistema de evaluación

Yo tenía la costumbre de enviar información sobre mis servicios de conferenciante profesional a todo el que la solicitara. En el círculo de mi profesión, existe una creencia generalizada en el sentido de que los clientes potenciales se ahuyentan si conocen el monto de los honorarios del conferenciante antes de haber leído el contenido de su folleto, de haber visto su video y de conocer su prestigio. Muchos de mis colegas rehúsan cotizar sus honorarios en la primera entrevista.

Con el tiempo, he llegado a comprender que sólo un mínimo porcentaje de quienes se ponen en contacto conmigo y solicitan información sobre mis conferencias y seminarios, tendrá la posibilidad de contratar mis servicios. Utilizo mis honorarios como un paso inicial en el proceso de evaluación, ya que quiero que mis clientes potenciales conozcan el monto de mis honorarios antes de entrar en materia. Con este propósito, he diseñado un sistema de información telefónica para informar el valor de mis servicios a quienes llaman. Si su presupuesto no es suficiente y nunca hablamos, no hay problema. De todas maneras no hubieramos podido trabajar juntos; así que reservo mis energías para mis clientes.

Cuando hablo por primera vez con mis clientes potenciales, les solicito me informen con exactitud qué esperan lograr del conferenciante durante la presentación. Si no puedo satisfacer sus metas, ¿por qué querría el trabajo? Indago sobre otros conferenciantes profesionales con quienes el cliente haya tenido una exitosa relación de trabajo en el pasado. Como conozco a la mayoría de mis colegas, sus estilos personales de presentación y sus honorarios, me formo una idea apropiada de lo que hace a este cliente particularmente feliz. Si no encontramos un punto de confluencia sólido, no trabajamos juntos ya que, al final, el cliente se sentiría insatisfecho y yo terminaría reembolsando mis honorarios.

Considero mis envíos de seguimiento como facturas por un valor de 100 dólares. Un cliente potencial de buena fe querrá conocer mis libros, cintas y videos, y querrá leer mi folleto, así que el paquete que envío contiene material valioso. Sin embargo, para mí, la atención es el aspecto más valioso. Mi estimativo de 100 dólares es conservador, teniendo en cuenta el costo de oportunidad de emplear mi tiempo para escribir otro libro o prestar mis servicios a un cliente actual. No me gusta lanzar por la borda facturas de 100 dólares, así que hago una evaluación cuidadosa de los clientes potenciales antes de aceptar enviarles información por correo.

Usted no querrá vender sus servicios a cualquiera. Buscará nuevos clientes que tengan una buena posibilidad de convertirse en clientes a largo plazo, que harán compras repetitivas, y hablarán bien de usted en el mercado, ayudándole a formar relaciones más duraderas. Si un consumidor potencial que utiliza sus servicios una sola vez, va a sentirse insatisfecho porque su producto o servicio no resultó ser lo que esperaba, usted terminará haciéndose a un enemigo que puede causarle mucho daño.

Piense en su sistema de cumplimiento de las guías promocionales como un método de entrega de dinero en efectivo. Quizá 100 dólares sea una cifra incorrecta para usted; quizá su seguimiento sólo valga 20 dólares o quizá sólo 10. ¿De veras quiere derrochar un sinnúmero de facturas de 10 dólares?

Si usted no va a hacer un seguimiento óptimo de un prospecto válido será mejor que no lo haga. Conserve sus energías y sus recursos para dedicarlos a aquellos pocos clientes potenciales con quienes vale la pena hacer un esfuerzo correcto.

Cuando usted adopta procedimientos de evaluación más estrictos, existe el riesgo de que usted pase por alto algunos clientes potenciales de gran valor. Sin embargo, si no lo hace, existe el riesgo mucho mayor de que su organización naufrague en un mar de prospectos no calificados.

☞ Cómo obtener valor de la "ausencia de ventas"

En ningún momento afirmo que usted debe ignorar los prospectos o colgar el teléfono si prospectos no calificados contestan sus preguntas de tal forma que lo lleven a pensar que no ha logrado establecer una relación a largo plazo. Ya obtuvo el potencial, así que logre el máximo provecho de él, aunque no produzca ninguna venta.

Haga que sus clientes potenciales aprecien que usted no pueda atenderlos

Cuando usted dice "No" a un cliente potencial, asegúrese de hacerlo de tal manera que haga que se sienta satisfecho de haberse comunicado con usted.

Suponga que vende un servicio de consultoría de computadores y las necesidades de este cliente potencial no encajan en su línea de trabajo. Usted se especializa en computadores Apple y este cliente potencial necesita volver a configurar su red Novell de computadores personales. No sonará muy bien si usted dice: "Mire, como de todos modos no podré satisfacer sus necesidades, no voy a perder mi tiempo con usted". Por el contrario, exprese en términos positivos su intención de no atender su solicitud:

Marcela, partiendo de lo que usted me dice sobre sus requerimientos, no soy el consultor más adecuado para ayudarle. Antes de hacerle gastar su tiempo y su atención reuniéndose conmigo o leyendo mi folleto, permítame hacerle algunas sugerencias y ponerla en contacto con otra persona más calificada para que le ayude con este tipo de proyecto. Conozco a varios especialistas muy profesionales en computadores Novell y con mucho gusto le daré sus números de teléfono.

Y hágalo. Su cortesía profesional lo beneficiará reforzando sus vínculos con sus colegas y existe la probabilidad de que, a su vez, esas relaciones surtan buenos frutos para usted cuando sus colegas encuentren clientes potenciales que se adecuen a su línea de trabajo. Pero, existe un aspecto todavía más importante: usted hará lo correcto por ese cliente, y estoy convencido de que ésta es siempre la actitud que usted debe asumir.

Intentar vender sus productos o servicios a clientes que probablemente no se vayan a sentir satisfechos en el largo plazo, sólo hará que entre usted y estos clientes se cree una atmósfera de insatisfacción y de discordia. Vamos, me doy cuenta de que algunos lectores se reirán con esta afirmación y dirán: "¿Bromea? Voy a hacer todas las ventas que pueda, ¡y no voy a preocuparme por lo que suceda!" Sin embargo, prefiero creer que son escasas las personas que piensan así y que, de todas maneras, no van a lograrlo en el futuro. Los hombres de negocios que se guían por un código de ética y ponen las necesidades de sus clientes en el primer lugar siempre ganan en el largo plazo.

Obtención de prospectos de clientes potenciales no calificados

Cuando usted informa a un cliente potencial que los productos y servicios que usted vende no se ajustan bien a sus necesidades y luego procede a ayudarle remitiéndolo a un colega que sí puede hacerlo, usted se encuentra en la situación ideal de poder solicitarle nombres de otros clientes. Volviendo al ejemplo anterior, sería apropiado continuar diciendo lo siguiente:

> Las tres personas que le sugiero son profesionales en su trabajo y, estoy seguro, usted obtendrá la ayuda que necesita con respecto a su red de computadores Novell. Como le dije, mi especialidad es el sistema Macintosh, y estoy seguro de que algunos de sus colegas trabajan con redes Apple. Aunque no puedo ayudarle a usted a resolver su problema, sí puedo ayudarle a uno de ellos. ¿A quiénes recuerda usted cuando piensa en sus colegas de trabajo que utilizan computadores Apple?

Usted ya ha demostrado su sentido del honor y ha invertido el tiempo necesario para llegar hasta este punto para conocer a su cliente potencial. Equilibre esa inversión solicitando guías calificadas para usted.

Si en realidad le interesan las utilidades, su meta es *no* hacer el máximo número de ventas únicas. Invierta el tiempo en identificar clientes potenciales altamente calificados –aquellos que puedan convertirse en clientes repetitivos en el futuro–, de modo que usted pueda concentrar su atención en ofrecer mayor calidad de atención a sus ventas a una cantidad menor de consumidores potenciales concretos.

☞ ¿Qué puede aprender usted de este capítulo?

- Eficiencia en hacer las cosas bien. Eficacia en hacer las cosas que debe hacer. La mayor parte de los sistemas que utilizan las compañías en la búsqueda de clientes son ineficientes e ineficaces.

- El sistema de búsqueda de clientes que emplea su compañía debería tener como objetivo producir relaciones rentables en vez de ventas simples.

- El costo de ejecución de guías y solicitudes no calificadas es en extremo elevado y presenta la probabilidad de afectar negativamente el retorno de inversión a menos que usted establezca procedimientos rigurosos de evaluación y seguimiento en la etapa inicial del proceso de ejecución.

- Los representantes de las agencias de publicidad y de los medios de comunicación tienen un interés válido en documentar una gran cantidad de guías promocionales, aunque la calidad de las mismas deje mucho que desear. Es aconsejable asumir una actitud de escepticismo acerca de programas de marketing que hacen hincapié en la producción de muchas guías sin asegurarse de que éstas sean de gran calidad y garanticen relaciones rentables.

- Un personal de ventas eficiente debe capacitarse en el arte de definir el momento adecuado para dejar de prestar atención a clientes potenciales no calificados.

- Disminuir el grado de atención que se presta a clientes potenciales no calificados es de gran ayuda para sus clientes actuales y futuros, ya que permite reasignar recursos malgastados a la satisfacción de sus necesidades a largo plazo. Todos pierden cuando una compañía dedica demasiada atención a clientes potenciales que no ofrecen la menor probabilidad de convertirse en clientes reales.

- Usted todavía puede obtener beneficios cuando decide que un cliente potencial no está calificado para recibir la atención concertada de su personal de ventas, ya que puede lograr que le proporcione información sobre otros posibles clientes más calificados.

☞ Resumen de lo que usted puede hacer *ahora*

- Trate de lograr un equilibrio entre la eficiencia y la eficacia. Ambas son esenciales para la búsqueda exitosa de nuevos clientes.

- Evalúe con honestidad su propio sistema de búsqueda de nuevos clientes. ¿Está usted sólo arrojando un manojo de fideos al muro con la esperanza de que algunos se adhieran?

- Reorganice su sistema de recolección de prospectos y asegúrese de que sus esfuerzos se encaminen a crear relaciones, no a hacer ventas.

- Determine los costos de satisfacer las solicitudes de promoción con su sistema actual y pregúntese luego si esa inversión está garantizada teniendo en cuenta el sistema de seguimiento con que usted opera.

- Analice con gran precaución las pretensiones de las agencias de publicidad y de los medios de comunicación cuando comiencen a hacer alarde del elevado número de prospectos que producen, sin asumir responsabilidad alguna por la calidad de los resultados finales del negocio.

- Estimule y recompense a los profesionales de ventas de su organización que dicen "No" a guías que no apuntan a clientes potenciales altamente calificados. Celebre sus decisiones de concentrar su energía en asignaciones más rentables. De este modo, otros vendedores sabrán que está bien desechar prospectos de escasas calificaciones.

- Evalúe sus planes de participación en ferias comerciales. ¿Es su meta estar ocupado o hacer negocios prospectivos? Suprima los recipientes; capacite a su personal para que defina el momento oportuno en el cual descartar visitantes no calificados y concentrar su atención en clientes potenciales de buena calidad que se conviertan en relaciones rentables a largo plazo.

- Ponga énfasis en la necesidad de hacer que los clientes potenciales no calificados tengan un buen concepto de su organización aunque no reciban de usted atención directa de ventas.

- En forma periódica, en las conversaciones que sostenga incluya preguntas sobre posibles contactos de clientes potenciales que al final no resulten ser los clientes altamente calificados que usted esperaba.

El tiempo es
lo esencial

Hoy más que nunca, el tiempo es lo esencial en el mundo del marketing. Cuando una organización se pone en el problema de crear un prospecto y calificar a un cliente potencial, es esencial hacer un seguimiento *rápido*. La forma como se comporta un vendedor durante el proceso inicial de las ventas determina las expectativas que el cliente tendrá acerca de la atención que recibirá en el futuro. Si se sigue al prospecto con lentitud y desgano, el cliente potencial supone que, al convertirse en cliente, recibirá la misma clase de servicio inadecuado.

☞ Cómo controlarse a sí mismo

Su punto de partida debe ser una evaluación de sí mismo. ¿Cuán rápido es el sistema de seguimiento de su organización en este momento? No pregunte a un especialista en marketing o a un vendedor; averígüelo usted mismo. La única forma correcta de saberlo es sometiéndose a su propia evaluación, convirtiéndose en su propio consumidor potencial.

Estudios de investigación formales demuestran la norma abrumadora con cierta regularidad. ¿Recuerda el estudio Performark publicado en el *Wall Street Journal*? (*Véase* el capítulo 5, en el que se menciona el tema). Los folletos e impresos solicitados tardaron 58 días en promedio en llegar a sus destinatarios y una cifra cercana al 25% de las solicitudes de información quedó sin contestar. Sólo una de ocho solicitudes produjo una visita de ventas de seguimiento: ¡un promedio de 89 días después de recibida la solicitud! No lo hubiera creído si no lo hubiera verificado yo mismo con mi técnica de códigos ficticios de departamentos.

Espionaje con códigos ficticios de departamentos

Compruébelo usted mismo. Conteste su propios avisos. En el momento de diligenciar la tarjeta de respuesta o de dar su dirección a la persona encargada de sus llamadas por teléfono, incluya un código ficticio de departamento en las instrucciones de correo. Si usted responde al anuncio que aparece el 17 de febrero de 1995, incluya en su dirección un número ficticio de departamento, por ejemplo, 2175. De este modo, tan pronto reciba el sobre, podrá hacer una comparación rápida de la fecha de porte con el código que aparece en su etiqueta de correos y así sabrá el tiempo que demoró el envío por correo del material de promoción. Yo lo he hecho con muchos clientes y la inmensa mayoría de ellos han quedado horrorizados con los resultados. Hágalo usted mismo si está listo para recibir un disgusto.

Mejor aún, llame a un colaborador en algún lugar del país, o en otro país. Haga un pacto y pónganse de acuerdo en criticar sin piedad las labores de seguimiento de cada uno. Indique a su socio cuál será la mejor manera de aparentar que él es un comprador verosímil con potencial verídico, de modo que pueda hacerse pasar por un cliente potencial verdadero.

Luego, haga lo mismo por él. Más tarde, coméntense el uno al otro lo que sucedió con exactitud. ¿Cuánto tardó en llegar su material impreso de seguimiento? ¿Resolvió las preguntas que usted hizo? ¿Estaba acompañado el material de una carta pulcramente escrita que daba una primera impresión positiva y lo encaminaba al próximo paso para llegar a una decisión de compra adecuada? ¿Llamó alguien? ¿Recibió material impreso adicional u otro tipo de información? (Confío en que usted no reciba un disgusto; pero sospecho que así será).

Controlarse en un escenario simulado de la vida real es la única forma de conocer con certeza la situación actual. Pero, ¿de qué manera cambian las cosas ahora? Para responder esa pregunta, tendrá que hacer control continuo, y deberá hacerlo. Mi propósito al escribir este libro no es hacer que usted haga algo ahora y luego se olvide de ello. Busco ver que su negocio dé un vuelco y se sostenga en ese cambio. Es demasiado fácil realizar una auditoría interna, disgustarse cuando conozca la situación real de las cosas, armar un escándalo y dar un vuelco a las cosas, para luego dejar que vuelvan a su estado normal. *Haga control constante*.

☞ Las primeras impresiones marcan la pauta

Las técnicas de seguimiento rápido que recomiendo no sólo tienen como fin ofrecer ayuda a grandes organizaciones de ventas con solidez financiera, con muchos adelantos tecnológicos a su alcance. De hecho, la atención personal informal puede ser mucho más eficaz. Me encanta volar, y tenía que ver a un médico acreditado ante la FAA (Federal Aviation Authority de los Estados Unidos) para el examen médico exigido para recibir la licencia de piloto privado. Mi instructor de vuelo me recomendó al Dr. Richard Pellerin, en West Seattle. Dos días después del examen físico, recibí una corta nota manuscrita en una hoja de papel del tamaño de una tarjeta postal: "Querido George: me encantó conocerlo y le deseo mucha suerte en sus vuelos. Siempre será bienvenido como paciente. Firmado, su médico". Por lo general, nunca he considerado a los médicos como vendedores, pero su corta nota me convenció y con seguridad me convertirá en su paciente.

Cuando dicto seminarios sobre *marketing al revés*, dramatizo el concepto poniendo una mesa grande en el escenario. Durante la conferencia, comienzo a poner en escena las tres principales fases de: iniciar, nutrir y salvar las relaciones con los consumidores. Para el primer acto, por lo general me subo a la mesa, doy un paso largo, torpe y vacilante. A medida que avanzo en mi presentación, vuelvo a subir a la mesa, camino con paso firme, uno a uno, para demostrar la necesidad de mantener las relaciones en constante movimiento de avance y reforzar continuamente la posición de los clientes en el centro de la banda transportadora. Por último, me tambaleo con inestabilidad en el borde de la mesa para saltar al fin, dramatizando la muerte de una relación de vieja data que debería y podría haberse salvado.

Cuando comencé este acto teatral de balancearme en la mesa/banda transportadora, también descubrí una gran forma de dramatizar las primeras impresiones. Me dirigiría a mi auditorio de la siguiente manera:

> Esta mañana, antes de las siete, me encontraba en este salón de este hotel verificando que todo estuviera listo para nuestro seminario y noté que esta mesa no es muy estable. Así que me pregunté, "¿Qué pasaría si me cayera en la mitad de mi discurso? ¿Qué haría?" (En este momento tomaría la voluminosa guía de páginas amarillas del directorio telefónico). Claro está, luego ¡llamaría un abogado!

A continuación, comenzaba a narrar a los asistentes lo sucedido cuando llamé por teléfono a varios abogados a esa temprana hora. (A todos nos gusta reírnos de los abogados cuando los hacemos parecer tontos). Muchos abogados ni siquiera tienen un contestador. ¿Deben asegurarse sus clientes nuevos de tener accidentes sólo en horas hábiles? Otros abogados tienen espantosos servicios de mensajes, cuyos operadores ni siquiera pueden pronunciar los apellidos de los abogados (que, debemos aceptarlo, pueden ser muy difíciles. "Éstas son las oficinas de Polito, Merrill, Shucklin, VanDerbeek, Moschetto y Koplin. ¿Puedo tomar su mensaje?") ¿Es ésta una manera apropiada de conseguir clientes? Después de hacer centenares de llamadas, mis dos ejemplos favoritos son representativos de ambos extremos.

Antes de un seminario en un lugar cercano a Los Angeles, abrí las páginas amarillas y encontré 174 páginas de anuncios de abogados. (No es broma. Con 174 páginas de anuncios de abogados, ¡no debemos sorprendernos si estamos en dificultades!) Llamé a un anuncio que parecía prometedor: "¡Le-

siones personales! ¡Reclamaciones por accidentes de trabajo! ¡Indemniza-
ciones por montos superiores a 320 millones de dólares! Llame ahora mismo". Una áspera voz masculina contestó mi llamada al primer timbrazo.

"Hola".

"Buenos días, ¿contesta un abogado o un aparato contestador?"

"Un abogado".

No sonaba muy estimulante, pero no me di por vencido: "Bueno, gracias
por recibir mi llamada tan temprano en la mañana. Me llamo George Walther
y estoy a punto de iniciar un seminario sobre cómo crear primeras impresiones positivas en clientes potenciales. Me gustaría saber si usted recibe muchas
llamadas tan temprano y cómo las transforma en citas de negocios".

"No tengo ningún comentario que hacer. No contestaré ninguna pregunta".

A continuación, el abogado colgó el teléfono. No tuve una impresión que
me hiciera desear convertirme en su cliente.

En el otro extremo del espectro estaba un abogado de la isla de Maui
(Hawaii). La puesta en escena era la misma. Busqué en las escasas páginas
amarillas del directorio telefónico; encontré un anuncio de un abogado especializado en reclamos por lesiones personales, y me contestó una grabación
elaborada con claridad, exactitud y bien ideada que comenzaba así:

> Gracias por llamar a mi oficina. Me llamo Paul Yamato y siento mu-
> cho que haya tenido que llamar. La mayoría de la gente que llama a
> un abogado sufre de dolor, o ha sido maltratada, o está involucrada
> en algún conflicto. Soy sensible a las circunstancias de cualquier tipo
> que lo hayan hecho creer que tenía necesidad de llamarme, y haré
> todo lo que esté a mi alcance para que nuestra reunión sea más amable
> que la situación que lo obligó a llamarme. Hace 17 años soy abogado
> activo aquí en Hawaii, y he recibido muchas distinciones por la cali-
> dad de mi trabajo, tanto aquí, como en el continente. Pero lo que importa
> en este momento es lo que le ha sucedido a usted. Mientras usted escu-

cha este mensaje grabado, mi sistema telefónico se ha puesto en contacto conmigo y me encantaría hablar con usted ahora mismo. Estoy listo para recibirlo. Después de la señal, marque su número de teléfono, el cual aparecerá en mi servicio de buscapersonas y lo llamaré en el término de dos minutos.

Ahora bien, *así* es como quiero iniciar una relación con un abogado (si debo hacerlo). Es obvio que este abogado es sensible a los problemas de quienes lo llaman y se mueve con rapidez. En una situación como la de un caso de lesiones personales, el tiempo es lo esencial.

Si usted reacciona con lentitud ahora, ¿qué pasará después?

Al comienzo de este libro, me referí a la naturaleza frontal de las relaciones. Lo que sucede cuando se inicia una relación tiene implicaciones mucho más significativas en dar cuerpo a la opinión que un consumidor se forme de usted y de su organización que lo que suceda más adelante. Si su primera impresión es negativa, probablemente usted niegue a su empresa una segunda oportunidad. Si la misma experiencia negativa sucede transcurrido un año de experiencias positivas, su cliente será mucho más comprensivo y magnánimo.

Si a una compañía le toma mucho tiempo responder a su solicitud inicial de información, es natural que usted suponga que esa compañía actuará con la misma lentitud después, cuando llegue el momento de enviar sus productos o de suministrar un servicio.

Conforme usted comprueba sus propios procedimientos de respuesta y controla su propio desempeño, debe conceder especial atención a la prontitud con que su organización responde para convertir un prospecto en un cliente potencial calificado y en una venta. El método más económico y eficaz es establecer contacto telefónico inmediato directo con quienes solicitan información. Es sorprendente lo sencillo que resulta hacer una rápida llamada telefónica y la impresión que causa.

Una directora de marketing que entrevisté cuando escribía este libro insistió en conservar el anonimato cuando yo citara los resultados de su estudio, pero lo que descubrió es usual. La compañía para la que trabaja envía a los solicitantes todo lo que necesitan para llenar un pedido: instrucciones detalladas, un pequeño folleto que explica la forma de hacerlo, un formato de pedido que lleva impreso el nombre y la dirección del solicitante. Durante las pruebas de seguimiento, la compañía se comunicó por teléfono con los solicitantes una semana después de recibido el material mencionado. La llamada no daba la impresión de urgencia ni de presión para que el solicitante hiciera un pedido. La persona encargada de hacerla decía simplemente: "Sólo quería asegurarme de que usted haya recibido el material y haya tenido la oportunidad de revisarlo. Con mucho gusto contestaré sus preguntas. Gracias por solicitar información sobre nuestros productos". Ésta sola llamada significó un incremento del 30% en pedidos de las personas a quienes se contactó. Y, por supuesto, ahora la compañía se asegura de llamar a todos los clientes potenciales inmediatamente después del envío del material.

☞ La tecnología puede activar sus relaciones

Existe un sinnúmero de dispositivos tecnológicos de bajo costo al alcance de todos que pueden ayudarle a hacer primeras impresiones rápidas y positivas. *Usted* tiene que tomar la decisión y comprometerse a reaccionar con rapidez y hacer funcionar el sistema para lograrlo, sea que incluya o no ayudas tecnológicas. Una corta nota manuscrita, como la del Dr. Pellerin, es mucho mejor que nada.

Cómo obtuvo MCI mis negocios

Cuando, a finales de la década de los años ochenta, me uní a las multitudes de californianos que se mudaban a Seattle, el nuevo número de teléfono de mi oficina apareció en una especie de directorio exclusivo. Lo sé porque, de repente, un día me vi inundado de llamadas de telemarketing hechas por compañías muy emprendedoras que acababan de recibir el listado de teléfonos. Durante el mismo periodo de 24 horas, atendí a tres compañías en el ramo de llamadas a larga distancia que me solicitaban las contratara como mi servicio preferido de larga distancia.

La primera llamada la hizo la compañía Sprint, por parte de una persona que realizó un excelente trabajo. Me dio explicaciones sobre la red de fibra óptica de Sprint, la pureza de las transmisiones, sus bajas tarifas y la presentación de facturas detalladas. Me pareció bien, y me dijo:

Le haré llegar nuestro folleto; y voy a adjuntar mi tarjeta en el sobre. Una vez lo lea, por favor, llámeme y tendré mucho gusto en inscribirlo en la lista de nuestros clientes para que pueda comenzar a ahorrar dinero desde ahora.

Horas más tarde, ese mismo día, un vendedor de American Network llamó de Portland, Oregon. Aunque nunca había oído mencionar esta empresa, me garantizó que la compañía alquilaba canales de transmisión de Sprint, AT&T, y otras compañías de redes de comunicación, pero que como su compañía no se encargaba de los servicios de mantenimiento de las instalaciones, podía ofrecer tarifas más bajas. También este vendedor se refirió a la excelente calidad de las transmisiones, a las facturas detalladas, etc. Daba la impresión de que yo podría ahorrar más dinero con American Network, así que le dije, "Claro, por favor envíeme su información". Respondió:

Sé que usted es una persona ocupada que viaja mucho. Así que le voy a facilitar las cosas llenando el formulario de autorización por usted. También le haré llegar un sobre con nuestra dirección para que una vez usted haya leído nuestro folleto no tenga necesidad de volver a llamarme. Sólo firme el formulario de autorización, póngalo en un buzón de correo y en el término de una semana podrá hacer uso de nuestros servicios de correo telefónico.

La tercera llamada que recibí era de MCI. Mi interlocutor habló de lo mismo: fibra óptica, transmisiones sin interferencia, facturas detalladas, tarifas reducidas. Pero también dijo algo muy distinto:

Sr. Walther, considerando el volumen de sus costos actuales por llamadas a larga distancia, usted querrá aprovechar ahora mismo las ventajas de ahorro que le ofrece MCI. ¿Cuál es el número de su fax?

Procedí a decírselo y, en cuestión de segundos, mientras continuábamos nuestra conversación telefónica, escuché el sonido de mi telefax en el corredor. Me dijo:

Oh, creo escuchar su fax en este momento. Con mucho gusto esperaré en el teléfono mientras usted recoge el formulario que acabo de enviarle. (Fui hasta el fax y recogí el formulario). Ahora, todo lo que tiene que hacer es firmar la autorización y devolverla por fax, y de inmediato puedo hacer la conexión de su número a nuestro sistema.

Ahora, espere un momento. Usted no creerá que yo iba a permitir que se saliera con la suya así de fácil, ¿verdad? Soy un cliente experto y sé con exactitud lo que debo decir cuando me siento peligrosamente cerca de tomar una decisión: "Me gustaría pensarlo; ¿podría enviarme más información?" Soy de la clase de clientes a los que les gusta examinar los pequeños mapas con rayas entre ciudades que indican comparaciones de tarifas de llamadas. Me gusta analizar esas tablas que indican el dinero que ahorro a diferentes horas del día. Me gusta recibir más información. Mi solicitud no lo hizo disminuir su ritmo.

Claro, por supuesto. Tendré mucho gusto en enviarle información más detallada. Hablemos después (escuché de nuevo el sonido de mi fax), esta tarde. ¿A las 2:30 le parece bien, o le gustaría que le llamara más tarde?

¿Quién supone usted que obtuvo mis negocios? El representante de MCI no superó a los otros dos en la presentación de los beneficios de su compañía. Supongo que el servicio y los precios de las tres pueden compararse. Sin embargo, a partir del día que recibí esa llamada, MCI obtuvo la exclusividad de mis enormes facturas mensuales de llamadas de larga distancia.

Todos recibimos un cúmulo excesivo de información. Es factible que la representante de Sprint haya enviado su folleto, y es probable que fuera hermoso y persuasivo. Pero, en lo que a mi concierne, su información todavía anda flotando por ahí. John Naisbitt se refirió al *flujo de información* en su primer gran libro sobre negocios *Megatrends* (Warner Books, 1988), en el cual encarecía a la gente de negocios que disminuyera el tiempo que se tomaba para enviar la información correcta a la gente correcta con el objeto de que pudieran actuar.

La clave del éxito de MCI en obtener mis negocios fue que su representante me envió la información que yo necesitaba con gran rapidez, captando mi atención y haciendo énfasis en concertar *con rapidez* una entrevista específica para el trabajo de seguimiento.

Solicitudes vía fax

El envío de material de promoción de ventas por correo ya no es lo suficientemente rápido. Vale la pena contratar los servicios de un diseñador que se encargue de crear folletos de fax para su compañía y enviarlos de manera inmediata a consumidores potenciales calificados. Los folletos deben ser claros y de fácil lectura (y respuesta), diseñados específicamente para su transmisión vía fax y que se puedan conservar en la memoria del computador. No se justifica enviar folletos impresos por medio de sistemas de fax que no tienen un computador incorporado.

Mientras escribo este libro, imprimo el manuscrito original en una magnífica máquina Hewlett-Packard. La adquirí motivado por un anuncio de HP que describía la forma de conectar simultáneamente mi red de computador personal y mis computadores Macintosh. En el anuncio aparecía un número 800 con el que podía comunicarme las 24 horas del día para recibir información detallada sobre las especificaciones de la impresora. Una noche me comuniqué a avanzadas horas con el número y una grabación me solicitó que marcara mi propio número de fax para recibir la información. Transcurridos escasos segundos, escuché el timbre de mi fax y de inmediato recibí la información que necesitaba para tomar una decisión de compra. La tecnología que hace esto posible se conoce con el nombre de *solicitudes vía fax*. Es confiable y poco costosa. Aprovéchela.

Correo telefónico

Sé que existen muchas personas que tienen aversión por la mala impresión que dejan algunos sistemas de correo telefónico; y estoy de acuerdo en que, casi siempre, es preferible que un ser humano maravilloso, conocedor del tema, amistoso y persuasivo se encargue de atender las llamadas de solicitud de información. Sin embargo, dado el caso de que usted no disponga de un equipo de éstos, disponible las 24 horas del día, por lo menos puede utilizar el correo telefónico como soporte. Ya no vivimos ni trabajamos en un mundo de 9 a. m. a 5 p. m. y sus clientes potenciales buscan acercarse a usted *cuando lo necesiten.*

John Haynes es un gerente regional de AT&T y tiene bajo su responsabilidad todos los productos y servicios que vende AT&T, desde servicios a larga distancia hasta equipos PBX y servicios de satélite. Su mercado particular es el sector de consultoría y sus consumidores le recuerdan constantemente lo difícil que resultaba lograr la atención de los competidores de AT&T y de muchas de las divisiones de la misma AT&T. John decidió, entonces, imprimir en el reverso de su tarjeta personal la frase: ES FÁCIL HACER NEGOCIOS CONMIGO, seguida por seis números telefónicos: oficina, residencia, celular, fax, correo electrónico AT&T y correo telefónico.

Utilice el correo telefónico, solicitudes vía fax y cualquier otra herramienta tecnológica que pueda encontrar en el mercado para que sea fácil hacer negocios con usted. Responda con rapidez, recorte el flujo de información y recuerde que el tiempo es lo esencial.

La solución de problemas es en particular crucial con respecto al tiempo

La capacidad de respuesta rápida adquiere cada vez más importancia en las relaciones comerciales, y es en particular crucial durante las etapas de solución de problemas. En tanto usted analiza las primeras secciones de *Marketing al revés*, a la búsqueda de oportunidades para convertir a sus antiguos clientes insatisfechos y quejumbrosos en sus *mejores* clientes, recuerde que el factor tiempo es muy importante. Si tarda, la solución al problema de un consumidor crea un efecto positivo mucho menor, y el consumidor queda con la duda de si usted irá hasta la solución final del problema o la dejará a medio camino.

Kathy Shrovnal es vendedora de productos de limpieza y eliminación de olores para la compañía Neutron Industries, con sede en Phoenix, Arizona. Me enseñó una carta enviada por uno de sus clientes en la que le agradecía la forma rápida como había resuelto el problema cuando, por accidente, Neutron envió eliminadores de olores con esencia de manzana y no de naranja como había pedido el cliente. Por supuesto, de inmediato Kathy envió el producto correcto, pero se pasó por alto la cancelación de la factura original y a su cliente le cobraron el envío dos veces. Preocupado, el cliente le envió por fax el comprobante de cargo de su tarjeta de crédito y Kathy se acercó de inmediato al departamento de contabilidad para corregir el error y hacer que a su cliente le reembolsaran el cobro equivocado ese mismo día. El cliente de California se sintió tan complacido que ese mismo día le envío una carta de agradecimiento. En su carta no se refirió al gran producto o a la esencia fragante, ni tampoco a su complacencia por la rapidez con que le hicieron el reembolso. Lo que lo impresionó fue la rapidez con que Kathy resolvió la situación. La gente espera acción rápida, en particular cuando se siente molesta.

Sea que usted esté resolviendo una queja presentada por un antiguo cliente, o logrando una primera impresión en un nuevo cliente, el tiempo es lo esencial. Existen numerosos dispositivos tecnológicos para ayudarle a acelerar las cosas; sin embargo, el paso más importante es que usted reconozca que la acción rápida es lo que importa.

☞ ¿Qué puede aprender usted de este capítulo?

• La impresión que su organización deja durante el proceso inicial de ventas establece las expectativas de su cliente con respecto al tipo de atención que probablemente reciba después. Si el seguimiento de una acción es lento y desaliñado, el cliente potencial supone que, una vez se convierta en cliente corriente, obtendrá el mismo tiempo inadecuado de servicio.

• Investigaciones independientes demuestran que los procedimientos de seguimiento lentos y desaliñados son la constante norma de la mayor parte de las compañías. ¿Es la suya así de mala, también?

• El mejor método para averiguar la impresión que sus anuncios causan en los clientes potenciales cuando los contestan es hacerse pasar por uno de ellos y averiguarlo usted mismo.

• El contacto telefónico personal y rápido con las personas que solicitan información es el método más barato y eficaz para calificar a los clientes potenciales y le permite a usted definir el grado y tipo de atención que su compañía debe dedicar a sus solicitudes.

- Es sensato investigar sus propios procedimientos de respuesta de ventas y buscar métodos para hacerlos más rápidos. El empleo de nuevas tecnologías como el fax, el correo por teléfono y otras disponibles puede ayudarle a responder con mayor eficiencia y eficacia.

☞ Resumen de lo que usted puede hacer *ahora*

- Haga una evaluación de usted mismo convirtiéndose en su propio cliente potencial y observando la rapidez o lentitud con que lo atienden.

- Utilice la técnica de código ficticio de departamentos para medir su tiempo de seguimiento, pero no lo haga sólo una vez. Conforme un equipo con sus colegas en otros sitios del país para evaluar en forma permanente lo que todos hacen.

- Identifique las personas de su organización que causan las primeras impresiones más valiosas en clientes actuales y potenciales. Reconozca y recompense el papel crucial que desempeñan personas como su personal de ventas y su recepcionista.

- Efectúe llamadas de seguimiento tan pronto se haga el envío del material de ventas, de modo que usted pueda responder preguntas, estimular compras inmediatas y determinar el tipo de material de apoyo de ventas apropiado para cada consumidor potencial.

- Ponga a su servicio la tecnología de solicitudes por fax con el fin de que los clientes puedan obtener información detallada cuando la deseen y necesiten.

- El uso del correo por teléfono facilita el contacto de sus clientes activos y potenciales con usted cuando así lo deseen, no sólo cuando su organización está dispuesta a responder.

- Preste atención particular al tiempo que se toma para la solución de problema; elimine todos los obstáculos para arreglar las cosas con rapidez.

El arte de vender: cómo llenar de vida una relación

CAPÍTULO

9

Aquí estamos, al final de *Marketing al revés*, y habrá notado que todavía no hemos hablado en realidad del arte de vender. Recuerde que este libro utiliza el enfoque invertido. Lo *último* que usted y su organización deben hacer es vender a nuevos clientes. Eso no quiere decir que usted no esté siempre a la búsqueda de nuevas relaciones y de propender para que su negocio crezca haciendo que nuevos clientes adquieran sus productos. Sin embargo, su última prioridad deben ser los clientes nuevos.

En el mundo de las ventas y del marketing existe un campo que, por tradición, ha sido objeto de la mayor atención: el arte de cerrar una venta. En el contexto de lograr que los clientes suban a la banda transportadora, el cierre de una venta no consiste en engañar, presionar u obligar al cliente potencial para que realice una compra. Por el contrario, se trata de crear una relación. De hecho, si existe escasa probabilidad de desarrollar una relación de compras repetidas a largo plazo, un profesional de ventas que practique el concepto de marketing al revés *no* cerrará la venta. Comoquiera que, por lo general, los costos de búsqueda y consecución de nuevos consumidores son mucho más cuantiosos que los márgenes de ganancia financiera que producen las ventas iniciales que se hacen una sola vez, la persona que considera importante la ganancia financiera comprende que no vale la pena esforzarse en conseguir nuevos clientes a menos que ofrezcan la posibilidad de seguir siéndolo o de renovar la relación.

☞   ¿Qué significa en realidad el *arte de vender*?

Antes de remitirse al diccionario en búsqueda de una definición, recuerde que los diccionarios son el reflejo del uso común del idioma; no lo determinan. Lo que usted encuentra en el diccionario es tan sólo una representación de la definición que la gente común (no los académicos) da a un término.

No obstante, busque el verbo *vender* en un buen diccionario, y encontrará algunas definiciones bastante insípidas. El *Webster's Ninth New Collegiate Dictionary* da las siguientes: "entregar o darse por vencido en violación del deber, de la confianza o la lealtad; traicionar; entregar en esclavitud a cambio de dinero; disponer o manejar por un beneficio económico, y no de acuerdo con la conciencia, la justicia o el deber; embaucar: engañar".

Hmmm. ¿No exactamente la forma como usted quiere que lo identifiquen? Por desgracia, un alto porcentaje del personal de ventas ha logrado convencer a los compradores de que el arte de vender se ocupa de la manipulación de otros para beneficio propio del vendedor. Clientes que se sienten engañados tienen opiniones como ésta:

> El personal de ventas lo desgasta con mucha palabrería y no permite que usted opine. Utilizan todos los trucos que enseñan los libros para

obligarlo a que usted firme el trato para poder asegurar su comisión sobre la venta.

Los clientes no se imaginan estas situaciones; en su camino han encontrado personal de ventas que se comporta en estos términos.

Para evitar asociaciones negativas, muchas organizaciones de ventas dan a su personal de ventas una denominación que *no* tiene nada que ver con ese nombre: ejecutivos de cuenta, consultores de consumidores, especialistas en solicitudes, gerentes de zona, delegados, etc.

☞ Cierre de ventas *versus* creación de relaciones

De nuevo, aquí vamos con las etiquetas. Las palabras que utilizamos para describir los hechos moldean nuestros puntos de vista acerca de ellos y ayudan a determinar nuestro comportamiento en cualquier circunstancia. (Para mayor conocimiento de cómo cambiar su vida modificando su lenguaje, usted debe leer mi libro *Power Talking: 50 Ways to Say What You Mean and Get What You Want* (Berkley, 1992). Ahora bien, ¿qué dicen los mismos vendedores a sus colegas sobre el proceso de vender?

> ¡Hoy pillé a otro! Hice que ese tonto se dejara llevar hasta el punto exacto donde lo hice morder el anzuelo. Fue muy fácil. Lo dejé frío.

Me disculpo con el personal de ventas profesional que ha leído este comentario y se siente ofendido. Con certeza, el personal de ventas no es así; pero en la profesión existen muchas personas que piensan así, situación que hace que el público en general tenga una opinión casi siempre negativa sobre el personal de ventas. Yo mismo he trabajado con gerentes de ventas de grandes compañías bien conocidas que no eran conscientes de que el empleo de términos como *tasa de mortalidad* para significar el porcentaje de cierre de ventas, moldeaba la forma de pensar y el comportamiento de su personal de ventas.

Al igual que con el término *aperiódico,* mencionado en el capítulo 2, recomiendo que usted elimine todas las etiquetas contraproducentes. Su objetivo no es dar por terminadas sus relaciones con sus clientes, así que, ¿por qué hablar de cierre de ventas? Lo que usted busca es crear relaciones o abrirlas. ¿Por qué no utilizar sencillamente el término *técnicas de apertura* en vez de *técnicas de cierre*?

☞ Cómo vigorizar las relaciones

En medio de la plétora de seminarios, libros y cursos de video sobre ventas, en la última década hemos visto el desarrollo de una tendencia particularmente prometedora: el auge del concepto del *arte de vender consultivo*. La idea básica consiste en que el personal de ventas debiera *consultar con* sus clientes antes que *venderles* sus productos. Este enfoque coloca al profesional de ventas en la posición de persona que resuelve problemas, posición que, después de todo, es la ideal para desarrollar relaciones de largo plazo con los clientes.

El éxito de la labor de ventas y de marketing surge del número y fortaleza de las relaciones con clientes que podemos crear y nutrir antes que del número de ventas que estamos en capacidad de realizar. Es por ello que utilizo el acrónimo RCP (Resucitación cardiopulmonar) –con sus ecos de dador de vida– para resumir mi creencia en la Consultoría, Personalización y Recomendación como las tres claves del éxito en las ventas.

Consultoría para descubrir necesidades

En la sigla *RCP*, la *C** es la letra inicial de consultoría: el primer paso y el más importante en el desarrollo de cualquier relación de compra. Cuando las organizaciones solicitan mis servicios para colaborar en la capacitación de su personal para vender con mayor eficacia, con frecuencia los gerentes preguntan: "¿Podría ayudarnos a escribir algún tipo de guión? Queremos que nuestro personal nuevo sepa lo que debe decir". Rechazo la propuesta. Para comenzar a vender relaciones con el pie derecho, el personal de ventas no debe *decir*. Debe *preguntar*.

---

* *N. de T.* Recuérdese que en inglés la sigla es CPR.

Todas las entrevistas de ventas deberían comenzar con preguntas diseñadas para lograr tres cosas:

1. Demostrar a los clientes potenciales que lo más importante para usted son ellos y sus necesidades; no usted y lo que usted vende.

2. Obtener información inmediata sobre los estilos de comunicación que prefieren sus clientes potenciales; de modo que usted se ponga a tono en una situación de igualdad.

3. Sacar a la luz las preocupaciones más inmediatas de sus clientes potenciales.

Tenga presente que existen tres clases de preguntas: abiertas, de opción múltiple y dicotómicas. Vamos a analizar en primer lugar la menos útil. Si usted plantea una pregunta cuya respuesta puede ser "Sí" o "No", modifique su pregunta. Estas respuestas monosilábicas no producen el volumen de información necesaria para hacer algo, ni tampoco usted hace que el consumidor potencial se involucre de verdad en un diálogo.

Suponga que usted vende casas rodantes. Usted no averiguará gran cosa, por ejemplo, si usted plantea una pregunta como ésta a un comprador potencial de una casa rodante:

¿Piensa hacer muchos viajes largos? ¿Va a transportar muchos pasajeros?

Excepto en circunstancias muy especiales, no utilice ninguna pregunta cuya respuesta sea "Sí" o "No". Es posible que, por ejemplo, usted haya encontrado muchas demoras en la toma de decisiones y haya prestado mucha atención de seguimiento, haya entregado mucho material de ventas, haya hecho visitas de ventas, haya devuelto llamadas, etc. Su instinto le dice que lo están tomando del pelo, que este cliente potencial nunca va a tomar una decisión ni va a comprar nada. Llega el momento en que lo indicado es preguntar, "Sr. Cowan, ¿en realidad usted sí quiere comprar una casa rodante, o no?"

La pregunta del tipo de opción múltiple es mucho más útil que la pregunta del tipo "Sí" o "No".

> ¿Piensa usted hacer muchos viajes cortos de fin de semana, o piensa hacer unos pocos viajes más largos durante el año o ambas cosas?

Las preguntas de opción múltiple proporcionan a su cliente potencial una manera fácil de ayudar a que usted se encamine hacia los beneficios de mayor importancia para él. Aún así, no son la forma óptima de comenzar la conversación ya que las respuestas tienen la tendencia a ser cortas y no le dan información suficiente sobre el estilo de comunicación que la persona prefiere. Más aún, usted verdaderamente no sabe cuáles preguntas de opción múltiple son las más indicadas hasta tanto conozca mejor las necesidades de su cliente potencial.

El método más aconsejable es comenzar con preguntas abiertas:

> Cuénteme acerca de los planes que usted tiene en mente con respecto a su casa rodante. ¿Qué uso piensa darle? ¿Qué tipo de viajes piensa hacer?

Escuchar con atención las respuestas permite que usted adquiera una comprensión clara de las preocupaciones más importantes de su consumidor potencial; asimismo, le demuestra a usted el estilo de comunicación que probablemente sea más eficaz con esta persona. [Invito al lector a que se refiera a mi libro *Phone Power* (Berkley, 1987), en el cual aparecen recomendaciones muy completas sobre cómo entrar en la misma onda de comunicación de la otra persona]. Sus actos demuestran que su interés primordial se centra en las necesidades de su cliente potencial antes que en su propio inventario particular de productos o servicios.

Una vez haya planteado unas dos preguntas abiertas, con la ayuda de algunas preguntas de opción múltiple, usted debe estar listo para inculcar en su interlocutor necesidades más específicas:

> ¿Van a viajar usted y su esposa solos la mayor parte del tiempo o tendrán huéspedes o llevarán a sus nietos? ¿Van a acampar en sitios alejados de instalaciones sanitarias por varios días o existe la probabilidad de

que acampen en lugares que les permitan acceso a moteles o lugares para acampar? ¿Tendrán que remolcar un bote o un auto o sólo van a viajar con su casa rodante?

Si después de hacer buenas preguntas y aclarar cuidadosamente las respuestas de su interlocutor, usted detecta un enfoque adecuado a su oferta, está listo para avanzar. Si no es así, dígalo. Si los productos y servicios que usted ofrece no tienen la posibilidad de encajar en las necesidades de su cliente potencial, es mejor referir al cliente a un asociado u ofrecer su colaboración en otra forma. También éste es un buen momento para solicitar información sobre posibles clientes. (*Véase* "La importancia de decir no", en el capítulo 7).

Personalización como demostración de equilibrio

Empero, si en verdad usted detecta una buena posibilidad, está listo para el aspecto de personalización: la *P* de la sigla *RCP*. Equipare las respuestas de su consumidor potencial con los beneficios para usted de modo que pueda demostrar su equilibrio:

> Con base en lo que usted me informa, señor Cowan, tengo la impresión de que lo que usted busca en realidad es una especie de hogar rodante para disfrutar de su jubilación. Usted piensa hacer muchos viajes prolongados así que querrá una casa rodante con buenas características mecánicas y mucho espacio. Sus hijos adultos querrán viajar con usted durante épocas de vacaciones de verano, así que necesitará espacio cómodo para dormir por lo menos para dos personas además de usted y su esposa. Usted piensa pernoctar en moteles cada dos noches y probablemente también piensa utilizar instalaciones para acampar, así que contar con facilidades sanitarias completas en su casa rodante no es tan importante para lo que usted necesita. Considerando lo que usted busca, sí podré ayudarlo.

Recomendar lo que es bueno para el cliente

Ahora, ponga en práctica esa filosofía del arte de vender consultivo y haga recomendaciones específicas a su cliente. La *R* de la sigla *CPR* es el paso que produce resultados en las ventas: Recomendar.

Le recomiendo que nos concentremos en las casas rodantes de 10 a 12 m de longitud. Tenemos dos Paces, una Airstream y una Holiday Rambler que me gustaría enseñarle. Comencemos con la casa rodante Pace de 12 m porque llena todos los requisitos que usted exige.

Sea que usted venda acciones y valores negociables, o suministros de limpieza de camiones o cámaras fotográficas o servicios de cerrajería o acciones de asociaciones deportivas o casas rodantes, usted puede utilizar el mismo enfoque para dar vitalidad a las relaciones.

Consultar. Comience con una o dos preguntas abiertas que hagan que el consumidor se abra, y le cuente todas sus necesidades, inquietudes primordiales y estilo de comunicación.

Personalizar. Si detecta una buena posibilidad, logre un equilibrio entre las necesidades de su cliente y sus beneficios. Si no es así, encuentre otra forma de ayudarle y dedique su tiempo a atender a otro cliente potencial calificado, para iniciar una relación a largo plazo con usted.

Recomendar. Ofrezca asesoría sobre la solución que, en su concepto, es la más adecuada para los intereses de su cliente potencial. Utilice la palabra *recomendar* para recordarse a sí mismo su papel de consultor y para demostrar a su interlocutor que usted piensa en él.

La venta inicial es el comienzo, no el fin, de la relación. Trate siempre de maximizar el valor total duradero de una relación de compra comenzándola con el pie derecho y concentrando su atención en el enfoque CPR. Su objetivo debe ser el que afloren las necesidades del consumidor para que usted pueda satisfacerlas. Y jamás dude en dejar a este cliente potencial si usted se da cuenta de que no existe ninguna posibilidad de lograr su objetivo. Recuerde, vender algo a alguien que probablemente no va a sentirse a gusto en el largo plazo, lo expone a usted a muchos riesgos costosos, incluyendo publicidad negativa verbal en el mercado, una imagen deslustrada, además de la tensión emocional de tener que vérselas con un cliente insatisfecho por completo.

Hacer énfasis en la meta a largo plazo de establecer relaciones positivas con un sinnúmero de compradores repetitivos beneficia al personal de ventas, a la compañía y al cliente. Desde el punto de vista del personal de ventas, es mucho más provechoso y sencillo buscar clientes que ofrezcan la probabilidad de mantenerse en la banda transportadora durante muchos ciclos repetitivos de compra. La situación de la compañía será mucho más holgada ya que el retorno de inversión resultante de compras futuras repetitivas es mucho más elevado que el que produce la venta inicial. Los altos costos iniciales de consecución pueden amortizarse a lo largo de todas las transacciones futuras, de tal modo que, cuando se distribuyen en muchas ventas, los gastos originales de marketing son insignificantes. Esto permite que una proporción mucho mayor del retorno de inversión aparezca en el estado de P&G como ganancia financiera. También el cliente obtiene beneficios al concentrar sus relaciones de compra con el personal de ventas que satisfará sus necesidades a largo plazo. Piense en sus propias experiencias. ¿Acaso no es más sencillo y agradable hacer negocios con un personal de ventas que haya satisfecho sus necesidades a cabalidad durante largo tiempo?

Dar un vuelco al énfasis en marketing de su organización, del cierre de ventas a comenzar, nutrir y reavivar relaciones de compras repetitivas será beneficioso para todos los involucrados en el proceso de marketing.

☞ ¿Qué puede aprender usted de este capítulo?

- Cuando trate con nuevos clientes potenciales, el método óptimo es adoptar el objetivo de fomentar una relación mutuamente rentable, antes que tratar de vender algo a alguien.

- Si parece poco probable que un nuevo cliente se convierta en un comprador repetitivo a largo plazo, quizá no valga la pena intentar hacer la primera venta. Teniendo en cuenta los elevados costos de los procesos de búsqueda y consecución, es posible que sea más rentable que usted emplee sus recursos en la búsqueda de clientes potenciales más calificados.

- El empleo de palabras y frases que se refieren a la terminología tradicional de cierre de ventas, interfiere con el enfoque invertido del desarrollo de relaciones rentables a largo plazo. Antes que hablar de *cierre de ventas*, piense y hable en términos de *establecer relaciones*.

- En cualquier proceso de ventas, el paso inicial más importante es indagar para averiguar cuáles son las necesidades de un cliente potencial.

- Las preguntas abiertas son en particular eficaces porque demuestran a los clientes potenciales que su atención se enfoca en sus necesidades antes que en las de la compañía para la que usted trabaja o en los productos que usted vende.

- Preguntas de opción múltiple seleccionadas con cuidado ayudan a que los clientes potenciales encaminen al personal de ventas hacia los beneficios que esos clientes potenciales quieren conocer con mayor interés.

- Si las respuestas de los clientes potenciales no se equilibran con los beneficios que una persona de ventas puede ofrecer en términos reales, antes que continuar obligando al cliente a que realice la compra, lo indicado es no continuar buscando la posibilidad de la venta y tratar de conseguir del cliente información sobre otros posibles compradores.

- Un proceso de venta efectivo culminará con recomendaciones que benefician al cliente. Emplee la palabra *recomendar* para mantenerse en el camino correcto.

☞ Resumen de lo que usted puede hacer *ahora*

- Revise las etiquetas que usted utiliza en la capacitación en ventas y en sus conversaciones informales sobre el arte de vender. Suprima todas aquellas que tengan connotaciones negativas o derogatorias.

- Sustituya técnicas de cierre por técnicas de apertura y asegúrese de que su personal profesional de ventas enfoca su atención en *desarrollar* relaciones, no en *cerrar* ventas.

- Lea el libro *Power Talking: 50 Ways to Say What You Mean and Get What You Want*. Allí encontrará muchas ideas sobre el empleo de un lenguaje persuasivo y de apoyo.

- Esté a la expectativa de preguntas cuya respuesta sea "Sí" o "No" y elimínelas de sus diálogos de ventas.

- Establezca un programa informal de incentivos para ayudar a los miembros de su equipo de ventas a que dirijan su atención a suprimir preguntas habituales de respuesta "Sí" o "No". Considere la posibilidad de ofrecer incentivos a quienes sorprendan a sus colegas en el acto de utilizar preguntas tan limitantes.

- Ponga a su personal profesional de ventas a que produzca ideas para crear preguntas abiertas y de opción múltiple para utilizarlas en los diálogos de ventas.

- Enseñe a los miembros de su equipo de ventas a que sigan los pasos *CPR* en el desarrollo de nuevas relaciones con los consumidores.

- Utilice la palabra *recomendar* para motivar la acción.

Conclusión

¿Cuál es la diferencia entre las relaciones de su compañía con sus clientes, y sus relaciones personales con amigos, empleados, colegas, su cónyuge o cualquier otra persona *ajena* a su vida profesional? No mucha.

Conocemos a un cónyuge o compañero potencial después de mucho indagar, rompernos el alma durante la fase de noviazgo para cerrar la venta y lograr que digan "Sí". Luego, en forma gradual, lo damos por hecho, cada vez le concedamos menor atención, dejamos de solicitar retroalimentación y, por último –con demasiada frecuencia–, a duras penas notamos cuando la relación comienza a deteriorarse y a volverse pedazos. Sin embargo, no importa; allá afuera existen numerosas posibilidades atractivas. Así que emprendemos la labor de lograr que *ellos* digan "Sí", sin siquiera tomarnos en realidad el tiempo necesario para hacer un diagnóstico de los errores cometidos con la primera relación.

Nuevos amigos se cruzan en nuestro camino. Los llevamos a casa, averiguamos que tenemos mucho en común, y desarrollamos una cálida relación. Pero no ha pasado mucho tiempo cuando empezamos a dedicarnos a nuestras cosas, descuidamos a los otros, y pronto nos encontramos con que decimos: "¿Qué sucedió con los Lackeys? Me encantaba su compañía, pero parece que dejamos de vernos desde el año pasado".

Contratamos nuevo personal, lo capacitamos, invertimos en él, le prestamos mucha atención y luego nos deslizamos en una política de descuido benigno. Y, en vez de aproximarnos y averiguar qué podemos hacer para pedir ideas nuevas y mejorar la forma en que trabajamos juntos, nos ocupamos exigiendo proyectos, olvidamos demostrar nuestro aprecio, y permitimos que el resentimiento se acumule. Al final, renuncian o los despedimos apenas con una rápida entrevista, y comenzamos de nuevo el proceso de búsqueda de nuevo personal.

Compramos libros sobre el tema de los negocios y nos llenamos de buenas intenciones de mejorar nuestras relaciones con los clientes, de nutrirlas para hacerlas tan rentables como sea posible. Y, mientras tanto, quizá nuestras relaciones personales van de capa caída. ¿No es absurdo, acaso, creer que podemos convertirnos en expertos en el proceso de desarrollar, nutrir y salvar relaciones con los clientes mientras prestamos tan poca atención a nuestras relaciones personales?

No deseo que *Marketing al revés* sea *sólo* un libro sobre negocios. Claro está, espero que usted y su organización se beneficien de los principios sencillos a los que me refiero. Sin embargo, lo que en realidad deseo es que usted también los ponga en práctica en sus relaciones personales.

Me preocupa la dicotomía aparente entre nuestra vida privada y nuestra vida profesional. Busco el *éxito* equilibrado en mi vida y, espero, usted también. Le hago una invitación. Comience a aplicar los principios de *marketing al revés* en su hogar y en su oficina. Visualice la gente importante en su vida personal como si estuviera en su banda transportadora. Cuando sus relaciones con sus hijos o con sus padres no sean tan fuertes como a usted le gustaría que fueran, invierta el tiempo necesario para mejorarlas. Cuando esté a punto de perder el equilibrio, haga hasta lo imposible para lograr que la relación recupere su estabilidad. Cuanto más pronto enfrente el problema, averigüe qué se necesita y comience a satisfacer esas necesidades, tanto mayores serán sus posibilidades de solución y renovación.

Haga énfasis en las relaciones personales que usted ya tiene. Su cónyuge, sus amigos y sus allegados ¿reciben todo el refuerzo que merecen? ¿Puede usted encontrar nuevas formas de ser útil en sus relaciones con ellos? ¿Se toma usted el tiempo necesario para reforzar las relaciones que en este momento son importantes para usted? ¿Qué opina de enviar unas flores, o una tarjeta, a alguien que usted ama, hoy, sólo para practicar la demostración de afecto?

Vuelva a crear vínculos con las personas con quienes usted *acostumbraba* tener relaciones importantes, de la misma manera en que renovaría el contacto con un cliente cuya cuenta ha permanecido inactiva por largo tiempo. Cuando escribí este libro pensando en usted, tomé la decisión de volver a crear vínculos y localicé a mi maestra de octavo grado para agradecerle la maravillosa labor que hizo conmigo. Hace mucho tiempo, el 22 de febrero de 1963, ella se tomó el tiempo de escribirme una amable nota felicitándome por mi desempeño escolar. Significó tanto para mí que durante 30 años la he conservado en un viejo álbum de recortes. En su nota, mi maestra señalaba mis mejores atributos personales, y me brindaba mucho estímulo y apoyo. Sé que sus palabras amables y buenas enseñanzas me guiaron hacia la vida que ahora disfruto. Ella merecía saber que la apreciaba. Cuando, después de 30 años, llamé por teléfono a Madelen Rentz, alegré a una encantadora anciana de 84 años de edad, todavía llena de gusto por la vida y de entusiasmo. Me sentí agradecido de tenerla nuevamente en mi banda transportadora.

¿Quién ha hecho una contribución significativa a *su* éxito? ¿Cuál de sus maestros hizo un trabajo particularmente bueno de guiarlo a usted a través de un tema difícil? ¿Cuál de sus mentores se tomó el tiempo de aconsejarle? ¿Quién le ayudó a crear su autoestima dedicando su tiempo a tomar nota de sus cualidades y a elogiarlo por ello?

Llame a las personas que le han ayudado a llegar a donde usted está ahora. Envíeles notas de aprecio. Llámelos de repente. Renueve aquellas relaciones que se han debilitado. Sea tan consciente con sus relaciones personales como lo es con las relaciones de su vida profesional.

Dé a sus clientes el tratamiento de personas importantes, y trate a las personas importantes de su vida como clientes. Dé un vuelco a *todas* sus relaciones.

Gracias por leer mi libro, y por poner a trabajar estas ideas.

Índice